MÁS

Español intermedio

MÁS

VICE PRESIDENT & EDITOR IN CHIEF
Michael Ryan

EDITORIAL DIRECTOR
William R. Glass

AUTHORS
Ana María Pérez-Gironés
Virginia Adán-Lifante

EDITORIAL
Editor-at-Large **Katherine Crouch**
Managing Editor **Scott Tinetti**
Contributing Editor **Max Ehrsam**
Film Coordinator **Nina Tunac Basey**

MARKETING
Marketing Manager **Jorge Arbujas**
Marketing Coordinator **Noemi Torres**

PRODUCTION
Senior Production Editor **Catherine Morris**
Senior Production Supervisor **Richard DeVitto**
Supplements Producer **Louis Swaim**
Compositor **Argosy Publishing**
Printer **Worldcolor**

ART & PHOTO
Design Manager **Preston Thomas**
Cover Designers **Linda Beaupré, Cassandra Chu**
Interior Designer **Elise Lansdon**
Senior Photo Research Coordinator **Natalia Peschiera**
Photo Researcher **Jennifer Blankenship**

ONLINE
Senior Digital Project Manager **Allison Hawco**
Lead Media Project Manager **Ron Nelms, Jr.**

Published by McGraw-Hill, an imprint of The McGraw-Hill Companies, Inc., 1221 Avenue of the Americas, New York, NY 10020. Copyright © 2010. All rights reserved. No part of this publication may be reproduced or distributed in any form or by any means, or stored in a database or retrieval system, without the prior written consent of The McGraw-Hill Companies, Inc., including, but not limited to, in any network or other electronic storage or transmission, or broadcast for distance learning.

This book is printed on acid-free paper.

4 5 6 7 8 9 0 WDQ/WDQ 0

ISBN 978-0-07-338531-0 (Student Edition)   MHID 0-07-338531-X
ISBN 978-0-07-728740-5 (Instructor's Edition)   MHID 0-07-728740-1

Front cover: © Ryan McVay/Getty Images; Inside cover flap: © moodboard/Corbis; Back cover: © Andrew Patterson/Getty Images
Credits: The credits section for this book begins on page C-1 and is considered an extension of the copyright page.

Library of Congress Cataloging-in-Publication Data
Pérez-Gironés, Ana María.
   Más / Ana María Pérez-Gironés, Virginia Adán-Lifant. — 1st ed.
      p.   cm.
   Includes index.
   ISBN-13: 978-0-07-338531-0 (alk. paper)
   ISBN-10: 0-07-338531-X (alk. paper)
   1. Spanish language—Textbooks for foreign speakers—English. 2. Spanish language—Readers. I.
Adán-Lifante, Virgina. II. Title.
   PC4129.E5P573 2009
   468.2'421—dc22   2008048097

The Internet addresses listed in the text were accurate at the time of publication. The inclusion of a Web site does not indicate an endorsement by the authors or McGraw-Hill, and McGraw-Hill does not guarantee the accuracy of the information presented at these sites.

www.mhhe.com

Contenido

UNIDAD 2 Lo cotidiano

UNIDAD 3 Nuestra sociedad

7 Nos-otros 173

8 Nuestro pequeño mundo 199

MÁS

Español intermedio

«La cara es
el espejo
del alma.»*

*Literally: *The face is the mirror of the soul.*

1

Cuestión de imagen

Reflexiones Ella es «Juana Banana»

¿Qué tipo de mujeres aparecen (*appear*) normalmente en los anuncios comerciales (*ads*)? ¿guapas o feas? ¿esbeltas o gruesas (*full-figured*)? ¿blancas o de otras razas? ¿Por qué hay tantos anuncios que presentan la imagen de una mujer excepcionalmente bonita? ¿Te parece (*Does it seem to you*) que eso está bien o mal? ¿Por qué?

ELLA ES «JUANA BANANA»,

RAFAEL ESPINOSA

beautiful smile
highlights   teeth

looked up   raised

to represent it

from farm to farm

happiness
farm worker   calloused
has dedicated   proud

didn't stop her from always
being smiling and warm

Todo comenzó por una foto. La **hermosa sonrisa** de Vilma Ríos Mosquera, que **resalta** su perfecta dentadura blanca, cautivó a la Asociación de Bananeros de Colombia (Augura). Hace dos años, simplemente **alzó la mirada** ante una cámara, **levantó** la mano haciendo un símbolo positivo y sonrió.

Augura, que estaba buscando una imagen que la representa, decidió que no tendría una *top model* ni una mujer 90-60-90.* No. Los asociados la querían a ella y por eso la buscaron **de finca en finca** hasta que la encontraron. Para Augura, Vilma representa el optimismo, la fuerza y la **alegría** de quienes trabajan en la zona bananera de Urabá.

Es una campesina que refleja en sus mano **callosas** los trece años que **se ha dedicado** a trabajar en las fincas bananeras. Esta **orgullosa** madre soltera, por primera vez en sus 32 años de vida, visitó Bogotá. No está acostumbrada al frío pero esto **no impidió** que siempre estuviera **sonriente y calurosa** con quienes visitaron el *stand* de la Asociación en Agroexpo. Los visitantes se tomaron fotos con ella y durante la feria la identificaron como «Juana Banana», haciendo alusión a Juan Valdés, representante del café colombiano.

Ponte a prueba

¿Por qué es «Juana Banana» la imagen de la Asociación de Bananeros de Colombia? Indica si las siguientes razones son ciertas (C) o falsas (F). Si puedes, corrige las oraciones falsas.

1. Es muy guapa.
2. Tiene la figura (*body*) de una modelo.
3. Tiene una sonrisa muy bonita.
4. La expresión de su cara es alegre y optimista.
5. Ella representa a las personas que compran bananas.

---

*measurements in centimeters of an "ideal" female body: 90 cm around the chest and hips and 60 cm around the waist

Reflexiones La suerte de la fea...
a la bonita no le importa

Contesta la siguientes preguntas antes de ver el cortometraje.

1. ¿Conoces a mucha gente que esté insatisfecha (*unsatisfied*) con su propio cuerpo? ¿Cuáles son algunas de sus insatisfacciones?
2. En tu opinión, ¿quiénes suelen estar más insatisfechos con sus cuerpos: los hombres o las mujeres?
3. ¿Qué tipo de medidas toma la gente para intentar tener un «mejor» cuerpo?

Ponte a prueba

¿Cierto o falso? Indica si las siguientes ideas son ciertas (C) o falsas (F), según el video. Si puedes, corrige las oraciones falsas.

1. Al principio, el hada le dice: «Ya estás bastante flaca».
2. La protagonista cree que está alucinando por culpa de la dieta.
3. El sushi le habla a la protagonista en un idioma que la protagonista no entiende.

Comprensión Contesta las preguntas según lo que viste en el cortometraje.

4. ¿Cuál es el tercer deseo de la protagonista?
5. ¿Qué le dice el hada que va a descubrir acerca de la belleza si observa detenidamente?

Your media center for languages

Para ver *La suerte de la fea... a la bonita no le importa* otra vez y realizar más actividades relacionadas con el cortometraje, visita la página de Centro: **www.mhcentro.com**.

vocabulario útil

la cintura	waist
el deseo	wish
el hada	fairy
el milagro	miracle
las nalgas	buttocks
flaco/a	thin
güerito/a	blondie (*Méx.*)
tramposo/a	cheater
alucinar	to hallucinate
«estar bueno/a»	to be "hot"

Palabras

Los rasgos físicos *(physical features)*

DE REPASO

el estereotipo

alto/a ≠ bajo/a

extrovertido/a ≠ introvertido/a

grande ≠ pequeño/a

guapo/a ≠ feo/a

inteligente ≠ tonto/a

moreno/a ≠ rubio/a

obeso/a (gordo/a) ≠ delgado/a

los anteojos	glasses
la apariencia	appearance
la barba	beard
el bigote	mustache
las canas	gray hair
la cicatriz	scar
la imagen	image
el lunar	mole
los ojos (azules, negros, verdes, color miel, color café)	(blue, black, green , honey colored, brown) eyes
las pecas	freckles
el pelo	hair
castaño	light brown, chestnut
gris/blanco	gray/white
lacio/liso	straight
ondulado	wavy
rizado	curly
rubio	blond
el rostro (la cara)	face
la sonrisa	smile
llevar lentes de contacto	to wear contact lenses
ser/estar calvo/a	to be bald
ser pelirrojo/a	to be a redhead

La personalidad

el carácter / la forma de ser / la personalidad	personality
tener...	to have a...
complejo de superioridad / inferioridad	superiority/inferiority complex
buen/mal carácter	nice/unfriendly personality
sentido del humor	sense of humor
ser...	to be...
antipático/a	unfriendly/unlikeable
callado/a	quiet
cariñoso/a	affectionate
chistoso/a	funny
conservador(a)	conservative
egoísta	selfish
frío/a	cold
hablador(a)	talkative
mentiroso/a	a liar
progresista	liberal, progressive
terco/a	stubborn
tacaño/a	stingy
sensato/a (insensato/a)	sensible (foolish)
sensible (insensible)	sensitive (insensitive)
simpático/a	nice, friendly likeable
tímido/a	shy

Cognados: **generoso/a, irresponsable, responsable, serio/a**

¡OJO! **carácter = personalidad** / *character (in fiction)* = **personaje**

Los insultos

pesado/a	dull, bothersome, annoying (*literally:* heavy)
tonto/a	dumb, silly

Cognados: **estúpido/a, idiota, imbécil**

■ ACTIVIDAD 1 Rasgos físicos

Paso 1 Dibuja seis rasgos físicos en el rostro de la derecha.

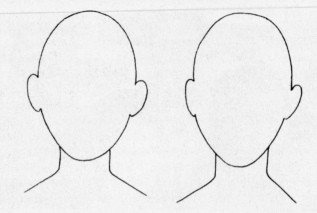

Paso 2 Trabajen en parejas (*pairs*). Túrnense para explicar los rasgos del rostro que dibujaron mientras el compañero / la compañera los dibuja en la cara de la izquierda. ¿Se parece el dibujo de tu compañero/a al que tú pintaste?

■ ACTIVIDAD 2 Sinónimos y antónimos

Organiza las palabras del vocabulario para formar una lista de sinónimos o antónimos.

> *Ejemplo:* **Antónimos:** conservador(a) ≠ progresista
> **Sinónimos:** que tiene buen carácter = simpático/a

■ ACTIVIDAD 3 Tu personalidad

Paso 1 ¿Cómo eres tú? Haz una lista de seis o siete características de tu personalidad que te describan bien. ¡Sé (*Be*) honesto/a!

Paso 2 Trabajando en parejas, comparen sus personalidades. ¿Qué tienen en común? ¿En qué son muy diferentes?

■ ACTIVIDAD 4 La persona ideal

Haz una lista de los rasgos físicos y la personalidad que más te atraen en una persona, o sea, describe a tu amigo/a o a tu pareja (*partner*) ideal. ¿Son rasgos que tú también tienes? ¿Tiene características que te complementan? Luego, habla con un compañero / una compañera para comparar las cualidades y los rasgos físicos que les atraen o no les gustan de otras personas.

Ejemplo: Me atraen los hombres morenos, como mi novio. Políticamente, me gustan las personas progresistas, porque yo soy muy liberal y es bueno tener opiniones similares en la política. Me gustan las personas cariñosas. Para que una persona sea mi amigo o amiga, debe ser generosa y sincera.

■ **ACTIVIDAD 5** Expertos en imagen

En grupos pequeños, piensen en la persona ideal, real o ficticia, para representar a su universidad. ¿Qué características físicas tiene? ¿Qué debe pensar el/la estudiante de escuela secundaria que vea esa imagen? ¿Qué nombre publicitario se le puede dar? Si quieren, pueden usar las siguientes imágenes como punto de partida (*point of departure*).

Cultura

En español hay muchas expresiones cariñosas que pueden variar de un país a otro, por ejemplo: **amor, cariño, querido/a, tesoro** (*treasure*), y **mi vida** (*my life*). Además, en diferentes países de habla española se usan, de manera cariñosa, ciertos adjetivos relacionados con el aspecto físico que, a pesar de (*even though*) ser ofensivos en otras culturas, no lo son en estos países. De hecho, estas palabras se usan aunque no correspondan con la apariencia física de una persona.

gordo/a (España): con esposos, novios, hijos
flaco/a (*skinny*) (Argentina, Uruguay): con esposos, novios, hijos, amigos
viejo/a (Argentina, Chile, Uruguay): con padres, esposos
negro/a, negrito/a (Venezuela, Puerto Rico, República Dominicana, Panamá): con esposos, novios, hijos, amigos

¡OJO! Estas palabras pueden ser ofensivas cuando se usan en otros contextos.

Tertulia* Palabras cariñosas y apodos (*nicknames*)

- ¿Qué palabras cariñosas se usan en sus familias? ¿Cuáles son sus favoritas? ¿Cuáles detestan más?

- ¿Tienen Uds. apodos basados en su aspecto físico? ¿Les molestan? ¿Por qué?

- En algunos países la tendencia a usar palabras cariñosas es más generalizada que en otros. En países como Puerto Rico o Venezuela se puede oír la expresión «mi amor» con mucha frecuencia, dirigida incluso a personas que se conocen poco (especialmente a mujeres y niños).
  ¿Se usan mucho las palabras cariñosas en su país/estado? ¿Les gusta esta costumbre? ¿Por qué?

«Te quiero, gorda.»

---

*The **Tertulia** activities provide questions for exploring the reading topics and the chapter theme in small groups or as a class.

Estructuras

1 El presente de indicativo

Regular verbs

Spanish verbs that follow a predictable pattern are regular verbs. Subject pronouns can be used to indicate who is performing the action. Unlike English, however, the subject or subject pronoun is not necessarily expressed. The conjugations usually make the subject clear. These are the regular conjugation patterns for present-tense verbs.

«La única excepción **es** el retrato que Benicio del Toro **hace** de un policía en conflicto...»*

Pronombres de sujeto	-ar: cantar *(to sing)*	-er: correr *(to run)*	-ir: decidir *(to decide)*
yo	canto	corro	decido
tú	cantas	corres	decides
vos†	cantás	corrés	decidís
usted (Ud.), él/ella	canta	corre	decide
nosotros	cantamos	corremos	decidimos
vosotros†	cantáis	corréis	decidís
ustedes (Uds.), ellos/ellas	cantan	corren	deciden

The subject pronouns will not be included in all charts, but the verb charts follow this pattern.

Singular	Plural
yo	nosotros
tú vos	vosotros
Ud., él/ella	Uds., ellos/ellas

---

*«México se rebela contra su imagen en Hollywood"», *El País*

†**Vos** and **vosotros** will appear in all verb charts and will be reviewed in the **Cuaderno de práctica,** but will not be practiced in activities in the Student Edition.

- **Usted** and **ustedes** are often abbreviated as **Ud.** and **Uds.,** respectively. The abbreviated forms will be used in this text.

- **Vosotros** is used primarily in Spain for the informal plural *you* (**tu + otros = vosotros**). **Uds.** is used in Spain for the formal plural *you* (**Ud. + otros = Uds.**). In Latin America **Uds.** is the only form used to express plural *you*.

- **Vos** is used in several countries of Latin America, mainly in most of Central America, Argentina, and Uruguay. **Vos** is used instead of **tú,** although in some of these countries both forms may appear. **Vos** has its own verbal forms for the present indicative, subjunctive, and commands.

Stem-changing verbs

In stem-changing verb conjugations, the stressed vowel of the stem becomes a diphthong, for example, **pienso** (stressed). When the stress moves to the ending, the stem does not change: **pensamos** (unstressed). Note the stem-changing pattern in the following verbs.

e → ie					
-ar: pensar *(to think)*		**-er: querer** *(to want; to love)*		**-ir: preferir** *(to prefer)*	
pienso	pensamos	quiero	queremos	prefiero	preferimos
piensas pensás	pensáis	quieres querés	queréis	prefieres preferís	preferís
piensa	piensan	quiere	quieren	prefiere	prefieren

Otros verbos					
cerrar	*to close*	defender	*to defend*	advertir	*to warn*
comenzar	*to begin*	encender	*to turn on*	divertir(se)	*to have fun*
despertar(se)	*to wake up*	entender	*to understand*	mentir	*to lie*
empezar	*to begin*	perder	*to lose*	sentir(se)	*to feel*

o → ue					
-ar: encontrar *(to find)*		**-er: poder** *(to be able to)*		**-ir: morir** *(to die)*	
encuentro	encontramos	puedo	podemos	muero	morimos
encuentras encontrás	encontráis	puedes podés	podéis	mueres morís	morís
encuentra	encuentran	puede	pueden	muere	mueren

Otros verbos					
contar	*to count; to tell*	devolver	*to return (something)*	dormir	*to sleep*
jugar (a)*	*to play*				
mostrar	*to show*	resolver	*to solve*		
probar	*to try; to taste*	soler	*to tend / be accustomed to*		
recordar	*to remember*				
soñar (con)	*to dream (about)*	volver	*to return*		

*Jugar, even though it does not have an -o stem, follows the **o → ue** stem-changing pattern. Therefore, it is listed with the -o verbs here. **Jugar** is the only **u → ue** stem-changing verb in Spanish.

e → i	
-ir: pedir *(to ask for, request)*	
pido	pedimos
pides pedís	pedís
pide	piden
Otros verbos -ir	
reír(se) *to laugh* repetir *to repeat*	seguir *to follow* sonreír *to smile*

Irregular verbs

Based on the **yo** form

Several common verbs are irregular in the first-person singular (**yo**) form.

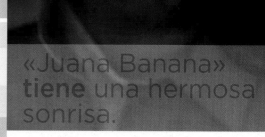

«Juana Banana» **tiene** una hermosa sonrisa.

-oy: estar* *(to be)*		**-zco: conocer** *(to know/be familiar with)*	
est**oy**	estamos	cono**zco**	conocemos
estás estás	estáis	conoces conocés	conocéis
está	están	conoce	conocen
Otros verbos			
dar (doy) *to give*		aparecer (aparezco) *to appear* reducir (reduzco) *to reduce*	

-go: hacer *(to do; to make)*		**-go** + stem change: **tener** *(to have)*	
ha**go**	hacemos	ten**go**	tenemos
haces hacés	hacéis	**tie**nes tenés	tenéis
hace	hacen	**tie**ne	**tie**nen
Otros verbos			
poner (pongo) *to place, put* salir (salgo) *to leave* traer (traigo) *to take*		decir (digo) (i) *to tell; to say* oír (oigo) (y) *to hear* venir (vengo) (ie) *to come*	

---

*Note the stressed syllables on some forms of **estar**.

Other irregular verbs

Some verbs do not fit into a specific category. Note that **ir** and **ser** have the first-person **-oy** ending, but then are irregular in all other forms. **Saber** and **ver** are irregular only in the **yo** form.

RECORDATORIO

Ir a + *infinitive* is also used to express actions that take place in the near future.

Voy a visitar el Perú el próximo verano.   *I'm going to visit Peru next summer.*

ir *(to go)*		saber *(to know)*	
voy	vamos	sé	sabemos
vas	vais	sabes	sabéis
vas		sabés	
va	van	sabe	saben

ser *(to be)*		ver *(to see)*	
soy	somos	veo	vemos
eres	sois	ves	veis
sos		ves	
es	son	ve	ven

Uses of the present tense

The present indicative in Spanish is used in the following contexts.

- An action that takes place at the moment of speaking

  Oigo la música de los vecinos.   *I hear the neighbors' music.*

- Generalizations and habitual actions

  Casi todos los días **estudio** en la biblioteca.   *I study in the library almost every day.*

- An action predicted or planned for the near future

  Mañana trabajo en la oficina central.   *Tomorrow I'm working at headquarters.*

¡OJO! The present progressive is often used in this context in English but never in Spanish. (See **Nota lingüística** in this section.)

- Historical present: past actions narrated in the present

  Cristóbal Colón **llega** a la isla que él llama Española pero **tarda** años en darse cuenta de que no es la costa asiática.   *Christopher Columbus arrives at the island that he calls Hispaniola, but it takes him years to realize that it is not the coast of Asia.*

- Hypothetical situations that are likely to occur, following **si** (*if*)*

  La fiesta **va a ser** un desastre si **llueve** esta noche.   *The party is going to be a disaster if it rains this evening.*

---

*You will learn more about **si** clauses in **Capítulo 10**.

Progressive tenses are formed with the conjugated form of **estar**, in any of its tenses, followed by the present participle (**-ndo** ending) of another verb.

-ar → -ando	-er → -iendo	-ir → -iendo
bailar → bail**ando**	comer → com**iendo**	vivir → viv**iendo**

- Here are the irregular forms of **-ir** stem-changing verbs (e →i; o→u).

  sentir → s**i**ntiendo pedir → p**i**diendo dormir → d**u**rmiendo
  decir → d**i**ciendo repetir → rep**i**tiendo morir → m**u**riendo
  venir → v**i**niendo

- The present participle ending in **-iendo** becomes **-yendo** in verbs whose stems end with a vowel.

  caer → ca**y**endo destruir → destru**y**endo ir → **y**endo
  leer → le**y**endo oír → o**y**endo.

- The progressive tenses are used in Spanish to express an action in progress.

  —¿Qué **estás haciendo?** —*What are you doing (right now)?*
  —**Estoy estudiando** para —*I'm studying for*
  el examen de mañana. *tomorrow's exam*

¡OJO! Unlike English, in Spanish the progressive is never used to express the future. The simple present or **ir a** + *infinitive* is used in Spanish.

  —¿Qué **haces / vas a hacer** —*What are you doing tomorrow*
  mañana por la noche? *evening?*
  —**Voy a cenar** con mis padres. —*I'm having dinner with my*
  parents.

—¿Qué están haciendo
Uds.?
—Estamos estudiando
para un examen.

■ ACTIVIDAD 1 Hablando de novelas

Para contar una novela o película en español, normalmente se usa el presente, igual que en inglés. Completa el siguiente párrafo con el presente de los verbos entre paréntesis. ¿Conoces la novela? ¡Es una de las novelas más famosas del mundo!

Es la historia de un hombre que se _____¹ (volver) loco. La gente _____² (decir) que su problema es que constantemente _____³ (leer) novelas de caballería.ª Un día, el hombre _____⁴ (salir) de su casa para luchar contra los problemas e injusticias del mundo. Lo primero que _____⁵ (hacer) es buscar un ayudante. Su ayudante es un poco más joven y mucho más práctico, pero su trabajo _____⁶ (requerir) que haga las cosas locas que le _____⁷ (pedir) su amo.ᵇ Los dos _____⁸ (sobrevivir) las muchas aventuras que les _____⁹ (ocurrir) en España. Una de las aventuras más famosas es aquélla en la que el protagonista _____¹⁰ (pelear) contra unos gigantesᶜ imaginarios, que en realidad son molinos de viento.ᵈ La novela _____¹¹ (terminar) cuando el protagonista _____¹² (morir).

ᵃchivalry ᵇboss ᶜgiants ᵈmolinos… *windmills*

■ ACTIVIDAD 2 Una semana normal

Entrevista a un compañero / una compañera sobre sus actividades típicas. Puedes usar la siguiente lista de algunas de las actividades más comunes entre los estudiantes, pero piensa en otras más. ¿Qué actividades hacen ambos/as (*both*) y qué actividades hace sólo uno/a de Uds.?

almorzar	**estudiar**	**lavar la ropa**
cenar	**hacer la tarea**	**leer**
cocinar	**ir a clases (al cine /**	**salir con**
desayunar	**a la biblioteca / al trabajo)**	**trabajar**
dormir poco	**jugar al (deporte)**	**usar el correo electrónico**

■ ACTIVIDAD 3 Situaciones

Entrevista a dos o tres compañeros sobre lo que hacen en las siguientes situaciones. Inventa tú la última situación antes de hacer la entrevista. ¿Qué haces si…

1. sospechas (*suspect*) que un compañero / una compañera de clase te copia en el examen?

2. conoces a alguien en una fiesta y esa persona te gusta mucho?

3. hay una nueva moda que todo el mundo sigue pero que a ti no te va bien?

4. mañana tienes un examen muy importante pero esta noche hay un concierto muy bueno?

5. crees que la mujer / el hombre que sale con tu mejor amigo/a es muy antipático/a y no es una buena pareja para tu amigo/a?

6. ¿?

■ **ACTIVIDAD 4** ¿Se conocen ya?
 (*Do you know each other already?*)

Seguramente en la clase hay estudiantes que no conoces bien todavía. Inicia una pequeña conversación con alguno de ellos sobre los siguientes temas (*topics*).

JO! Recuerda usar la forma plural del verbo **gustar** con cosas en plural.

> **Me gusta la música cubana.**
> **Me gustan las películas españolas.**

1. nombre, edad
2. lugar donde vive y razones por las que (*reasons why*) vive allí
3. actividades que suele hacer los fines de semana
4. el tipo de música/películas/libros que le gustan
5. cómo se siente en la universidad; si está contento/a en la universidad y por qué
6. qué clases está tomando este semestre y cuál es su favorita hasta ahora (*so far*)
7. sus actividades extracurriculares de este semestre
8. ¿?

Ana **es** baja y morena; **es** muy simpática.

2 Cómo se expresa *to be*

To be has more than one equivalent verb in Spanish, depending on the contexts: **ser**, **estar**, **haber**, **hacer**, and **tener**.

Ser and *estar*

Ser

- **Description:** Physical characteristics or personality traits considered normal or typical, including size, shape, color, and personality

Ana **es** baja y morena;   *Ana is short and dark-*
    es muy simpática.   *skinned; she's very nice.*

The following are some adjectives that are used with **ser**.

(in)capaz	*(un)able, (in)capable*
confuso/a	*confusing*
constante	*steadfast*
corriente	*common, ordinary*
(des)cortés	*(dis)courteous*
cuidadoso/a	*careful*
inteligente	*intelligent*

Es una campesina. [...] No **está** acostumbrada al frío.†

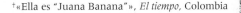
† «Ella es "Juana Banana"», *El tiempo*, Colombia

- **Description:** Nationality, origin, religion, gender, profession, etc.

  Julia **es** cubana. **Es** de Santiago.   *Julia is Cuban. She's from Santiago.*
    Es profesora.   *She is a teacher.*

- **Identification:** Noun phrases (noun = noun)

  —¿Cuál **es** la oficina de Ana?   *—Which one is Ana's office?*
  —Ésta **es**.   *—This is it.*

- **Identification:** Material something is made of (**ser** + **de**)

  La mesa **es** de madera.   *The table is (made of) wood.*

- **Time and date**

  Hoy **es** el 1 de septiembre.   *Today is September 1.*
  Son **las** 3:00 de la tarde.   *It's 3:00 P.M.*

- **Time and location of events**

  El concierto **es** en el Teatro   *The concert is in the Cervantes*
    Cervantes.   *Theater.*
  La clase **es** a las 8:00.   *The class is at 8:00.*

- **Possession**

  Esos libros **son** míos. Éste **es**   *Those books are mine. This one is*
  de Joaquín.   *Joaquín's.*

- **Purpose or destination: ser** + **para**

  El regalo **es para** ti.   *The gift is for you.*
  El lápiz **es para** escribir.   *The pencil is for writing.*

- **Passive voice: ser** + *past participle**

  El fenómeno **fue estudiado** por   *The phenomenon was studied by*
    científicos europeos.   *European scientists.*

- **Impersonal expressions**

  Es fascinante aprender otras   *It's fascinating to learn other*
  lenguas.   *languages.*

Estar

- **Description:** Emotional, mental, and health conditions

  Ana **está** enferma.   *Ana is sick.*
  Los estudiantes **están** nerviosos.   *The students are nervous.*

---

*The passive voice is studied in **Capítulo 12.**

¿Cómo son estas personas?
¿Cómo están?

Some adjectives only follow **estar**.

avergonzado/a	*ashamed*	equivocado/a	*wrong*
cansado/a	*tired*	muerto/a	*dead*
confundido/a	*confused*	ocupado/a	*occupied; busy*
contento/a	*happy*	satisfecho/a	*satisfied*
embarazada	*pregnant*	sorprendido/a	*surprised*
enojado/a	*angry*	vivo/a	*alive*

- **Description:** Variation from normal characteristics or traits

  Notice how the two people in the following conversation have opposite assumptions about Ana's usual state of being. They use **ser** to express their perceived norm and **estar** to express a deviation from that norm.

  —Ana **está** un poco gorda, ¿no? —*Ana is a little heavier, isn't she?*
  —Para mí **está** igual. Ella siempre **ha sido** un poco gordita. —*She looks the same to me. She's always been a little chubby.*
  —¡Qué va! De joven **era** muy delgada. —*Not at all! As a young girl, she was very thin.*

- **Location and position** of people and things

  ¿Dónde **está** Ana? ¿**Está** en su oficina? *Where is Ana? Is she in her office?*

- **Expressions: estar** + *preposition*

estar a dieta	*to be on a diet*
estar a favor / en contra de	*to be in favor of / against*
estar de acuerdo / en desacuerdo con	*to agree/disagree with*
estar de buen/mal humor	*to be in a good/bad mood*
estar de moda	*to be fashionable*
estar de pie/rodillas	*to be standing up / kneeling down*
estar de viaje/vacaciones	*to be on a trip/vacation*
estar de vuelta/regreso	*to be back*
estar en huelga	*to be on strike*
estar para + *infinitive*	*to be ready/about to + infinitive*

- **Resulting states: estar** + *past participle**

  La ventana **está abierta**. *The window is open.*
  (Alguien abrió la ventana.)

  Los estudiantes **están sentados**. *The students are seated (sitting down).*
  (Los estudiantes se sentaron.)

---

*The past participle is presented in **Capítulo 4.**

Hace mal tiempo.

- **Progressive tenses: estar** + *present participle*

Julia **está trabajando** en la biblioteca ahora.

Julia is working in the library now.

Adjectives that change meaning with *ser* and *estar*

Some adjectives change meaning depending on which verb is used: **ser** or **estar**.

	Ser	Estar
aburrido/a	*to be boring*	*to be bored*
bueno/a	*to be (a) good (person)*	*to be tasty*
malo/a	*to be (a) bad (person)*	*to be bad to the taste (to taste bad)*
cómodo/a	*to be (a) comfortable (object)*	*to feel comfortable*
listo/a	*to be smart*	*to be ready*

Expressions with **haber, hacer,** and **tener** meaning *to be*

Some expressions in English requiring *to be* are expressed in Spanish with verbs that are not **ser** or **estar**.

Haber

Haber is used to express the existence of something. In the present tense, the irregular form **hay** is used to express *there is / there are*. When **haber** is used in this way, in all tenses, only the third person singular is used, that is, it does not change to agree in number.

hay	*there is/are*	habrá	*there will be*
había	*there was/were*	habría	*there would be*
hubo	*there was/were*	ha habido	*there has/have been*

These forms are always followed by a number or an indefinite article, never by a definite article.

Hay un niño jugando en el patio.
Hay muchas/unas/veinte personas en la plaza.

There is a child playing in the patio.
There are many/some/twenty people in the square.

Hacer

Many weather conditions are expressed with **hacer** in Spanish.

Hace…
  buen/mal tiempo.
  calor/fresco/frío.
  sol/viento.

It is…
  nice/ugly weather.
  hot/cool/cold.
  sunny/windy.

Tener

Many physical and emotional states that are expressed with *to be* and sometimes *to feel* in English, are expressed with **tener** in Spanish. To emphasize these states, use **mucho/a**.

tener (mucho) calor/frío	*to be/feel (very) hot/cold*
tener (mucho) cuidado	*to be (very) careful*
tener (muchas) ganas (de)	*to be (really) in the mood (for) / to feel like*
tener (mucha) hambre	*to be/feel (very) hungry*
tener (mucho) miedo (de) / terror (a)	*to be/feel (very) afraid (of)*
tener (mucha) prisa	*to be in a (real) hurry*
tener razón	*to be right*
tener (mucha) sed	*to be/feel (very) thirsty*
tener (mucho) sueño	*to be/feel (very) sleepy*
tener (mucha) vergüenza	*to be/feel (very) ashamed/bashful*
tener ____ años (de edad)	*to be ____ years old*

Tiene cincuenta años.

■ ACTIVIDAD 1 ¿Qué tienes?

Paso 1 Usa el verbo **tener** para expresar cómo te sientes en las siguientes situaciones.

Ejemplo: La temperatura está a 0° C (cero grados centígrados) y no llevo abrigo ni chaqueta. → Tengo frío.

1. La clase de español empieza en dos minutos y todavía estoy estacionando (*parking*) mi carro.
2. Son las 12:00 de la noche y no comí nada en todo el día.
3. Comí muchas papas fritas sin beber nada.
4. Hice algo estúpido delante de unas personas que no conozco.
5. No dormí nada anoche ni la noche anterior.

Paso 2 Inventa un contexto para explicar las siguientes ideas.

Ejemplo: tener mucha hambre → Tengo mucha hambre porque no desayuné y ahora tengo ganas de comer algo.

1. tener sed
2. tener mucho miedo
3. tener calor
4. tener ganas de _____
5. tener prisa

Tiene sed.

Entonces, estoy embarazado...

ACTIVIDAD 2 ¡Así no se dice, Jim!

Jim comete (*makes*) los errores típicos de un estudiante de español. Ayúdale a expresarse. Indica la expresión correcta.

1. Estoy embarazado. / Tengo vergüenza.
2. Estoy / Tengo frío.
3. Estoy confuso / confundido.
4. La clase de español es / está en el edificio de Estudios Internacionales.
5. Estoy bien / bueno.
6. Soy / Tengo 18 años.

ACTIVIDAD 3 Contextos

Inventa contextos que expliquen cada una de las siguientes oraciones.

> *Ejemplo:* Hace calor. → La mujer tiene calor, por eso se abanica.

1. Esta clase es aburrida.
2. Los niños están aburridos.
3. No estoy lista todavía (*yet*).
4. La ciudad está callada a esta hora.
5. Esto es confuso.
6. Estoy confundido/a.
7. José está muy guapo hoy.
8. Tengo calor.

Hace calor.

ACTIVIDAD 4 Las meninas

Paso 1 Completa el párrafo con la forma correcta de **ser, estar, hacer, tener** y **haber** en el presente de indicativo.

Éste _____[1] el famoso cuadro[a] *Las meninas* del pintor Diego Velázquez. Velázquez _____[2] de Sevilla, España. *Las meninas,* que data de 1656, _____[3] un cuadro muy complicado: la escena que vemos no _____[4] en realidad la que el pintor _____[5] pintando en el lienzo[b] dentro del cuadro. En la escena _____[6] varias personas: la princesa, sus damas de honor y las enanas[c] que le hacen compañía, dos adultos más y el propio Velázquez. También _____[7] un perro. Además, _____[8] los reyes, quienes _____[9] reflejados en un espejo al final de la sala.

   Es imposible saber si _____[10] frío o calor en la sala, pero parece que las personas _____[11] bien y no _____[12] frío ni calor.

[a]*painting* [b]*canvas* [c]*dwarfs*

Las meninas (1656), Diego Velázquez

¿Dónde _____[13] nosotros, los espectadores, con respecto al pintor? ¿Y los reyes? ¿Por qué _____[14] los reyes allá? Y la princesa, ¿cuánto tiempo hace que posa[d] para el pintor?

¿Crees que la princesa _____[15] ganas de posar? ¿O crees que _____[16] vergüenza de salir en[e] el cuadro? ¿Cómo te imaginas que _____[17] esta niña?

[d]hace... *has she been posing* [e]de... *of appearing in*

Paso 2 En parejas, contesten las preguntas de los dos últimos párrafos del **Paso 1.**

■ **ACTIVIDAD 5** Veinte preguntas

Un compañero / Una compañera piensa en una persona, y el resto del grupo intenta adivinar quién es esa persona, haciéndole preguntas que sólo pueden contestarse con **sí** o **no**.

Ejemplo: —¿Es mujer?
—Sí.
—¿Es de los Estados Unidos?
—No.
—¿Está viva?
—Sí.
—¿Tiene más de 50 años?

3 Comparaciones

There are two types of comparisons: equality (**igualdad**), when two things are the same, and inequality (**desigualdad**), when one thing is more or less than another. Adjectives, nouns, adverbs, and actions can be compared.

«Nadie es **tan** bueno o **tan** persuasivo **como** Hollywood...»*

*«México se rebela contra su imagen en Hollywood», *El País*

Comparisons of equality

- **...tan** + *adjective* + **como...**

  Note that the adjective agrees with the subject (the first noun).

  Miguel es **tan** alto **como** su padre. — *Miguel is as tall as his father.*
  Las niñas son **tan** simpáticas **como** su madre. — *The girls are as nice as their mother.*

- **...tan** + *adverb* + **como...**

  Este jefe nos trata **tan** mal **como** el último. — *This boss treats us as badly as the last one.*

- **...tanto/a(s)** + *noun* + **como...**

  Note that **tanto** agrees with the noun compared.

  Pedro tiene **tanta** plata **como** Luis. — *Pedro has as much money as Luis.*
  Tenemos **tantos** exámenes **como** el año pasado. — *We have as many exams as last year.*

- **...***verb* + **tanto como...**

  Coman **tanto como** quieran. — *Eat as much as you want.*

Es **tan alto como** su hermano.

Comparisons of inequality

- **...más/menos** + *adjective* + **que...**

  Miguel es **más** alto **que** su padre. — *Miguel is taller than his father.*
  Las niñas son **menos** extrovertidas **que** su madre. — *The girls are less outgoing than their mother.*

Some adjectives have special comparative forms.	
más grande/viejo (edad) → **mayor** Mi hermana es dos años **mayor que** tú.	*My sister is two years older than you.*
más pequeño/joven → **menor** José es cinco años **menor que** tú.	*José is five years younger than you.*
más bueno → **mejor** Este libro es **mejor que** el anterior.	*This book is better than the last one.*
más malo → **peor** Esta novela es **peor que** la anterior.	*This novel is worse than the last one.*

- **...más/menos** + *adverb* + **que...**

  Llegamos **más** tarde **que** el profesor.   *We arrived later than the teacher.*

  Bien and **mal** also have special comparative forms: **mejor** and **peor.**

  La economía está **peor** este año   *The economy is worse this year*
    que el año pasado.   *than last year.*
  El tiempo está mucho **mejor** hoy   *The weather is much better today*
    que ayer.   *than yesterday.*

- **...más/menos** + *noun* + **que...**

  Tenemos **menos** trabajo **que** el   *We have less work than the*
    profesor.   *professor.*

- *...verb* + **más/menos que...**

  Tengo que estudiar **más que** el   *I have to study more than last*
    semestre pasado.   *semester.*

Comparisons with *de*

- Comparisons of a specific number or quantity

  ...más/menos de + *number* + *noun*

  This phrase is used to compare amounts of things measured in numbers.

  Tengo **menos de** diez dólares para   *I have less than $10 to go out*
    salir esta noche.   *tonight.*

- Comparisons of nonspecific quantities

  Note that the definite article agrees with the noun compared. Use **del que** with masculine singular nouns.

  ...más/menos + *noun* + **de** + *definite article* + **que** + *verb*

  This phrase is used to compare amounts not measured in numbers.

  Hoy hay **más** contaminación **de la**   *Nowadays there is more pollution*
    que había hace cien años.   *than there was a hundred years ago.*

La economía
está peor
este año
que el año
pasado.

Los mejores tamales de Los Ángeles

Superlatives

A superlative (**el superlativo**) is an expression that indicates something as the maximum within a category or group.

> **el/la/los/las** + *noun* + **más/menos** + *adjective* (+ **de…**)

Tomás es **el** niño **más** alto **de** su clase.	*Tomás is the tallest child in his class.*
Las galletas de mi abuela son **las más** ricas **del** mundo.	*My grandma's cookies are the best in the world.*

The irregular comparative forms can be used to express the superlative.

> **el/la/los/las** + **mayor/menor/mejor/peor** (+ **de…**)

Yo soy **la mayor de** mis hermanos.	*I am the oldest of my siblings.*
Los mellizos son **los menores**.	*The twins are the youngest.*
Mi abuela hace **los mejores** tamales **de** Los Ángeles.	*My grandma makes the best tamales in Los Angeles.*

■ **ACTIVIDAD 1** ¿Qué sabes de tu profesor(a) de español?

Paso 1 Completa las siguientes oraciones con las palabras correctas para formar comparaciones sobre tu profesor(a) de español.

Ejemplo: Mi profesor(a) de español pasa (más / menos) (de / que) tres horas al día viendo la tele. → Mi profesor(a) de español pasa **menos de** tres horas al día viendo la tele.

Mi profesor(a) de español…

1. gana (más / menos) (de / que) 200.000 dólares al año por enseñar español.
2. no gana (tan / tanto) dinero (como / que) un jugador profesional de fútbol americano.
3. es (tanto / tanta / tan) alto/a (como / que) _____ (*nombre de una persona de la clase*).
4. habla español (mejor / peor / tan bien) (como / que) sus padres.
5. tiene (más / menos / tantos / tan) estudiantes (como / que) mi profesor(a) de _____ (*otra clase*).
6. (no) es la persona (mayor / menor) de su departamento.

Paso 2 Ahora pregúntale a tu profesor(a) si tus respuestas del **Paso 1** son correctas.

Ejemplo: ¿Es verdad que Ud. pasa **menos de** tres horas al día viendo la tele?

ACTIVIDAD 2 Preferencias

Entrevista a un compañero / una compañera sobre sus preferencias y luego compáralas con las tuyas. Usa los superlativos. Inventa la última pregunta.

Ejemplo: un(a) buen(a) cantante (*singer*)

—Para ti, ¿quién es el mejor cantante o la mejor cantante?
—Para mí, la mejor cantante es Christina Aguilera.

1. una ciudad bonita en tu país
2. un grupo de música que detestas
3. una canción especial para ti
4. una comida típica de tu estado o país
5. la estación del año que te gusta más
6. una película horrible de este año
7. ¿?

ACTIVIDAD 3 Comparaciones variadas

Compara las siguientes cosas y personas. Es posible que haya más de una comparación.

Ejemplos: México, D.F. y Chicago →
México, D.F. es una ciudad más grande que Chicago.
En México, D.F. hace menos frío que en Chicago.
Chicago está más hacia el norte que México, D.F.
Chicago es una ciudad tan interesante como México, D.F.

1. Nueva York y Los Ángeles
2. el equipo de fútbol americano de tu universidad y el de la Universidad de Florida/California
3. tu mejor amigo/a y tú
4. tus maestros/maestras de la escuela primaria y tus profesores/profesoras de ahora.
5. Britney Spears y Miley Cyrus

ACTIVIDAD 4 Mi familia

En parejas, hablen de sus respectivas familias, comparando a sus miembros. Pueden hablar sobre su apariencia física, su personalidad, su trabajo, los deportes que hacen y con qué frecuencia los practican, etcétera.

Ejemplo: —Mi madre es mucho más baja que mi padre. Yo soy tan baja como mi madre.
—¿Quién en tu familia es tan alto como tu padre?
—Nadie. Mi padre es el más alto de toda la familia.

Christina Aguilera, **la mejor** cantante

■ **ACTIVIDAD 5** Las comparaciones son odiosas, pero...

En parejas o grupos pequeños, comparen su universidad con otras universidades de su estado o ciudad. A continuación les ofrecemos algunos detalles en los que pueden pensar.

> *Ejemplos:* el costo de la matrícula →
> El costo de la matrícula de mi universidad es mayor/superior que el del *Community College* de mi ciudad.
> La universidad estatal cuesta tanto como _____.

1. el costo de la matrícula
2. el número de estudiantes
3. el tamaño (*size*): más grande/pequeña
4. los equipos (*teams*) deportivos
5. la preparación de los estudiantes y los profesores
6. la simpatía de los estudiantes
7. ¿?

Cultura

Los hispanos: Multiplicidad étnica y racial

«Hispano/a» no se refiere a una raza, sino a un origen geográfico y cultural: una persona es hispana porque su familia es originaria de[a] un país donde se habla español. En estos países viven personas de todas las razas y sus posibles mezclas:[b] indios o indígenas, blancos (primero los españoles, después personas de toda Europa), negros (que llegaron a través del comercio de esclavos), mestizos (personas de sangre[c] indígena y blanca), mulatos (personas de sangre negra y blanca), judíos, árabes, asiáticos, etcétera. Esto se debe a que Latinoamérica, como los países anglosajones de Norteamérica (los Estados Unidos y el Canadá), ha aceptado y sigue aceptando inmigrantes de todo el mundo. Pero, a diferencia de los Estados Unidos y el Canadá, la población original indígena es mayor: en algunos países, como Guatemala y Bolivia, puede llegar a más del 50 por ciento.

Los términos «hispano» y «latino» se usan mucho menos en Latinoamérica y España que en los Estados Unidos. Por lo general, la gente se identifica por su país de origen: colombiano, ecuatoriano, español, etcétera. El término «hispano/a» se reserva para hablar de la comunidad de hispanohablantes en ocasiones especiales. «Latino/a» se refiere no sólo a los hispanos, sino también a las personas de Brasil y de los países europeos donde se hablan lenguas que vienen del latín: Francia, Italia y Portugal.

[a]es... is originally from [b]mixtures [c]blood

canadiense

estadounidense

portugués/portuguesa

español(a)

mexicano/a

cubano/a

dominicano/a

puertorriqueño/a

guatemalteco/a

costarricense

salvadoreño/a

panameño/a

hondureño/a

venezolano/a

nicaragüense

colombiano/a

ecuatoriano/a

brasileño/a

peruano/a

boliviano/a

paraguayo/a

chileno/a

uruguayo/a

argentino/a

En español, «latinoamericano» e «hispanoamericano» sólo se refieren a personas y cosas de la América latina y de la América hispana, respectivamente, nunca a los hispanos que viven en los Estados Unidos. «Español(a)» sólo se refiere a las personas de España o a las cosas relacionadas con la lengua española. Para referirse a una persona *U.S. Hispanic* o *Latino* se puede decir que es «estadounidense de origen hispano o latino».

Tertulia Nuestros amigos hispanos

- ¿Conocen Uds. a algunas personas hispanas? ¿a muchas o pocas? ¿Cómo explicas esta situación personal?

- ¿De dónde son las personas que conocen? Pueden contestar de dos maneras.

  Mi amigo/a _____ es de España.

  Mi amigo/a _____ es español(a).

- ¿Cuál es el origen étnico de sus amigos hispanos?

Lectura

México se rebela contra su imagen en Hollywood.

Reflexiones

La lectura de este capítulo es la primera parte de un artículo que apareció en el periódico español *El País*, uno de los más prestigiosos de España y de todo el mundo hispano. El artículo hace referencia a la película *Traffic*, que fue nominada para un Óscar a la mejor película en el año 2001.

vocabulario útil

la mayoría	majority
el papel	role
la película	movie
el personaje	character
el retrato	portrait
avaricioso/a	greedy
vago/a	lazy
centrarse	to focus
tener la culpa	to be to blame

■ ACTIVIDAD 1 Definiciones

Paso 1 ¿Qué palabra del **Vocabulario útil** corresponde a cada definición?

1. Es una pintura o foto de una persona.
2. Es el grupo más grande.
3. Es la persona que interviene en la acción de una obra de teatro o una película.
4. Este verbo quiere decir «ser responsable de haber hecho algo malo».
5. Es un adjetivo que describe a una persona ansiosa por acumular cosas y dinero sin gastarlos ni darlos a otros.
6. Este verbo quiere decir «concentrar la atención en algo».

Paso 2 Ahora te toca a ti dar una definición de las siguientes palabras.

1. vago/a   2. retratar   3. el papel   4. la película

■ ACTIVIDAD 2 *Traffic*

Completa el siguiente párrafo sobre la película mencionada en el artículo de esta sección de lectura. Todas las palabras que faltan están en la lista de **Vocabulario útil**. Debes conjugar en el presente de indicativo los verbos que faltan (*are missing*).

Traffic es una _____¹ sobre el narcotráfico que _____² en varios _____³, cuyasª historias se entrelazanᵇ para reflejar la complejidad del problema del tráfico de drogas. Uno de los actores principales es el puertorriqueño Benicio del Toro, que tiene el _____⁴ de un honesto policía mexicano. Su personaje hace un _____⁵ positivo de los mexicanos. Catherine Zeta-Jones, por el contrario, hace el papel de una mujer _____⁶ que quiere ganar dinero con el narcotráfico.

ªwhose   ᵇintertwine

Estrategia: La estructura de la oración en español

La estructura de la oración en español es más flexible que la del inglés. Mira los siguientes ejemplos tomados de la lectura de este capítulo.

Con Lana Turner, fui brasileño.   *With Lana Turner, I was Brazilian.*

El sujeto (**yo**, en este caso) con frecuencia no es explícito, porque los verbos tienen terminaciones marcadas según las diferentes personas.

Así es cómo se siente el resto   *That's how the rest of the world feels.*
del mundo.

El sujeto es explícito, pero está después del verbo.

Una pregunta como «¿Quién le dio el libro a Marta?» puede tener varias respuestas afirmativas.

Yo se lo di. / Yo se lo di a ella. / A ella se lo di yo.

Esta flexibilidad puede confundir a los lectores que no tienen suficiente conocimiento del español. Un consejo básico pero fundamental: si te pierdes mientras lees, identifica cada parte esencial de la oración: sujeto, verbo y objetos. Es posible que tengas que volver a la oración anterior, especialmente si hay pronombres o sujetos no explícitos.

Para practicar, identifica las partes principales de la siguiente oración (sujeto, verbo y complementos):

Y llenaba la cubierta (*cover*) la sonrisa más hermosa del mundo.*

MÉXICO SE REBELA CONTRA SU IMAGEN EN HOLLYWOOD, *LORENZA MUÑOZ*

1   Nadie es tan bueno o tan persuasivo como Hollywood **a la hora de** hacer que otras culturas **parezcan** simplistas y atrasadas. Los extranjeros han servido a menudo como conveniente fuente de diversión, exotismo y **peligro** para el cine estadounidense.

5   México, en especial, **se ha llevado** una de las peores partes en esta descripción miope. Últimamente, este país ha servido de **telón de fondo** para varias películas de los grandes estudios —*Traffic, The Mexican, Blow* y *All the Pretty Horses*— y muchos de los estereotipos y retratos simplistas **se mantienen**. Sin embargo,

10   políticos, productores y cineastas **se esfuerzan** por mejorar las relaciones entre ambos países y los **realizadores** mexicanos luchan por ofrecer una imagen más realista de su país.

¿Qué pensarían los estadounidenses si se levantasen un día y todas las películas los presentasen como estúpidos, sucios e

15   ignorantes? ¿Qué pasaría si todos los programas de televisión **que sintonizasen** los presentaran gordos, vagos y **endógenos**? ¿Y qué pasaría si cada actor interpretara el sucio estadounidense: avaricioso, materialista y arrogante? Así es cómo se siente el resto del mundo cuando ve el retrato que Hollywood hace de su país y

20   de su cultura.

México, en especial, se ha llevado la peor parte en esta descripción miope. Ya sea en las películas **mudas** o en las del Oeste llenas de tiros, los mexicanos rara vez han sido vistos bajo una luz compleja o positiva.

when it comes to
seem   backward

danger
has received
shortsighted   backdrop

are kept
movie makers   make an effort
productores

were to get up

that they tuned into   obtusos

Be it   silent
full of gunshots   have hardly
ever been seen

---

*Y llenaba (*verbo*) la cubierta (*objeto*) la sonrisa (*sujeto*) más hermosa del mundo.

25   «**No es que sean** peores que otras películas, sino que el problema está en que Hollywood parece centrarse sólo en la negatividad de México», ha declarado David Maciel, profesor de estudios chicanos en la Cal State Dominguez Hills, quien ha escrito varios libros sobre la forma en que Hollywood describe México.

30   «Muy rara vez encontramos una película positiva sobre México, o sobre la cultura y la sociedad mexicanas».

El pasado mes de marzo, el productor Mike Medavoy celebró en Los Ángeles una cena en honor del presidente mexicano Vicente Fox a la que asistieron **estrellas** como Marlon Brando,

35   Arnold Schwarzenegger y Sylvester Stallone, así como ejecutivos de los estudios. El tema de la velada fue la **mejora** de las relaciones entre México y los Estados Unidos.

El actor Ricardo Montalbán decidió hablar en la celebración del acontecimiento de la forma en que Hollywood retrata siempre

40   a México de una manera negativa. «Deseaba quitarme la espinita», dice Montalbán, recordando el **discurso** que pronunció aquella noche. «Dije: "Señor presidente, si estamos aquí, hablando de un mejor **entendimiento** entre nuestros dos países, creo que Hollywood podría hacer mucho por ayudar a este entendimiento". Cuando yo estaba en MGM y ellos querían

> «Muy rara vez encontramos una película positiva sobre México, o sobre la cultura y la sociedad mexicanas».

45

50   que hiciese romántico, siempre era cubano. Con Esther Willams, en *Latin Lovers*, fui argentino. Con Lana Turner, fui brasileño. Son nacionalidades que **suenan** bien. Mexicano no es una palabra que suene bien, y Hollywood tiene la culpa, por habernos retratado de manera tan infame. Somos el indolente peón apoyado en el cactus.

55   Somos los bandidos. Hollywood podría hacer mucho por paliar el daño que lleva años haciendo.»

Pero esas imágenes **sesgadas** continúan en algunas de las películas recientes. En *Traffic,* de USA Films, México aparece como un **pozo negro**, visto literalmente a través de una bruma parda de

60   pobreza, corrupción, avaricia y narcoviolencia. La única excepción es el retrato que Benicio del Toro hace de un policía en conflicto, pero en última instancia moral. Del Toro declaró recientemente en *Los Angeles Times* que fue él quien remodeló el personaje para hacerlo más complejo.

65   En el **guión** original de *Traffic*, Javier, el personaje de Del Toro, era calculador y corrupto. El actor, de origen puertorriqueño, pidió al director Steven Soderbergh, y al **guionista**, Stephen Gaghan, que añadieran matices al papel. Les hizo comprender que la guerra de las drogas está directamente relacionada con el aparentemente

70   insaciable apetito de drogas de los estadounidenses.

En México (como en Colombia), el número de víctimas es extraordinario, y ganar la guerra resulta complicado por problemas

It is not that they are

stars

evening   improvement

event
get it off my chest
speech

understanding

wanted me to play the

sound (seem)

reclining
to alleviate

biased

cesspool through a brown fog

script

script writer
add nuances

de pobreza y hambre. «Tantas veces hemos hecho películas
y utilizado a un grupo étnico exclusivamente para hacer una
75 declaración sobre esto o aquello», dijo Del Toro en la entrevista
de *The Times*, «que creo que ya es hora de mostrar también la
otra cara. Hablo de oponerse a los estereotipos. México tiene una
historia intensa. Es importante decir que mucha gente, la mayoría,
es honrada y trabajadora.»

Benicio del Toro se opone a los estereotipos.

Comprensión

■ **ACTIVIDAD 3** ¿Está claro?

¿Cierto o falso? Justifica tu respuesta identificando la parte del artículo a la
que corresponde. Si la declaración es falsa, corrígela.

1. La industria de Hollywood tiene prejuicios raciales y culturales.
2. No hay actores ni personajes hispanos en las películas de Hollywood.
3. Los mexicanos están cansados de ver su imagen representada de manera
   negativa en Hollywood.
4. Hollywood discrimina a los mexicanos exclusivamente.
5. Ricardo Montalbán es el presidente de México.
6. A Ricardo Montalbán no le importaba hacer el papel de latino de otro país
   porque él no se siente mexicano.
7. Benicio del Toro estuvo muy contento desde el primer momento con el
   personaje que iba a representar en *Traffic*.
8. A Del Toro no le preocupa la cuestión de los estereotipos sobre México
   porque él es de Puerto Rico.

■ **ACTIVIDAD 4** ¿Qué piensas ahora?

Busca en el texto oraciones en las que el sujeto no esté explícito o no esté
antes del verbo. Si el sujeto no está explícito indica cuál es el sujeto al que se
refiere el verbo y cómo lo sabes.

> *Ejemplo:* ...ha declarado David Maciel... → El sujeto es David Maciel.
> Deseaba quitarme la espinita. → El sujeto es **yo** (Ricardo Montalbán).

Tertulia ¿Es Hollywood «miope»?

- En el texto se utiliza el adjetivo **miope**, para describir la visión que
  Hollywood ofrece de México. ¿Qué otras realidades piensan Uds. que han
  sido o son presentadas por Hollywood de una manera miope? ¿Por qué
  ocurre esto?
- ¿Qué papeles representan los personajes hispanos en las películas de los
  Estados Unidos? ¿Les parecen estereotípicos? ¿Cómo es la situación con
  respecto a otras minorías? Den ejemplos.
- Conocen alguna película extranjera donde aparezca (*appear*) algún
  personaje estadounidense? ¿Qué tipo de papel representa? ¿Están de
  acuerdo con esa imagen?

Descripción personal

Tema

Una carta de presentación para una familia latinoamericana con quien vas a pasar el verano

Prepárate

- Piensa en lo que tu lector(a) puede desear saber y haz una lista de estas cosas. También considera cómo quieres tú mostrarte. Describe tanto lo físico como lo referente a tu personalidad.
- Haz un borrador (*draft*) en español con todas las ideas que tengas. Si no sabes algunas palabras, deja un espacio en blanco o haz un símbolo.

¡Escríbelo!

- Ordena las ideas de tu borrador usando un párrafo diferente para cada idea importante. Por ejemplo, para esta composición puedes describirte físicamente en un párrafo y en el siguiente describir tu personalidad.
- Asegúrate de que tu composición tenga los elementos importantes de la estructura de una carta: Saludo, motivo por el que escribes, cuerpo, despedida. Cada opción requiere convenciones diferentes.
- Busca en el diccionario y/o en tu libro de texto las palabras y expresiones sobre las que tengas duda.

¿Y ahora?

- Repasa los siguientes puntos.
  - ❑ el uso de los verbos que expresan *to be*
  - ❑ la concordancia entre sujeto y verbo
  - ❑ la concordancia de género y número entre sustantivos, adjetivos y pronombres
  - ❑ la ortografía (*spelling*) y los acentos
  - ❑ el vocabulario: Asegúrate de no repetir ideas o palabras; busca sinónimos cuando sea necesario.
  - ❑ el orden y el contenido: Asegúrate de que tu composición esté estructurada en párrafos con ideas diferentes que apoyan el tema que has elegido.
  - ❑ Finalmente, prepara tu versión para entregar.

No te olvides de mirar el Apéndice I, **¡No te equivoques!**, para evitar errores típicos de los estudiantes de español. Para esta actividad de escritura, se recomienda que prestes atención a **Cómo se expresa *to know*** (página A-1).

Consulta el *Cuaderno de práctica* para encontrar más ideas y sugerencias para redactar tu composición.

Gramática en contexto: El Censo de los Estados Unidos del año 2006

Los siguientes datos están basados en la información del Censo 2006 de los Estados Unidos. Complétalos con las palabras correctas. Conjuga los verbos en el presente de indicativo. Cuando haya dos opciones, escoge la opción correcta. Si son verbos, escoge el verbo correcto. Cuando no haya opciones, escribe la palabra comparativa para completar la idea.

En este capítulo _____[1] (estar / ser: nosotros) estudiando la población hispana en los Estados Unidos. ¿_____[2] (saber: tú) que en este país _____[3] (vivir) más _____[4] (de / que) 44 millones de hispanos, según el censo del año 2006? Esta cifra[a] no _____[5] (incluir) la población de Puerto Rico, que _____[6] (estar / ser) un Estado Libre Asociado, y que _____[7] (haber / ser) de casi 4 millones de personas. El grupo de hispanos _____[8] grande en los Estados Unidos _____[9] (estar / ser) de origen mexicano (64 por ciento), seguido del de los puertorriqueños (9 por ciento). Es interesante que haya más centroamericanos _____[10] (de / que) sudamericanos.

La población hispana en general _____[11] (estar / ser) _____[12] joven que la población no hispana: la edad media[b] de los hispanos es 25,9* años, y 35,3 la de los no hispanos.

[a] *number*   [b] *average*

Proyectos en tu comunidad

Investiga el Censo de los Estados Unidos del año 2006 en español en el Internet para aprender más sobre la presencia hispana en tu estado y condado o en un estado y condado que te interese. Luego prepara un pequeño informe para compartir con tus compañeros en clase. ¿Qué estados de los que investigaron tienen el mayor número de hispanos? ¿y el menor número?

Tertulia final   La comunidad hispana

Como ya saben, la comunidad hispana en los Estados Unidos no es homogénea. Por el contrario, los hispanos forman una comunidad variadísima compuesta por grupos de distintos países y, por tanto (*therefore*), rasgos culturales diversos. Considerar que todos los grupos hispanos son idénticos es como pensar que todos los hablantes nativos del inglés, como los ingleses, estadounidenses, australianos, jamaicanos, etcétera, son culturalmente iguales.

Comenten las diferencias que conocen entre los grupos que constituyen la comunidad hispana en los Estados Unidos.

Porcentaje de distribución de la población hispana por origen: 2006

Otros hispanos **7,7%**
Sudamericano **5,5%**
Centroamericano **7,6%**
Domicano **2,8%**
Cubano **3,4%**
Puertorriqueño **9%**
Mexicano **64%**

---

*En español, los decimales aparecen después de una coma y los millares (*thousands*) van separados por un punto, justo al contrario que en inglés.

«Dime con
quién andas
y te diré
quién eres.»*

*You shall be known by the friends you keep.

2

«Yo soy yo y mis circunstancias»*

*Ésta es una cita del filósofo José Ortega y Gasset (España, 1883–1955).

Reflexiones ¿Quedamos en el «híper»?

«Híper» es una abreviatura de **hipermercado,** un tipo de supermercado español grandísimo donde hay de todo. Los hipermercados están con frecuencia en un centro comercial. ¿Dónde quedas de encontrarte (*do you agree to meet*) con los amigos? ¿Dónde quedabas cuando tenías 16 años? ¿Por qué quedabas allí? ¿Dónde sueles conocer nueva gente?

¿QUEDAMOS EN EL «HÍPER»?

environment   everybody goes his own way

lend me a hand

headphones

Really?

lend themselves   yendo

establecer

sweated

weights

10th grade

hour after hour

date   winking

Clases, gimnasios, centros comerciales... son nuevos lugares de encuentro en la ciudad, un **entorno** donde cada vez más **cada uno va a lo suyo** y es difícil hacer amigos. Los bares y las discotecas ya no son los únicos espacios para conocer gente.

En el gimnasio: Germán Domínguez, 25 años, consultor de recursos humanos: «Oye, **échame una mano** con este ejercicio, por favor.» «Sí, hombre, ¡cómo no! Espera que deje los **cascos**...» «¿¿Qué escuchas?» «El último de Depeche Mode.» «¡Anda!, me encanta Depeche Mode...» Y el pedir ayuda al que está más cerca puede ser detonante de una conversación más amplia. Como en cualquier lugar, siempre que la gente **se preste** a ella. Germán lleva tres años **acudiendo** tres o cuatro veces a la semana al mismo gimnasio y asegura que es fácil **entablar** conversación con la gente. «Ya no es igual que antes, cuando la gente **sudaba**, se duchaba y se iba sin hablar con nadie», comenta. «Pero es que es inevitable, nos hemos dado cuenta de que aquí, además de **pesas**, hay gente».

En el centro comercial: Laura Hernández y Cristina Meléndez, 17 años, estudiantes de 2º de Bachillerato: Tanto Laura como su amiga Cristina aseguran pasarse «las **horas muertas**, de arriba para abajo, haciendo nada, pero pasando la tarde» en el centro comercial de su barrio, una rutina constante desde que lo abrieron hace siete años. «Yo tuve aquí mi primera **cita**», cuenta Laura **guiñando** un ojo. «Bueno, la primera, la segunda y todas.» «Es que es la forma ideal de quedar con un chico», tercia Cristina. «Primero al cine y luego al *burguer*, donde ya sólo te queda dinero para un helado.»

Ponte a prueba

Completa las siguientes ideas con información del texto usando tus propias palabras siempre que puedas.

1. Algunos ejemplos de lugares para conocer gente en la actualidad son...
2. Según Germán Domínguez, la gente se dio cuenta de que en el gimnasio...
3. En el gimnasio una amistad puede empezar hablando de...
4. Laura y Cristina pasan su tiempo libre en...
5. Para ellas es el lugar ideal para una cita porque...

Reflexiones Niña que espera

1. ¿Crees en el destino o crees que las cosas pasan al azar (*by chance*)?
2. ¿Crees en el amor a primera vista (*first sight*)? ¿Por qué sí o por qué no?
3. ¿Alguna vez te ha pasado algo que no hayas podido (*weren't able to*) explicar con la razón?

Ponte a prueba

¿Cierto o falso? Indica si las siguientes ideas son ciertas (C) o falsas (F), según el video. Si puedes, corrige las declaraciones falsas.

1. El oso de peluche (*teddy bear*) es un elemento importante en la historia.
2. El hombre y la mujer se enamoran a primera vista.
3. La mujer y el hombre adoptan a la niña.

Comprensión Contesta las preguntas según lo que viste en el cortometraje.

4. ¿Quiénes son los padres de la niña? ¿Cómo lo sabes?
5. ¿Por qué crees que la niña se llama Angélica?

C E N T R O
Your media center for languages

Para ver *Niña que espera* otra vez y realizar más actividades relaciones con el cortometraje, visita la página de Centro: **www.mhcentro.com**.

vocabulario útil

el boleto	ticket
el delito	crime
el/la juez	judge
el pase de abordar	boarding pass
la vigilancia	security
el vuelo	flight
detener	to put in custody
levantar un acta	to file charges
vocear	to call on the loudspeaker
¡ándale!	c'mon! (*Méx.*)

Palabras

DE REPASO

el colegio

la concentración /
   la especialidad

el/la conservador(a) ≠
   el/la progresista

el/la cristiano/a
   (el cristianismo)

la derecha ≠ la izquierda

la escuela primaria/secundaria

la generación

el grupo (de teatro/música)

votar

Las religiones

el/la ateo/a	atheist
el bautismo	baptism
las creencias (religiosas)	(religious) beliefs
el judaísmo	Judaism
el/la judío/a	Jew
la fe	faith
el musulmán / la musulmana	Muslim
la oración	prayer
el rito	ritual
el/la testigo de Jehová	Jehovah's Witness

Cognados: **el/la agnóstico/a, el/la baptista, el/la budista, el budismo, el/la católico/a, el catolicismo, el/la metodista, el mormón / la mormona, el/la protestante, el islamismo, el servicio (religioso)**

rezar	to pray

La afiliación política

el centro	center
el/la demócrata	democrat
el partido	party

Cognados: **el/la comunista, el/la republicano/a, el/la socialista**

apoyar	to support
democrático/a	democratic

Otras relaciones sociales

la amistad	friendship
el/la compañero/a de casa/cuarto	house/roommate
de clase/estudios	classmate / study partner
de colegio/universidad	(high school / university) classmate
de trabajo	work associate
sentimental	(life) partner
el equipo	team

Cognados: **la asociación (de estudiantes latinos / de mujeres de negocios)**

formar parte de	to be/form part of
pertenecer (zc) a	to belong to

La vida universitaria

los apuntes / las notas	(class) notes
el bachillerato	high school (studies)
la beca	grant, fellowship, scholarship
la calificación / la nota	grade
el curso académico	academic year
la facultad	department encompassing an entire discipline
la fecha límite / el plazo	deadline
el horario	schedule
el informe escrito	paper
la licenciatura	B.A. degree equivalent
aprobar (ue)	to pass
faltar a clase	to miss class
suspender / reprobar (ue)	to fail

Las carreras y la especialización universitaria

las ciencias políticas	political science
la contabilidad	accounting
el derecho	law
la enfermería	nursing
la informática	computer science
la ingeniería	engineering
las letras	letters (literature, language studies)
la física	physics
la química	chemistry

Cognados: **la arquitectura, la biología, las ciencias naturales, las ciencias sociales, la historia, la literatura, las matemáticas, la psicología**

ADMINISTRACIÓN DE EMPRESAS

INGENIERÍA QUÍMICA

PEDAGOGÍA

■ ACTIVIDAD 1 Asociaciones

Paso 1 ¿Qué palabras del vocabulario asocias con los siguientes dibujos?

1.

2.

3.

4.

5.

6.

7.

Paso 2 Ahora, en grupos pequeños, túrnense para dar una palabra de la lista de vocabulario relacionada con la política o la religión, mientras el resto del grupo trata de nombrar un símbolo o una persona representativa de esa palabra. ¡Sean creativos!

Palabras ■ cuarenta y uno **41**

La universidad y los hispanos

En Latinoamérica se encuentran las universidades más antiguas del Nuevo Mundo: Santo Domingo (1538), México (1553) y Lima (1571). Sin embargo, el porcentaje de estudiantes que asiste a la universidad es todavía bastante bajo en muchos países. Estos son algunos porcentajes por países de estudiantes matriculados[a] a nivel postsecundario[b] en el año 2003, según la UNESCO:

País	Porcentaje
Argentina	56%
Bolivia	39%
Colombia	24%
Cuba	27%
El Salvador	17%
Honduras	14%
México	21%
Paraguay	19%
Uruguay	37%
Venezuela	27%
España	59%
Canadá	58%
Estados Unidos	81%

El porcentaje de matriculados es diferente del porcentaje de personas que terminan titulándose.[c] Por ejemplo, en los Estados Unidos un 28 por ciento de personas blancas de más de 25 años tiene un título universitario, en comparación con el 17 por ciento de personas negras y el 11 por ciento de personas de origen hispano.

El sistema universitario en Latinoamérica, por lo general, es diferente del de los Estados Unidos. Para empezar, los estudiantes se matriculan directamente en una disciplina o campo de estudio, que se llama «facultad». Una facultad es como un gran departamento dentro del cual hay otros departamentos más pequeños relacionados entre sí: la facultad de medicina, la facultad de geografía e historia, la facultad de filosofía y letras,[d] la facultad de ingeniería, etcétera. Esto quiere decir que las carreras, es decir, los estudios universitarios, se concentran en un área desde el principio, aunque dentro de esa área hay mucha variedad. Finalmente, las carreras toman normalmente cinco o seis años, y no cuatro como en los Estados Unidos.

[a]*registered*   [b]*nivel… college level*   [c]*getting a degree*
[d]*filosofía… humanities*

Tertulia La universidad

¿Qué implica la diferencia en el porcentaje de jóvenes que va a la universidad entre los países de la lista? ¿Qué consecuencias puede tener para un país el hecho (*fact*) de que mucha o poca gente tenga estudios universitarios?

4 Los pronombres de objeto directo e indirecto

Many verbs require noun phrases to complete their meanings. These noun phrases, or clauses that function like nouns, are called objects. There are two types of objects: direct (OD) and indirect (OI).

¿Me prestas tus apuntes de la clase de hoy?
  OI   OD

Will you lend me your notes of today's class?
         OI   OD

Direct object pronouns

Los pronombres de objeto directo			
me	me	nos	us
te	you (*fam. sing.*, **tú**)	os	you (*fam. pl.*, **vosotros**)
lo	you (*form. sing. m*, **Ud.**), him, it	los	you (*form. pl. m*, **Uds.**), them
la	you (*form. sing. f*, **Ud.**), her, it	las	you (*form. pl. f*, **Uds.**), them

In order to avoid repetition, direct object pronouns replace object nouns.

—Tienes que ver **la última película** de Almodóvar.   —*You have to see Almodóvar's last movie.*
—Ya **la** vi. Es buenísima, ¿verdad?   —*I already saw it. It's excellent, isn't it?*

- **Lo** is used to replace a direct object that is an idea or an action.

—María se convirtió en testigo de Jehová.   —*María became a Jehovah's Witness.*
—Ya **lo** sé. Me **lo** dijo su hermana.   —*I already know (it). Her sister told (it) to me.*

«Oye, échame una mano con este ejercicio, por favor.»*

La madre le lee un libro a la niña. (La madre se lo lee.)

La madre: Sujeto

La niña: Objeto indirecto → le (se)

Un libro: Objeto directo → lo

*«¿Quedamos en el híper?», *El país semanal*

RECORDATORIO

a personal

The preposition **a** always precedes direct objects that are people or animals that are treated like a person, such as a pet.

Quiero mucho **a** mi compañera de cuarto.   *I love my roommate.*

Extraño **a** mi familia.   *I miss my family.*

¿Ves **a** mi perro en el patio?   *Do you see my dog in the patio?*

Indirect object pronouns

Los pronombres de objeto indirecto			
me	to/for me	**nos**	to/for us
te	to/for you (*fam. sing.*, **tú**)	**os**	to/for you (*fam. pl.*, **vosotros**)
le	to/for you (*form. sing. m/f*, **Ud.**), him/her, it	**les**	to/for you (*form. pl. m/f*, **Uds.**), them

Indirect objects indicate someone (or something) that is affected by the action.

¡OJO! Direct and indirect objects are only different in the third-person forms: **lo/la** and **los/las** vs. **le** and **les**.

- Indirect objects are always represented by a pronoun. The phrase **a** + *noun* is used whenever it is necessary to specify the person to whom the object refers.

El profesor **nos** dio el nuevo horario.	*The professor gave us the new schedule.*
El profesor **les** dio el nuevo horario.	*The professor gave you/them the new schedule.*
El profesor **les** dio el nuevo horario **a Uds.**	*The professor gave you the new schedule.*
El profesor **les** dio el nuevo horario **a los asistentes.**	*The professor gave the new schedule to his assistants.*

In the first sentence, the only possible meaning of the indirect object pronoun is *us*. In the second sentence, **les** has more than one possible meaning. Unless the meaning was previously established, the **a** + *noun* phrase is needed to clarify.

- The following verbs normally require indirect objects. Note that many of them are verbs of information and communication.

agradecer (zc)	*to thank*	pedir (i, i)	*to ask (for)*
dar (*irreg.*)	*to give*	preguntar	*to ask (a question)*
decir (*irreg.*)	*to say*	prestar	*to lend*
explicar (qu)	*to explain*	prohibir (prohíbo)	*to prohibit*
exigir (j)	*to demand*	recomendar (ie)	*to recommend*
regalar	*to give (a gift)*		

Double object pronouns

Sequence

- When the direct object and indirect object pronouns appear together in a sentence, the indirect object always precedes the direct object.

¿<u>Me</u> compraste <u>las entradas para el teatro</u>? → ¿<u>Me</u> <u>las</u> compraste?
 OI   OD   OI OD

Did you buy me the theater tickets? → Did you buy them for me?

- When both object pronouns are in the third person, the indirect object pronoun (**le/les**) becomes **se**.

<u>Les</u> compré <u>regalos</u> a las niñas.   *I bought presents for the girls.*
OI   OD

<u>Se</u> <u>los</u> compré.   *I bought them for them.*
OI OD

Placement

- **Before the verb**

  Conjugated verbs: The pronouns are placed together before conjugated verbs.

  ¿Las llaves? **Te las** doy mañana.   *The keys? I'll give them to you tomorrow.*

  Negative commands: The pronouns are placed together before negative commands.

  No **se las** presten otra vez.   *Don't lend them to him again.*

- **After and attached to the verb**

  Affirmative commands: The pronouns must be placed at the end of and attached to affirmative commands.

  Explíca**melo** en español.   *Explain it to me in Spanish.*

  Present participles: If there is a conjugated verb (normally **estar**) followed by a present participle, the pronouns can go before the conjugated verb OR after and attached to the present participle.

  Estoy buscándo**selo**. / **Se lo** estoy buscando.   *I am looking for it for him.*

  ¡OJO! Present participles require a stress mark when one or two object pronouns are attached.

  Infinitives: If there is a conjugated verb followed by an infinitive, the pronouns can go before the conjugated verb OR after and attached to the infinitive.

  ¿Puedes comprár**melo**? / ¿**Me lo** puedes comprar?   *Can you buy it for me?*

  If the infinitive is not part of a verb phrase, the pronouns must be attached to the end of the infinitive.

  No tengo dinero para comprár**telo**.   *I don't have any money to buy it for you.*

  ¡OJO! Infinitives require a stress mark when two object pronouns are attached.

—¿Me la compras?

■ ACTIVIDAD 1 ¿Objeto directo u objeto indirecto?

Paso 1 Identifica los objetos directo e indirecto en cada una de las siguientes oraciones e indica el pronombre de objeto directo que sería apropiado en cada caso.

> *Ejemplo:* ¿Qué fundación <u>te</u> dio <u>la beca</u>?
>
>   OI   OD → **la**

1. La Asociación de Estudiantes Católicos le entregó unas flores a la presidenta.
2. Mi equipo de fútbol le agradeció sus aplausos al público.
3. Le pedimos un autógrafo al líder progresista que nos visitó.
4. Mi amigo judío me dijo todo lo que necesitaba saber sobre Hanukkah.
5. Nuestros compañeros de facultad nos regalaron un cuadro cuando nos casamos.

Paso 2 Ahora vuelve a escribir las oraciones del **Paso 1** usando los pronombres de objeto directo e indirecto, prestando atención al orden de los pronombres y los verbos.

> *Ejemplo:* ¿Qué fundación <u>te</u> dio <u>la beca</u>? → ¿Qué fundación **te la** dio?

■ ACTIVIDAD 2 Una fiesta para la nueva ingeniera

La familia de Marina está organizándole una fiesta por terminar su licenciatura en ingeniería. Completa el diálogo entre los padres y la hermana de Marina, Lydia, incorporando los pronombres de objeto directo e indirecto. (Los objetos están subrayados para que no tengas dificultad en identificarlos.)

MAMÁ: Tenemos que mandar <u>las invitaciones</u> inmediatamente.

LYDIA: No te preocupes mamá, yo ya _____¹ mandé.

MAMÁ: Hay que preguntarle <u>a Juan</u> si <u>su conjunto de marimba</u> está disponible para ese día.

PAPÁ: No te preocupes: esta mañana _____² vi (a Juan) y _____³ _____⁴ pregunté (a Juan, si su conjunto...).

MAMÁ: ¿Y qué _____⁵ (a ti) respondió?

PAPÁ: _____⁶ dijo (a mí) que sí.

MAMÁ: ¡Qué bien! Ahora tenemos que comprar <u>las flores</u>.

LYDIA: <u>La madre de Carmen</u>, mi compañera de clase, tiene una floristería. Si quieres, yo puedo _____⁷ (encargar) (las flores) (a la madre).

MAMÁ: Estupendo. _____⁸ (decir) (a la madre de Carmen) que nos gustaría comprar rosas y lilas.

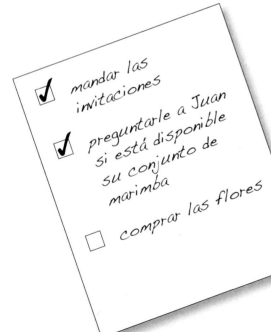

■ ACTIVIDAD 3 Faltan los pronombres

Completa el siguiente diálogo con los pronombres y las conjugaciones necesarios. **¡OJO!** A veces se necesita el pronombre de objeto directo, otras el de objeto indirecto y a veces los dos: presta atención al contexto para completar el significado de cada verbo. Las frases **a** + *pronombre* aparecen cuando son necesarios para comprender la oración.

Ejemplo: Cuando a María ____le regalan____ (regalan) un CD nuevo
siempre ____me lo presta____ (presta, a mí).

MARÍA: A mí _____¹ acaban de regalar el último CD de Shakira.

JUAN: ¡Qué suerte! ¿_____² puedes prestar a mí?
_____³ quiero escuchar.

MARÍA: _____⁴ presté ayer a Susana, pero _____⁵
va a devolver hoy mismo. Entonces _____⁶ presto a ti.
Y yo quiero que tú _____⁷ prestes a mí el CD de Ricky
Martin.

JUAN: Cómo no. Si _____⁸ quieres _____⁹ doy,
porque casi nunca _____¹⁰ escucho.

■ ACTIVIDAD 4 Adivina, adivinanza

Prepara varias oraciones sobre un objeto o concepto sin mencionar su nombre. Tus compañeros tendrán que adivinar lo que es. Debe haber al menos un pronombre en cada oración. La última oración debe ser la más fácil.

Ejemplo: la tarea → Nos **la** dan con demasiada frecuencia.
Casi nunca me gusta hacer**la**.
Si no **la** haces, hay problemas.
Nadie **la** puede hacer por ti.
Tienes que entregár**sela** a los profesores antes de
una fecha límite.

«Tanto Laura como su amiga Cristina aseguran **pasarse** las horas muertas, de arriba para abajo...»*

5 Los reflexivos

Reflexive verbs are those in which the subject is also the recipient of the action it performs.

Compare these two sentences. Notice that the pronoun in the second sentence, which is a direct (not a reflexive) object, is not the same as the subject.

(Yo) **Me despierto** a las 7.   *I get (myself) up at 7.*
¿Mis hijos? (Yo) **Los levanto**   *My kids? I get them up*
a las 8 de la mañana.   *at 8 A.M.*

Me despierto a las 7.

_____

*«¿Quedamos en el híper?», *El país semanal*

The pronouns

- In Spanish reflexive verbs are marked by the use of reflexive pronouns (**pronombres reflexivos**), which are similar to the pronouns for the direct and indirect objects.

Los pronombres reflexivos			
me	*myself*	nos	*ourselves*
te	*yourself*	os	*yourselves*
se	*himself/herself/yourself*	se	*themselves/yourselves*

- Reflexive pronouns follow the same rules of placement as the direct and indirect object pronouns.

Me despierto a las 6:00.	*I wake up at 6:00.*
Todavía están vistiéndo**se**. /	*They're still getting dressed.*
Todavía **se** están vistiendo.	
¿Quieres sentar**te** aquí? /	*Do you want to sit here?*
¿**Te** quieres sentar aquí?	
¡Acuésta**te**!	*Go to bed!*
No **te** acuestes todavía.	*Don't go to bed yet.*
¿Las manos? Ya **me las** lavé.	*My hands? I already washed them.*

Verbs that do not change meaning

Many verbs can be used reflexively or nonreflexively. The shift in meaning is simply that the action is being done to *oneself;* the verb does not change meaning.

Daily routine verbs

Many reflexive verbs are related to daily routines and are easily identified in English as reflexive verbs.

acostar(se) (ue)	*to go (put oneself) to bed*	maquillar(se)	*to put on makeup*
		peinar(se)	*to comb (one's hair)*
afeitar(se)	*to shave (oneself)*		
despertar(se) (ie)	*to wake up (oneself)*	vestir(se) (i, i)	*to get (oneself) dressed*
duchar(se)	*to shower (oneself)*		
levantar(se)	*to get (oneself) up*		

Otros verbos reflexivos

Many verbs that are reflexive in Spanish do not have reflexive meanings in English, because the *-self* pronoun is not required in English.

callar(se)	*to be quiet*	reunir(se)	*to get together, meet*
calmar(se)	*to calm (oneself) down*	(me reúno)	
		sentar(se) (ie)	*to sit (oneself down)*
divertir(se) (ie, i)	*to have fun*		
enamorar(se) de	*to fall in love with*	sentir(se) (ie, i)	*to feel*
preparar(se)	*to prepare (oneself)*		
quitar(se)	*to take off, to remove (from oneself)*		

RECORDATORIO

Los pronombres recíprocos

Los pronombres **nos**, **os** y **se** también sirven para referirse a una situación de reciprocidad; es decir, el uno al otro (*to each other*).

Los buenos compañeros **se ayudan**.	*Good friends help each other.*
Mi mejor amiga y yo **nos visitamos** mucho.	*My best friend and I visit each other a lot.*
¿**Os escribís** tus amigos y tú por e-mail?	*Do you and your friends write each other e-mails?*

—Hola, **me llamo** Roberto.
—Hola, Roberto. **Te pareces** a mi sobrino.

Verbs that change meaning

The following verbs change meanings in the reflexive. Again, these verbs are not necessarily reflexive in English.

acordar (ue)	*to agree*	acordarse	*to remember*
beber	*to drink*	beberse	*to drink up*
comer	*to eat*	comerse	*to eat up*
despedir	*to fire*	despedirse	*to say goodbye*
dormir (ue, u)	*to sleep*	dormirse	*to fall asleep*
hacer (*irreg.*)	*to make; to do*	hacerse	*to become*
ir (*irreg.*)	*to go*	irse	*to leave*
llamar	*to call*	llamarse	*to be named*
parecer (zc)	*to seem*	parecerse	*to look like*
poner (*irreg.*)	*to put, place*	ponerse	*to put on; to turn; to become*
volver (ue)	*to return*	volverse	*to become*

Verbs of *becoming*

The following reflexive verbs express *to get/become + adjective* and have no reflexive meaning in English.

| **Me enfadé** mucho cuando me insultó. | *I got/became very mad when he insulted me.* |

aburrir → aburrirse	*to get/become bored*
alegrar → alegrarse	*to get/become happy*
enfadar → enfadarse	*to get/become angry*
enfermar → enfermarse	*to get/become sick*
enfurecer → enfurecerse (zc)	*to get/become furious*
enojar → enojarse	*to get/become angry*
emborrachar → emborracharse	*to get/become drunk*

When *to become* expresses a change, including physical, emotional, financial, and so on, the following expressions are used. How the change comes about determines which verb you should use.

- **hacerse:*** gradual change, over a period of time, normally accomplished by a conscious effort and implying a goal met; can be followed by a noun or an adjective

  Los Martínez **se hicieron** ricos en este país.

  The Martínez family became rich in this country.

  Su hijo **se hizo** médico.

  Their son became a doctor.

- **volverse:** physical or emotional change; often a sudden, dramatic, irreversible change; can be followed by a noun or adjective

  Cuando murió su hijo, **se volvió** loca.

  When her son died, she went (became) crazy.

  Esto **se ha vuelto** un problema.

  This has become a problem.

- **ponerse:** physical or emotional change; often sudden, must be followed by an adjective

  Me puse furioso con mis amigos.

  I became (got) furious with my friends.

- **convertirse (ie, i) en:**† gradual change, showing conversion (religion, for example) or metamorphosis, followed by a noun

  La oruga **se convirtió en** mariposa.

  The caterpillar became a butterfly.

*To express a gradual change that did not necessarily come about from a conscious effort, the phrase **llegar a ser** is used.

El elefante **llegó a ser** símbolo del partido republicano.

The elephant became a symbol of the Republican Party.

†Note that **convertir(se) a** means *to convert to.*

Muhamad Alí **se convirtió al** islamismo.

Muhammad Ali converted to Islam.

«Me pongo triste con las telenovelas.»

ACTIVIDAD 1 ¿Reflexivo o no?

Completa el siguiente párrafo con los verbos entre paréntesis. Usa el presente de indicativo o el infinitivo, según el caso. **¡OJO!** Algunos verbos deben ser reflexivos y otros no. Incluye los pronombres reflexivos si son necesarios.

Hoy _____¹ (reunir: nosotros) todos los miembros de la Asociación de Estudiantes Latinos. Queremos _____² (acordar) la lista de eventos para el próximo semestre. Es seguro que Juan no va a votar porque siempre _____³ (dormir) en medio de la reunión; por eso _____⁴ (sentar) atrás.ª Yo estoy en el comité de relaciones públicas y después de la reunión tengo que _____⁵ (ir) para hablar con la gente del periódico. Como soy tímido, siempre _____⁶ (poner) un poco nervioso en estas situaciones. Belén está en el comité de los afichesᵇ y los _____⁷ (poner) por todo el campus cada vez que hay un evento.

ªin the back   ᵇposters

ACTIVIDAD 2 Asociaciones

Indica el verbo reflexivo que corresponde a cada una de las siguientes ideas y luego inventa una oración con ese verbo.

Ejemplo: una fiesta → divertirse: Yo siempre me divierto en una fiesta.

1. _____ el silencio
2. _____ una cita romántica
3. _____ una clase de matemáticas
4. _____ alguien usa tu champú sin tu permiso
5. _____ un resfriado (*cold*)
6. _____ el nombre y apellido
7. _____ el despertador

a. llamarse
b. callarse
c. enfermarse
d. despertarse
e. enojarse
f. aburrirse
g. enamorarse

ACTIVIDAD 3 Encuesta

Usa los siguientes verbos para entrevistar a dos compañeros de clase. Puedes usar otros verbos si quieres.

Ejemplo: llamarse → —¿Por qué te llamas José?
　　　　　　　　 —Me llamo José porque así se llamaba mi abuelo.

aburrirse	**enamorarse**	**llamarse**	**sentirse** + *adjetivo*
emborracharse	**levantarse**	**parecerse**	

6 *Gustar* y otros verbos similares

Gustar, *to like,* is the most common of a group of verbs in Spanish that require an indirect object. The literal equivalent in English is *to be pleasing.* The subject in the English sentence (usually a person) is expressed as an indirect object in the Spanish sentence, and the direct object of *to like* becomes the subject of **gustar.**

(a + OI) OI	gustar	(subject)	→	subject	to like	OD
<u>(A mí) Me</u>	gustan	las artes.	→	*I*	*like*	*the arts.*

(literally: The arts are pleasing to me.)

Les gusta la química.

> *They like chemistry. (Chemistry is pleasing to them.)*

Me gustas (tú) mucho.

> *I like you very much. (You are very pleasing to me.)*

- The subject is often not explicit in this structure, especially if it has been established.

  —¿Te gustan **estas botas?**   —*Do you like these boots?*
  —¡Me encantan!   —*I love them!*

- To clarify or emphasize the indirect object pronoun, use the prepositional **a** phrase: **a mí, a ti, a Pedro,** and so on.

  A mí me gusta la música clásica, pero **a mi compañero de casa** no **le** gusta nada.

  > *I like classical music, but my roommate doesn't like it at all.*

- The order of the elements in a sentence is variable. The emphasis in each case is different.

  Me gusta el chocolate.
  A mí me gusta el chocolate.
  El chocolate me gusta.
  El chocolate me gusta a mí.

  > *I like chocolate.*

- Information questions with **gustar**

  To ask *Who likes . . . ?* use **¿A quién le gusta(n)...?**

  —¿**A quién** le gusta el chocolate?   —*Who likes chocolate?*
  —**A mí.** / A mí no.   —*I do. / I don't.*

  ¡OJO! The answer is an indirect object, never the subject (**yo, él,** and so on).

  To ask what someone likes, use **¿Qué te/le(s) gusta...?**

  —¿Qué te gusta?   —*What do you like?*
  —El chocolate.   —*Chocolate.*

  The answer (the thing liked) is a subject, not an object, in the response.

«...me encanta
Depeche Mode...»*

---

*«¿Quedamos en el híper?», *El país semanal*

Other verbs like *gustar*

caer bien/mal — *to like/dislike (someone)*

Tu compañero de casa **me cae** muy bien. — *I like your housemate. (I think he is nice.)*

convenir — *to be suitable, a good idea*

Ese plan no **te conviene.** — *That plan is not suitable / a good idea for you.*

doler — *to hurt*

Me duele la cabeza. — *My head hurts. (I have a headache.)*

encantar/fascinar — *to love (things)*

Me encanta/fascina el café colombiano. — *I love Colombian coffee.*

hacer falta — *to need*

Les hace falta un abrigo para el invierno. — *They need a winter coat.*

importar — *to matter*

Eso no **me importa** nada. — *That doesn't matter to me at all.*

interesar — *to interest*

Nos interesa mucho la historia del Caribe. — *We are very interested in Caribbean history.*

molestar — *to bother*

Me molesta que lleguen tarde. — *It bothers me that they arrive late.*

parecer — *to seem*

Me parece que eso no es verdad. — *It seems to me that that is not true.*

preocupar — *to worry*

Nos preocupan tus notas. — *Your grades worry us.*

quedar — *to have left*

Me quedan sólo 5 euros. — *I only have 5 euros left.*

tocar — *to be one's turn*

¿A quién **le toca** ahora? — *Whose turn is it now?*

Me fascina
el café
colombiano.

■ ACTIVIDAD 1 Asociaciones

Paso 1 ¿Qué se te ocurre (*What comes to mind*) cuando piensas en los siguientes verbos? Inventa oraciones relacionadas con tus circunstancias.

> *Ejemplos:* hacer falta → Me hacen falta unos zapatos para correr.
> caer bien/mal → El novio de mi mejor amiga me cae muy mal.

1. hacer falta
2. caer bien/mal
3. encantar/fascinar
4. convenir
5. doler

6. importar/interesar
7. molestar/preocupar
8. parecer
9. quedar

Paso 2 En parejas, comparen sus oraciones. ¿Coincidieron en algo?

■ ACTIVIDAD 2 Oraciones incompletas

Completa las siguientes oraciones con las palabras que faltan. **¡OJO!** Puede ser una de las siguientes cosas.

- la **a** personal
- el objeto indirecto
- uno de estos verbos: **doler, hacer falta, fascinar, gustar, parecer**

Ejemplo: ___A___ mí no ___me___ toca organizar la reunión de nuestra asociación.

1. Me _____ mil dólares para pagar la matrícula.
2. _____ Juan y a Carlos _____ encanta la poesía.
3. Nos _____ mucho _____ nosotros el tema de la política.
4. ¿A ti no _____ los pies cuando bailas mucho? A mí sí.
5. _____ María le _____ mal que no asistas a la reunión.
6. A mi equipo de baloncesto _____ toca jugar mañana.
7. Al representante del partido progresista le _____ hablar con los jóvenes.
8. A los miembros del club de ajedrez no _____ conviene acostarse tarde hoy.
9. Me alegro de que a ti _____ caigan bien mis compañeros musulmanes.
10. _____ mi profesor de informática le _____ el nuevo programa.

■ ACTIVIDAD 3 Minidiálogos

Paso 1 Empareja cada una de las preguntas o declaraciones con la respuesta correspondiente.

1. _____ ¿Te gusta la paella?

2. _____ Marina me cae muy bien. ¿A ti?

3. _____ ¿Quién ganó ayer el partido de fútbol?

4. _____ Oye, ¿te hace falta la computadora esta noche?

5. _____ ¿Por qué no vamos al nuevo restaurante español esta noche?

a. A mí también, pero su hermana no me cae nada bien.

b. Me encantaría ir, pero no puedo porque sólo me quedan $20 para todo el fin de semana. ¿Por qué no vamos mejor al cine?

c. ¡Me fascina!

d. Ni lo sé, ni me importa.

e. No, no la necesito hasta mañana por la tarde, así que puedes usarla cuando quieras.

Paso 2 Ahora, en parejas, inventen respuestas a las siguientes preguntas.

1. El dentista te pregunta: «¿Por qué necesita verme con urgencia?»

2. Una amiga te pregunta: «¿Por qué no te compraste el vestido azul que te gustaba tanto?»

3. Tu hermano te pregunta: «¿Por qué bebes tantos refrescos dietéticos? No son buenos para ti, ¿sabes?»

4. Un amigo te pregunta: «¿Por qué no viniste con nosotros a ver la película japonesa doblada (*subtitled*)?»

5. Tu compañero/a sentimental te pregunta: «¿Te gusto?»

■ ACTIVIDAD 4 Reacciones

En parejas, túrnense para dar su reacción a cada uno de los siguientes temas usando uno de los verbos como **gustar**. La otra persona debe añadir si su reacción es similar o no usando frases con **a mí también/tampoco**.

> *Ejemplo:* las ciencias políticas →
> —Las ciencias políticas me fascinan.
> —A mí también.

1. las ciencias sociales / las humanidades

2. la religión / la política

3. la música latina / el jazz

4. la situación económica de tu familia / del país

5. los deportes universitarios / los deportes profesionales

6. ahorrar dinero / ir de compras

7. ¿?

RECORDATORIO

odiar = *to hate*

Odio las espinacas.　*I hate spinach.*

¡OJO! No es como **gustar**.

El mundo hispano es mayoritariamente católico. El porcentaje de católicos oscila entre el 75 por ciento (Guatemala) y el 96 por ciento (Honduras y Venezuela). Por esta razón, la religión católica tiene un papel importantísimo en las tradiciones culturales de cada país: muchas fiestas nacionales están relacionadas con la religión.

En gran parte de los países latinoamericanos, el catolicismo, traído al Nuevo Mundo por los españoles, se vio influenciado por las tradiciones de otras religiones locales, como las tradiciones indígenas, o importadas también, como las de los esclavos africanos. Un ejemplo es la santería, una mezcla de catolicismo con ritos de la religión politeísta de los yorubas africanos, que se practica por todo el Caribe. Otro ejemplo es el famoso Día de los Muertos en México, que combina una celebración católica con una festividad de tradición indígena.

En la actualidad, la presencia de otros grupos religiosos se hace cada día más palpable en casi todos los países. Algunas denominaciones protestantes, como los evangelistas, tienen más y más seguidores en, por ejemplo, Guatemala y Panamá. España ya cuenta con[a] más del 1 por ciento de musulmanes en su población, a consecuencia de la emigración de países del norte de África, especialmente Marruecos, mientras que en otros países hay pequeñas pero vibrantes comunidades judías, como es el caso de la Argentina y México. Estas comunidades no católicas, aunque de bajo porcentaje, reflejan una realidad diversa y cambiante en la población hispana.

Finalmente, es importante mencionar otro dato.[b] Muchos países, como España y la Argentina, tienen un alto porcentaje (más del 30 por ciento) de personas no religiosas. Estas personas con frecuencia siguen las tradiciones católicas por razones familiares y culturales, pero no se consideran creyentes[c] y no practican la religión. Esto muestra que en casi todos los países la separación de la religión y el estado es un hecho.[d] Puede haber alguna manifestación de las creencias religiosas en la política; por ejemplo, en el debate sobre el aborto. Pero la religión en la vida pública latinoamericana no es necesariamente más fuerte que en los Estados Unidos y en algunos países la separación es incluso más obvia. Por ejemplo, en algunos países no es aceptable que los dirigentes políticos invoquen su fe o que se rece en actos públicos.

[a]cuenta… *has*   [b]*fact*   [c]*believers*   [d]*fact*

Serpientes y escaleras (1998), por el mexicano/americano Jamex de la Torre. La cruz cristiana con la serpiente evoca a Quetzalcoatl, dios de los antiguos mexicanos, representado por la serpiente emplumada (*with feathers*). ¿Dónde están las plumas en esta escultura?

Tertulia Practicar la religión

- ¿Qué religiones predominan en el país de Uds.? ¿Tiene la religión una presencia importante en la vida de su país? ¿Cómo se explica eso?
- Imaginen cómo ha de ser (*how it must be*) compartir la religión de la inmensa mayoría de las personas del país. ¿Creen que habría (*there would be*) mucha presión religiosa o poca? ¿En qué aspectos de la vida?

Reflexiones

Gloria Fuertes (1917–1998) es una poeta española de poesía sencilla y
coloquial. Escribe con mucho humor, ternura (también escribió poemas
para niños) y, a veces, un gran sentimiento de soledad. En «Cabra sola»
(*Poeta de guardia*, 1968), la autora se compara a sí misma con un animal de
asociaciones negativas en el lenguage coloquial. De esta forma, Gloria Fuertes
defiende su independencia como mujer y artista.

■ **ACTIVIDAD 1** Práctica de vocabulario

Completa las siguientes oraciones incorporando la palabra o expresión
correcta del vocabulario.

1. Cometió un crimen serio y fue a la cárcel 20 años por _____.

2. Las _____ son animales que dan leche. Viven en el monte y
   en _____ que cuida un cabrero.

3. El _____ de ese bebé indica que tiene hambre.

4. Mi hermano ganó una _____ de oro en los Juegos Olímpicos.

5. El toreo (*bullfighting*) es peligroso porque los toros tienen
   _____ grandes.

6. Creo que mi mejor amiga _____: ha empezado a vivir con su
   novio que sólo conoce desde hace una semana.

vocabulario útil

la cabra	female goat
el cuerno	horn
ello	it
el llanto	crying
la medalla	medal
el rebaño	herd
peligroso/a	dangerous
estar como una cabra	*estar loco/a*

■ **ACTIVIDAD 2** ¿Tú qué crees?

Una persona puede sentirse sola por muchas razones; por ejemplo, como
consecuencia de haberse mudado (*having moved*) a una ciudad nueva. ¿Por
qué otras razones puede sentirse sola una persona? ¿Crees que estar solo/a es
siempre negativo?

Estrategia: El lenguaje literal y el lenguaje figurado

Cuando nos comunicamos, no siempre usamos las palabras con su significado
literal. Por el contrario, a menudo les damos a las palabras un significado
diferente al que nos ofrece el diccionario; es decir, las usamos en un sentido
figurado. Esto es especialmente cierto en el lenguaje literario, pero también
es un fenómeno común en el lenguaje oral que usamos a diario. Cuando se
utiliza un lenguaje figurado, es importante que tanto el emisor del mensaje
como el receptor compartan el mismo código para que el receptor pueda
interpretar correctamente el doble sentido de las palabras usadas por el
receptor. Ésta es la razón por la que a veces no podemos entender bien lo
que dicen personas de otras generaciones o escritores de otras épocas cuando
utilizan un lenguaje figurado.

Para comprender el poema «Cabra sola», debemos saber que en el español de algunos países, cuando el comportamiento de una persona no nos parece normal, decimos que esa persona está «loca como una cabra» o simplemente «está como una cabra». De esta manera, comparamos la manera de actuar de esa persona con el comportamiento impredecible de una cabra. En «Cabra sola», la autora utiliza esta expresión del lenguaje familiar para compararse a sí misma con una cabra, utilizando palabras que asociamos con este animal; por ejemplo, cuernos, valle, rebaño, cabrito. Sin embargo, estas palabras se usan en el poema con un doble sentido. En realidad, se refieren a la vida y profesión de la escritora. Así, por ejemplo, en el verso «A ningún rebaño pertenezco» la palabra **rebaño** no sólo significa un grupo de cabras, sino también un grupo de personas (una generación de autores, una familia o un grupo de personas que piensan de una manera determinada). Por lo tanto, con este verso la autora defiende su independencia como mujer y como escritora.

Al leer el poema «Cabra sola», piensa en los posibles significados dobles de las palabras, teniendo en cuenta que la autora habla de sí misma; es decir, de una persona y no de una cabra.

CABRA SOLA, *GLORIA FUERTES*

1   Hay quien dice que estoy como una cabra;
    lo dicen, lo repiten, **ya lo creo**;   *that's for sure (literally: I already know that)*
    pero soy una cabra muy extraña
    que lleva una medalla y siete cuernos.
5   ¡Cabra!
    Me llevo bien con **alimañas** todas.   *wild creatures/beasts*
    ¡Cabra!
    Por lo más peligroso me paseo.
    ¡Cabra!
10   En vez de **mala leche** yo doy llanto.   *ill will*
    ¡Cabra!
    Y escribo en los **tebeos**.   *comics (Spain)*
    Vivo sola, cabra sola,
    que no quise **cabrito** en compañía.   *male goat*
15   Cuando subo a lo alto de aquel **valle**   *valley*
    siempre encuentro un **lirio** de alegría.   *lily*
    Y vivo **por mi cuenta**, cabra sola;   *on my own*
    Que yo a ningún rebaño pertenezco.
    Si vivir sola es estar como una cabra,
20   entonces sí lo estoy, no dudar de ello.

Comprensión

ACTIVIDAD 3 ¿Entendiste?

Empareja las siguientes ideas con el verso o los versos apropiados. **¡OJO!** hay una idea que no pertenece al poema.

_____ Mucha gente piensa que estoy loca.

_____ Siempre veo algo bueno en las cosas.

_____ Soy una persona buena y sensible.

_____ Nunca me casé con un hombre.

_____ Soy una persona muy independiente.

_____ No me importa correr riesgos.

_____ No encajo (*fit in*) bien en un grupo.

_____ No tengo problemas para entenderme con la gente que no es «normal».

_____ No quiero amigos que no sean «diferentes».

_____ Escribo cosas para niños.

_____ La soledad puede hacer que la gente parezca (*seem*) extraña.

_____ No soy una loca típica, más bien soy excéntrica.

ACTIVIDAD 4 Interpretación

Paso 1 Vuelve a pensar en las frases que se pueden interpretar con sentido figurado. ¿Cómo interpretas tú los siguientes versos del poema?

- «...una medalla y siete cuernos.»
- «Me llevo bien con alimañas todas.»
- «En vez de mala leche yo doy llanto.»
- «No quise cabrito en compañía.»
- «Cuando subo a lo alto de aquel valle siempre encuentro un lirio de alegría.»

Paso 2 ¿Encuentras alguna otra frase o verso que se pueda interpretar de manera figurada?

Tertulia ¿Humor o soledad?

- La imagen de *cabra loca* puede resultar humorística en España. No es extraño que Gloria Fuertes la utilice, ya que el humor es un ingrediente constante en la poesía de esta escritora. Pero, ¿es éste un poema cómico? ¿Por qué?

- Es una realidad que ciertas características personales se usan en contra de algunas personas. ¿Puedes dar ejemplos de esto en tu cultura? ¿Conoces alguna campaña que esté intentando concienciar a la gente en contra de este tipo de práctica?

Redacción

Ensayo descriptivo

Tema

Un ensayo para el periódico estudiantil de una universidad latinoamericana en el que describas a los jóvenes de tu generación

Prepárate

- Piensa en los diferentes aspectos tratados en este capítulo: la religión, las afiliaciones políticas, el mundo universitario y otros temas que definan a tu generación; por ejemplo, los gustos con referencia a la música, la manera de hablar, la relación con la tecnología, etcétera.
- Haz una lista de las preguntas que puedan tener tus lectores (probablemente jóvenes) con relación al tema sobre el que vas a escribir.
- Haz un borrador con todas tus ideas. Si hay una palabra que no conozcas, deja un espacio en blanco o haz un símbolo.

¡Escríbelo!

- No olvides la importancia del orden. Debes incluir:
  - ❏ Una introducción que incluya la tesis o idea central de tu ensayo
  - ❏ Un cuerpo en el que desarrolles una idea en cada párrafo
  - ❏ Una conclusión o resumen de tus ideas más importantes
- Recuerda qué estás describiendo; por lo tanto, escoge un vocabulario creativo.
- Busca en el diccionario y en tu libro de español aquellas palabras y expresiones sobre las que tengas duda.

¿Y ahora?

- Repasa los siguientes puntos.
  - ❏ el uso de **ser** y **estar**
  - ❏ la concordancia entre sujeto y verbo
  - ❏ la concordancia de género y número entre sustantivos, adjetivos y pronombres
  - ❏ la ortografía y los acentos
  - ❏ el uso de un vocabulario variado y correcto: evita las repeticiones
  - ❏ el orden y el contenido: Párrafos claros, principio y final
    - Finalmente, prepara tu versión para entregar.

No te olvides de mirar el Apéndice I, **¡No te equivoques!,** para evitar errores típicos de los estudiantes de español. Para esta actividad de escritura, se recomienda que prestes atención a **Maneras de expresar** *but* (página A-1).

Consulta el *Cuaderno de práctica* para encontrar más ideas y sugerencias para redactar tu composición.

Gramática en contexto: La tertulia

Este libro de texto incluye actividades llamadas tertulias. El siguiente párrafo describe lo que es una tertulia y otros aspectos relacionados con ella. Complétalo con la forma correcta del presente de indicativo de los verbos entre paréntesis. Cuando no haya un verbo entre paréntesis, escribe el pronombre necesario (de objeto directo, indirecto o reflexivo).

La tertulia es uno de los pasatiempos que más _____[1] gusta a los estudiantes universitarios y a los hispanos en general. Una tertulia se forma con varias personas que conversan sobre temas que _____[2] _____[3] (interesar): el cine, la literatura, el fútbol y, cómo no, la política. Por eso, una reunión de amigos _____[4] (hacerse) una tertulia siempre que se habla de algo que requiera una opinión. La gente _____[5] (reunirse) en cualquier lugar para charlar, con frecuencia en un bar o un café. Típicamente, la hora de la tertulia es después del almuerzo o la cena, lo que _____[6] (conocerse) como «la sobremesa». La sobremesa puede durar varias horas; las personas simplemente no _____[7] (levantarse) de la mesa después de la comida para seguir charlando y, generalmente, tomando café.

Los hispanos tienden a[a] expresar sus opiniones apasionadamente sin _____[8] (enfadarse) entre ellos. Entre los hispanos, es más aceptable que una persona _____[9] diga a otra que no tiene razón, sin que esa persona _____[10] considere un insulto, especialmente si son buenos amigos.

Hay lugares famosos por sus tertulias. A veces _____[11] conocemos a través de la literatura y de la historia intelectual. Un ejemplo es el famoso Café Gijón de Madrid, donde _____[12] reunían escritores, políticos y artistas, incluso algunos toreros,[b] en los años 20 y 30 del siglo XX.

¿Existen las tertulias en los Estados Unidos? Si ocurren, ¿dónde suelen ocurrir? ¿De qué se habla principalmente?

[a]tienden... *tend to*   [b]*bullfighters*

Porcentaje de sitios favoritos para la tertulia entre la juventud de los países hispanohablantes

las plazas públicas **7%**

otros sitios **3%**

en casa **19%**

los bares y los cafés **46%**

los restaurantes **25%**

Proyecto en la comunidad

¿Cuáles son algunas de las asociaciones (religiosas, políticas, deportivas, profesionales, etcétera) de las personas latinoamericanas en tu ciudad o tu estado? Escoge una de ellas y entrevista a uno o varios de sus miembros para saber algo de la historia y objetivos de la asociación.

Tertulia final Mi generación

Con frecuencia se habla de una generación como una época, como un período histórico. Por ejemplo, la generación de los que nacieron después de la Segunda Guerra Mundial se llama los «*baby boomers*» y tiene características especiales. ¿Qué se dice de la generación de Uds.? ¿Qué piensan Uds. de su generación en contraste con otras generaciones? ¿Qué piensan sus padres/ abuelos (o hijos) de la generación de Uds.?

«De tal palo
tal astilla.»*

*Literally: *From such a stick, such a splinter.*

3

Raíces

De entrada

Reflexiones Las remesas familiares: Una mina de oro para Latinoamérica

«Las remesas» se refiere al dinero que los emigrantes envían a sus familiares en su país de origen. ¿Por qué crees que estos envíos pueden ser «una mina de oro para Latinoamérica»? ¿Cuáles son tus prioridades (o las de tu familia) a la hora de gastar y ahorrar dinero? ¿Tienes otras personas a tu cargo (*under your care*) a las que debes ayudar?

LAS REMESAS FAMILIARES: UNA MINA DE ORO PARA LATINOAMÉRICA

residing — Josefina y Ernesto, inmigrantes mexicanos **radicados** en Texas, envían religiosamente todos los meses US $200 (doscientos dólares norteamericanos) a sus familiares en Jalisco que quedaron al cuidado de sus dos hijos. En fechas especiales y siempre que pueden, mandan «un poquito más», **sumando** al año cerca de US $3.000, más o menos un 15 por ciento de lo que ganan en los Estados Unidos. *adding up to*

El de Josefina y Ernesto es un caso típico de las remesas de dinero que envían los emigrantes a sus países de origen. Vistas a gran escala, para Latinoamérica y el Caribe significan un **ingreso** de unos US $17.000 millones (diecisiete mil millones de dólares norteamericanos), **provenientes** principalmente de los Estados Unidos. *income* / *coming*

Ese **cuantioso derrame** de dinero se dirige en casi 80 por ciento a Centroamérica, el Caribe y México. Algunos de esos países **verían** seriamente **comprometida** su economía si **dejaran de percibir** ese ingreso. Después del petróleo, las remesas han ocupado el segundo lugar como **fuente** de entrada de **divisas** en México. «Se han convertido en la fuente de ingresos más valiosa para varios países centroamericanos», señala el doctor Manuel Orozco, director de proyectos para la organización Diálogo Interamericano. *substantial pouring* / *would see* / *compromised* / *stopped receiving* / *source* / *foreign currency*

Pero ¿adónde va a **parar** todo este dinero? Varios estudios indican que más del 80 por ciento de las remesas las utilizan las familias receptoras —en su mayoría pobres— en gastos como nutrición y **vestimenta**. *stop* / *ropa*

Ponte a prueba

Empareja cada cifra o porcentaje con la descripción correspondiente. **¡OJO!** Hay una opción extra.

1. _____ $17.000 millones
2. _____ $3.000
3. _____ 80%
4. _____ $200

a. cantidad de dólares que los emigrantes envían desde los Estados Unidos a sus países de origen
b. porcentaje del total de dinero enviado por los emigrantes en los Estados Unidos a Latinoamérica
c. total anual de envíos de dinero a México de Josefina y Ernesto
d. porcentaje de las remesas económicas que se gastan las familias en ropa y comida
e. dinero que Josefina y Ernesto mandan mensualmente (*monthly*) a México

Reflexiones Sopa de pescado

1. ¿Con qué parientes tuyos te llevas mejor (*get along the best*)?
2. En tu opinión, ¿son normalmente complicadas las relaciones entre los miembros de una familia? ¿Por qué sí o por qué no?
3. ¿Qué crees que significa el término «familia disfuncional»?

Ponte a prueba

¿Cierto o falso? Indica si las siguientes ideas son ciertas (C) o falsas (F), según el video. Si puedes, corrige las oraciones falsas.

1. La hija dice que a la abuela no le gustaba la sopa de pescado.
2. El padre pierde su anillo de bodas, pero luego lo encuentra en la sopa.
3. La madre quiere dispararle al pájaro con un revólver.
4. El hijo dice que el pájaro entró por la ventana.
5. La hija dice que la abuela murió en un asilo.

 CENTRO Your media center for languages Para ver *Sopa de pescado* otra vez y realizar más actividades relacionadas con el cortometraje, visita la página de Centro: **www.mhcentro.com.**

vocabulario útil

el ala	wing
el anillo de bodas	wedding band
el asilo	retirement home
la escopeta	shotgun
el Espíritu Santo	Holy Ghost
la pared	wall
aparecer	to turn up
atravesar	to go through (something)
disparar	to shoot

Palabras

El parentesco (Los parientes)

DE REPASO

el/la abuelo/a
el/la esposo/a
el/la hermano/a
 (menor/mayor)
el/la hijo/a (único/a)
la madre/mamá
el padre/papá
el/la primo/a
el/la tío/a
la celebración (celebrar)
el cumpleaños
el Día de (Acción de) Gracias
la Navidad

el/la ahijado/a	godson/goddaughter
el/la bisabuelo/a	great grandfather/ great grandmother
la familia política	in-laws
el/la cuñado/a (hermano/a polítco/a)	brother-in-law/sister-in-law
la nuera (hija política) / el yerno (hijo político)	daughter-in-law/son-in-law
el/la suegro/a (padre/ madre político/a)	father-in-law/mother-in-law
el/la hermanastro/a	stepbrother/stepsister
el/la hijastro/a	stepson/stepdaughter
la madrastra / el padrastro	stepmother/stepfather
la madrina / el padrino	godmother/godfather
el marido / la mujer	husband/wife
el medio hermano / la media hermana	half-brother/half-sister
el/la nieto/a	grandson/granddaughter
el/la sobrino/a	nephew/niece
materno/a	maternal (on the mother's side)
paterno/a	paternal (on the father's side)

Días importantes

el bautizo	baptism
la boda	wedding

el brindis	toast
el entierro	burial
la fecha	date
la felicitación (¡Felicitaciones!)	congratulations (Congratulations!)
el nacimiento	birth
la Pascua Florida (de resurrección)	Easter
la Pascua Judía	Passover
la quinceañera	girls' 15th birthday party

Cognados: **el aniversario, (hacer) la primera comunión**

bautizar (c)	to baptize
brindar	to toast
enterrar (ie)	to bury
felicitar	to congratulate
nacer (zc)	to be born

Para hablar de la familia

el abrazo	hug
la anécdota	story
el apodo	nickname
la bendición	blessing
el cariño	affection
el hogar	home
la herencia	inheritance; heritage
la memoria	memory (*ability to remember*)
la mudanza	move (*from one address to another*)
el parecido	resemblance
el recuerdo	memory (*of one item*); recollection

Cognados: **la adopción, la educación, la reunión (familiar)**

amar	to love
bendecir (*irreg.*)	to bless, give a blessing
casarse (con)	to get married (to)
crecer (zc)	to grow up
enviar (envío)	to send
estar (*irreg.*) unidos/distanciados	to be close (*familiar*)/distant (*occasional contact*)
heredar	to inherit
llevarse bien/mal	to get along well/poorly
llorar	to cry
mandar	to send
querer (ie)	to love

Cognados: **adoptar, educar (qu)**
Repaso: **mudarse, parecerse (zc) a, reír(se) (i, i), reunirse (me reúno)**

■ ACTIVIDAD 1 Definiciones

Paso 1 ¿A qué palabra o expresión se refieren las siguientes definiciones?

1. intercambiar anillos
2. cerrar los ojos por última vez
3. ver la luz por primera vez
4. recibir dinero de alguien que ha muerto
5. desearle a alguien lo mejor (felicidad/fortuna) de una forma religiosa
6. otra manera de decir **amor**
7. tener buenas relaciones con otras personas, comunicarse con ellos aunque vivan lejos

Paso 2 Ahora crea definiciones para otras dos palabras del vocabulario de **Días importantes** y **Para hablar de la familia.** Después léele las definiciones al resto de la clase para que tus compañeros adivinen la palabra.

■ ACTIVIDAD 2 Tu árbol genealógico

En parejas, túrnense para describir sus respectivas familias (ocho miembros de cada una como mínimo) mientras la otra persona hace un árbol genealógico. Después, muéstrense el árbol que dibujaron para asegurarse de que la información esté correcta.

■ ACTIVIDAD 3 *Tamalada*

Mira esta pintura de la artista chicana Carmen Lomas Garza. La escena muestra un día especial en que la familia se reúne para comer y hacer tamales juntos. ¿Quiénes son los miembros de esta familia? Imagina cuál es la relación entre cada una de las personas de este cuadro.

■ ACTIVIDAD 4
Días de fiesta

Tamalada (*1988*), *Carmen Lomas Garza*

Entrevista a un compañero / una compañera sobre los días de fiesta en su familia y su actitud hacia esos días. ¿Cuáles son los días de fiesta más importantes en su familia y cómo los celebran? ¿Le gustan o no las reuniones familiares? ¿Por qué? Después comparen sus respuestas y prepárense para contar al resto de la clase algunos detalles interesantes de su conversación.

■ ACTIVIDAD 5 Preguntas indiscretas

Entrevista a alguien de la clase haciéndole preguntas con las siguientes palabras. Luego cuéntale al resto de la clase la cosa más interesante, sorprendente o divertida que oíste de tu compañero/a.

Ejemplo: ¿A quién te pareces más en el físico y en la personalidad?

apodo	**llevarse mal**	**mudarse**
cariño	**llorar**	**parecido**
herencia	**memoria**	**recuerdo**

Cultura

Los apellidos

En la mayoría de los países hispanos el sistema de apellidos es más complejo que el anglosajón, ya que el sistema hispano incluye los apellidos del padre y la madre. De esta manera, como en las fotos de abajo, la costumbre en un país de habla española es tener dos apellidos: en primer lugar el primer apellido del padre y en segundo lugar el primer apellido de la madre.

Los dos apellidos forman parte del nombre oficial de una persona. Es el que aparece en todos los documentos importantes: pasaporte, certificado de nacimiento y otros. No existe el concepto del *middle name,* pero es muy común tener dos nombres (a veces más); por ejemplo, Mayra Crystal, Virginia Macarena, José Antonio, María Luisa, etcétera. Con frecuencia sólo se usa el primero.

Las mujeres en muchos países hispanos generalmente conservan al menos el primero de sus dos apellidos después de casarse. En algunos países, lo tradicional es que la mujer cambie su segundo apellido por el primero de su esposo, precedido de «de». Por ejemplo, en las fotos de abajo, vemos que la madre de Mayra tomó el primer apellido de su esposo como su segundo: Belem Huerta de Reyes. Sin embargo, muchas mujeres jóvenes, especialmente las profesionales, ya no siguen esta tradición.

En los Estados Unidos muchos de los inmigrantes hispanos optan por escribir un guión entre sus dos apellidos, por ejemplo, Virginia Adán-Lifante. Esto lo hacen para clarificar que los dos son sus apellidos y no un segundo nombre. Otros hispanos simplemente siguen el sistema de apellidos de este país.

Tertulia Los apellidos

- ¿Qué ventajas o desventajas encuentran en el sistema de apellidos hispano comparado con el sistema anglosajón?
- Personalmente, ¿cambiarían su apellido por el de su esposo/a? ¿Por qué?
- ¿Qué apellidos piensan ponerles a sus hijos? ¿Sólo el del padre, el del padre y la madre, u otro original elegido por ti y por tu pareja? ¿Por qué?

CUMPLEAÑOS
MAYRA CRYSTAL REYES HUERTA
cumplió 7 años el pasado 1ro.
de mayo.
Sus padres Jesús Reyes Aguilar
y Belem Huerta de Reyes desean
que Dios la Bendiga y la
conserve muchos años más.
¡FELICIDADES!

Belem Huerta **de Reyes**

Mayra Crystal
Reyes Huerta

Jesús **Reyes** Aguilar

ndicativo

cto
/vivido)

Pretérito
hablé/comí/viví)
spoke/ate/lived

Presente

Imperfecto
blaba/comía/vivía)

(tiempos) in the indicative mood (**modo**
ifferent aspects of the past. They also exist in

s of these four tenses in the next two

Regular verbs

	-ar: cantar		**-er:** correr		**-ir:** decidir
cant**é**	cant**amos**	corr**í**	corr**imos**	decid**í**	decid**imos**
cant**aste**	cant**asteis**	corr**iste**	corr**isteis**	decid**iste**	decid**isteis**
cant**ó**	cant**aron**	corr**ió**	corr**ieron**	decid**ió**	decid**ieron**

¡OJO! The **nosotros** endings for the regular **-ar** and **-ir** verbs are identical to the endings of the present tense.

«...lo **abandonó** en mitad del desierto, donde **murió** de hambre y de sed.»*

---

*«Los dos reyes y los dos laberintos», Jorge Luis Borges

- Verbs with infinitives ending in **-car, -gar,** and **-zar** undergo a spelling change in the **yo** forms.

sacar *(to take out)*		pagar *(to pay for)*		empezar *(to begin)*	
sa**qué**	sacamos	pa**gué**	pagamos	empe**cé**	empezamos
sacaste	sacasteis	pagaste	pagasteis	empezaste	empezasteis
sacó	sacaron	pagó	pagaron	empezó	empezaron

- Verbs like **construir** and **leer** change the **i** to **y** in the third-person forms.

leer *(to read)*		caer *(to fall)*		construir *(to build)*	
leí	leímos	caí	caímos	construí	construimos
leíste	leísteis	caíste	caísteis	construiste	construisteis
leyó	leyeron	cayó	cayeron	construyó	construyeron

-ir stem-changing verbs and irregular verbs

Many stem-changing **-ir** verbs in the present tense also have a stem change in the preterite in the third-person forms.

e → ie, i		e → i, i		o → ue, u	
preferir		**pedir**		**morir**	
preferí	preferimos	pedí	pedimos	morí	morimos
preferiste	preferisteis	pediste	pedisteis	moriste	moristeis
prefirió	prefirieron	pidió	pidieron	murió	murieron
Otros verbs					
divertir(se) sentir mentir sugerir		reír seguir repetir servir		dormir	

Irregular verbs

dar		decir		estar	
di	dimos	dije	dijimos	estuve	estuvimos
diste	disteis	dijiste	dijisteis	estuviste	estuvisteis
dio	dieron	dijo	dijeron	estuvo	estuvieron

ir		poder		poner	
fui	fuimos	pude	pudimos	puse	pusimos
fuiste	fuisteis	pudiste	pudisteis	pusiste	pusisteis
fue	fueron	pudo	pudieron	puso	pusieron

Los niños **pidieron** pizza.

Se amaron hasta la muerte.

querer		saber		ser	
quise	quisimos	supe	supimos	fui	fuimos
quisiste	quisisteis	supiste	supisteis	fuiste	fuisteis
quiso	quisieron	supo	supieron	fue	fueron

tener		traer		venir	
tuve	tuvimos	traje	trajimos	vine	vinimos
tuviste	tuvisteis	trajiste	trajisteis	viniste	vinisteis
tuvo	tuvieron	trajo	trajeron	vino	vinieron

¡OJO! There is no stress mark in any of the irregular forms of the preterite.

Uses of the preterite

The preterite is often the equivalent of the simple past in English.

Ayer **fue** nuestro aniversario de boda.

Yesterday was our wedding anniversary.

These are the contexts that require the preterite in Spanish.

- A complete action that took place in the past

Vivimos ocho años en esa casa.
Se amaron hasta la muerte.
Tuvimos diez horas para descansar.

We lived in that house for eight years.
They loved each other until they died.
We had ten hours to rest.

- The beginning or end of an action

Empecé a trabajar a las 6:00 y **terminé** a las 12:00.
La ceremonia **tuvo lugar** (empezó) a las 7:00.

I started working at 6:00 and finished at 12:00.
The ceremony took place (began) at 7:00.

Hace + tiempo + **que** + verbo en el pretérito

Hace tres años que **murió** mi abuela.   *My grandmother died three years ago.*

■ ACTIVIDAD 1 José Martí, el padre de la independencia cubana

Paso 1 A continuación aparecen algunos momentos importantes de la vida del gran intelectual cubano José Martí. Los verbos están en el presente histórico. Cámbialos al pretérito.

- 1853 **Nace** en La Habana, hijo de los españoles Mariano Martí Navarro y Leonor Pérez Cabrera.
- 1869 **Publica** sus primeros escritos políticos. Lo **detienen** e **ingresa** en la cárcel.
- 1871 Martí **sale** deportado para España por haber escrito artículos políticos en defensa de la independencia de Cuba.
- 1874 **Obtiene** el título de Licenciado en Derecho.
- 1875 **Viaja** a México.
- 1877 **Se casa** con Carmen Zayas.
- 1878 **Regresa** a Cuba.
- 1879 **Es** deportado a España otra vez y **se va** clandestinamente a Nueva York.
- 1880 **Se reúne** en Nueva York con su esposa e hijos.
- 1891 **Se separa** de su esposa. **Se pone** muy enfermo.
- 1895 **Muere** en combate durante la batalla por la independencia de Cuba.

Paso 2 Ahora, en parejas, siguiendo el modelo de la biografía de Martí, dile a tu compañero/a cinco fechas importantes en tu vida, explicando su importancia.

Ejemplo: 1985, porque yo nací ese año.

■ ACTIVIDAD 2 Otra versión de Caperucita Roja (*Little Red Riding Hood*)

Vuelve a contar el siguiente cuento de Caperucita Roja en el pasado usando el pretérito para los verbos que están en negrita (*bold*).

Un día la madre de Caperucita Roja **hace** magdalenas[a] y **envía** a su hija a llevarlas a casa de la abuelita. Caperucita **sale** de la casa y **empieza** a caminar por el bosque[b] para llegar a la casa de la abuelita. Poco después de salir de la casa **se encuentra** con el Lobo, que **se presenta** y le **dice:** «¿Hacemos una carrera[c]? A ver[d] quién llega antes a la casa de tu abuelita.» Caperucita **acepta** la apuesta[e] encantada. **Vuelve** a su casa y **saca** su moto de motocross, **se pone** el casco[f] y **vuela** a través del bosque. Cuando el pobre Lobo **llega** a la casa de la abuelita, diez minutos más tarde que Caperucita, la niña le **da** un gran vaso de agua y un par de magdalenas de su mamá y la abuela le **hace** dos huevos fritos.

[a]*muffins*   [b]*forest*   [c]*race*   [d]*A... Let's see*   [e]*bet*   [f]*helmet*

■ ACTIVIDAD 3 ¿Quién soy?

Piensa en una persona real o un personaje ficticio. El resto de la clase va a tratar de adivinar a quién representas haciéndote sólo preguntas en el pretérito.

Ejemplo: —¿Cuándo naciste?
—Nací en…

■ ACTIVIDAD 4 Entrevista

Usando los verbos de la lista, entrevista a un compañero / una compañera sobre su última reunión familiar.

Ejemplo: ¿Cuánto tiempo hace que se reunió tu familia la última vez? ¿Por qué se reunieron?

asistir	**comer**	**ponerse (ropa)**
brindar	**conocer(se)**	**reunirse**
celebrar	**ir**	**tener**

8 El imperfecto de indicativo

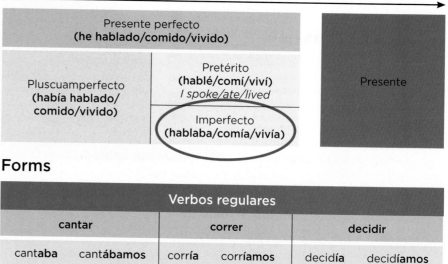

Forms

Verbos regulares					
cantar		**correr**		**decidir**	
cant**aba**	cant**ábamos**	corr**ía**	corr**íamos**	decid**ía**	decid**íamos**
cant**abas**	cant**abais**	corr**ías**	corr**íais**	decid**ías**	decid**íais**
cant**aba**	cant**aban**	corr**ía**	corr**ían**	decid**ía**	decid**ían**

Verbos irregulares					
ir		**ser**		**ver**	
iba	íbamos	era	éramos	veía	veíamos
ibas	ibais	eras	erais	veías	veíais
iba	iban	era	eran	veía	veían

«…en Arabia **tenía** un laberinto mejor.»*

---

*«Los dos reyes y los dos laberintos», Jorge Luis Borges

Uses

The imperfect has several equivalents in English.

Ella **dormía** mientras yo trabajaba.

- → **simple past** She _slept_ while I worked.
- → **used to** She _used to sleep_ while I worked.
- → **would** She _would sleep_ while I worked.
- → **past progressive** She _was sleeping_ while I worked.

¡OJO! There are two meanings for _would_ in English, for which two different forms are used in Spanish. When _would_ expresses a condition, use the conditional tense.

Yo no **haría** eso si fuera tú. _I wouldn't do that if I were you._

For habitual actions in the past, use the imperfect.

Ella **dormía** mientras yo trabajaba. _She would sleep while I worked._

These are the contexts that require the imperfect in Spanish.

- **Usual actions in the past** (in contrast with the present or a specific point in the past)

  En los veranos **íbamos** a Pensilvania a visitar a los abuelos.

  In the summer, we would go to Pennsylvania to visit my grandparents.

- **Descriptions in the past**

  Yo **era** una niña tímida y me **encantaba** leer.
  Eran las 11:00 de la noche cuando nos llamaron.
  Cuando **tenía** 80 años mi abuela **tocaba** el piano de maravilla, aunque no **podía** oír bien.

  I was a shy child and I loved to read.
  It was 11:00 P.M. when they called.

  When she was 80 years old my grandmother played the piano wonderfully, although she couldn't hear well.

- **Description of an action in the past** as it was happening, possibly in contrast with another action that occurs suddenly (preterite)

  Hacía mucho frío, así que encendimos la calefacción.

  It was very cold, and that's why we turned on the heat.

The imperfect progressive is used to give a stronger sense of development of the action.

Cuando llamaste yo **estaba** escribiendo el informe.

When you called, I was writing the paper.

—Cuando llamaste, yo **estaba** escribiendo el informe.

ACTIVIDAD 1 ¿Quién dijo que todo tiempo pasado fue mejor?

Completa cada una de las siguientes explicaciones conjugando los verbos en el imperfecto de indicativo. Después, emparéjalas con una de las viñetas cómicas.

1. Los padres no _____ (ser) tan permisivos como los padres de hoy en día, pero los jóvenes _____ (encontrar) la manera de hacer las mismas cosas que hacen hoy.

2. No _____ (haber) la opción de la cirugía plástica, y por eso la gente _____ (envejecer) normalmente.

3. No _____ (ser) extraño confundir el miedo con el respeto.

4. El decoro a veces _____ (venir) acompañado de represión sexual y comportamiento (*behavior*) sexista.

5. El excesivo respeto _____ (poder) causar que los hijos hicieran (*did*) cosas que realmente no _____ (querer) hacer.

6. La sociedad sólo _____ (aceptar) públicamente a las personas heterosexuales.

7. Cuando no _____ (haber) divorcio, los matrimonios _____ (tener) que vivir juntos aunque no se quisieran.

8. Se _____ (apreciar) otras cosas, como la familia y las conexiones sociales.

■ ACTIVIDAD 2 La tamalada de mi familia

Paso 1 Lee la descripción que Carmen Lomas Garza dio de su pintura *Tamalada* (**Actividad 3, Palabras**). Los verbos están en el presente. Cambia la descripción al pasado. Los verbos en negrita (*boldface*) son verbos que se pueden cambiar. **¡OJO!** El imperfecto aparece con frecuencia en la forma progresiva; por ejemplo, **estaba ayudando.**

Ésta es una escena de la cocina de mis padres. Todos **están haciendo** tamales. Mi abuelo **tiene** puestos rancheros azules y camisa azul. Yo **estoy** al lado de él, con mi hermana Margie. **Estamos ayudando** a remojar[a] las hojas secas del maíz.[b] Mi mamá **está poniendo** la masa[c] de maíz sobre las hojas, y mis tíos **están incorporando** la carne a la masa. Mi abuelita **está ordenando** los tamales que ya **están** enrollados, cubiertos y listos para cocinar. En algunas familias sólo las mujeres **preparan** tamales, pero en mi familia todos **ayudan.**

[a]*to soak*   [b]*hojas... dry corn husks*   [c]*dough*

Paso 2 Ahora añade a la historia tres o cuatro oraciones de tu imaginación.

■ ACTIVIDAD 3 Antes y ahora

En parejas, comparen los siguientes momentos del pasado con la actualidad. ¿Que tenían tú y tu compañero/a de común durante su niñez (*childhood*) y adolescencia? ¿Se parece más la vida de Uds. ahora o se parecía más antes?

1. cómo celebrabas tu cumpleaños cuando eras pequeño/a
2. un domingo típico de tus años en la escuela secundaria
3. tu rutina diaria del último año en la secundaria
4. el día de fiesta más importante para tu familia y cómo se celebraba durante tu niñez

■ ACTIVIDAD 4 Cuentos por contar (*Tales to be told*)

Lee el siguiente pasaje de la Cenicienta (*Cinderella*) en que el imperfecto establece el ambiente de la historia y el pretérito marca el comienzo de la acción. Luego, en grupos pequeños, inventen el principio de un cuento hasta el punto en que empieza la acción (como en el ejemplo de la Cenicienta). **¡OJO!** Lo primero que deben decidir es si va a ser un cuento tradicional, un cuento de terror, etcétera.

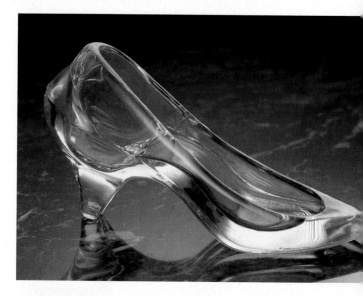

Había una vez una muchacha muy buena que **vivía** con su madrastra y sus hermanastras en una casa que **estaba** en un pueblo donde **había** un príncipe muy guapo. A la muchacha la **llamaban** Cenicienta, porque siempre **estaba** manchada de cenizas, ya que **tenía** que trabajar constantemente limpiando la casa de su madrastra.

Un día, llegó un emisario del joven príncipe…

9 Cómo se combinan el pretérito y el imperfecto

Both preterite and imperfect equally represent the past. They are different in the sense that each one focuses on a different aspect of the past events.

- The **preterite** marks punctual actions with a definite beginning or end. This makes the preterite the necessary tense to narrate *the backbone of a story*. Pay attention to the following version of the story of Cenicienta.

El Hada Madrina **se apareció** en la casa de la Cenicienta y con unos golpes de su varita mágica la **vistió** como una princesa. Entonces la Cenicienta **fue** a la fiesta del Príncipe. Allí el Príncipe la **vio** inmediatamente y la **sacó** a bailar. **Estuvieron** juntos hasta la medianoche, pero en el momento en que **empezaron** a sonar las campanadas de las 12:00, la Cenicienta **tuvo** que salir corriendo sin despedirse.

The Fairy Godmother appeared in Cinderella's house and with a few strokes of her magic wand dressed her up like a princess. Then Cinderella went to the Prince's party. There the Prince noticed her immediately and danced with her. They were together until midnight, but the moment the bells began to toll 12:00, Cinderella had to run away without saying good-bye.

This version of the story is quite complete, but it offers none of the interesting details that delight children.

«...**mandó** construir un laberinto [donde] los que **entraban** se perdían.»*

---

*«Los dos reyes y los dos laberintos», Jorge Luis Borges

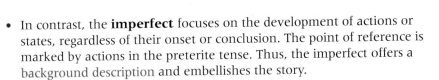

Su carroza **iba** tirada de magníficos caballos.

- In contrast, the **imperfect** focuses on the development of actions or states, regardless of their onset or conclusion. The point of reference is marked by actions in the preterite tense. Thus, the imperfect offers a background description and embellishes the story.

Eran las 7:00 de la noche y las hermanastras de la Cenicienta **acababan** de salir cuando el Hada Madrina se apareció en la casa. Con unos golpes de su varita mágica el Hada Madrina vistió a la Cenicienta como una princesa: el vestido **era** rosa y **estaba** bordado en oro. La Cenicienta también **llevaba** una diadema de diamantes. Entonces la Cenicienta fue a la fiesta del Príncipe. Su carroza, que en realidad **era** una calabaza, **iba** tirada de magníficos caballos blancos y negros. La noche **era** espléndida, pues **había** luna llena y no **hacía** frío. Cuando llegó a la fiesta, el Príncipe vio inmediatamente a la Cenicienta y la sacó a bailar. Después no se separó de ella ni un solo momento. El Príncipe **era** el hombre más guapo y encantador que nadie pudiera imaginar. La Cenicienta se **sentía** feliz en sus brazos mientras todas las chicas del baile, entre ellas sus hermanastras, la **miraban** con envidia.

It was 7:00 P.M. and Cinderella's stepsisters were just leaving when the Fairy Godmother appeared in Cinderella's house. With a few strokes of her magic wand the Fairy Godmother dressed up Cinderella like a princess: the dress was pink and was embroidered in gold. Cinderella also wore a diamond tiara. Then Cinderella went to the Prince's party. Her carriage, which was in fact a pumpkin, was pulled by magnificent white and black horses. The night was splendid, since there was a full moon and it was not cold. When she arrived at the party, the Prince noticed Cinderella immediately and danced with her. After that, he didn't leave her alone for a moment. The Prince was the most handsome and charming man anyone could imagine. Cinderella felt happy in his arms while all the girls at the ball, including her stepsisters, looked at her with envy.

- The **preterite** and **imperfect** often appear in the same sentence. In this case, the imperfect offers a description to frame the action or state marked by the preterite.

Yo ya **estaba durmiendo** cuando **sonó** el teléfono.

I was already asleep when the phone rang.

- Due to the different focus on the aspect of an action or state, some Spanish verbs are translated with different English verbs depending on whether they are in the preterite or the imperfect.

	Imperfecto		Pretérito	
conocer	*to know* **Conocía** a su familia.	*I knew his family.*	*to meet* **Conocí** a su familia.	*I met his family.*
saber	*to know* **Sabíamos** la verdad.	*We knew the truth.*	*to find out (to know for the first time)* **Supimos** la verdad.	*We found out the truth.*
poder	*to be able / can* **Podía** visitarlos.	*I could visit them (but may not have).*	*to manage / be able / succeed* **Pude** visitarlos.	*I was able to visit them.*
no poder	*not to be able / cannot* **No podía** visitarlos.	*I couldn't visit them (and may not have tried).*	*cannot / to fail* **No pude** visitarlos.	*I couldn't (failed to) visit them (but tried).*
querer	*to want* **Quería** verte.	*I wanted to see you (but may not have done so).*	*to attempt / try* **Quise** verte.	*I attempted/tried to see you.*
no querer	*not to want* **No quería** verte.	*I didn't want to see you (but may have done so anyway).*	*to refuse* **No quise** verte.	*I refused to see you.*

■ ACTIVIDAD 1 La Llorona

La Llorona es una leyenda de la tradición popular mexicana. Es una historia para asustar a los niños, porque los adultos les dicen que la Llorona se lleva a los niños que salen solos de noche. A continuación hay una de las muchas versiones de la Llorona. Complétala con la forma correcta del pretérito o imperfecto de cada verbo entre paréntesis.

_____[1] (haber) una mujer, quien _____[2] (llamarse) María, que un día _____[3] (conocer) a un ranchero muy joven y guapo. Los dos _____[4] (casarse) y _____[5] (tener) dos hijos. Pero después de un tiempo, el esposo la _____[6] (abandonar) por otra mujer. El hombre todavía _____[7] (querer) a sus hijos, pero no a María. Ésta, enfadada y celosa, _____[8] (tirar) a sus hijos al río. Inmediatamente _____[9] (arrepentirse) y _____[10] (querer) salvarlos, pero no _____[11] (poder) y _____[12] (morir) en el intento. Al día siguiente, los habitantes del pueblo _____[13] (saber) de la muerte de María y esa misma noche la _____[14] (oír) llorar llamando a sus hijos. Desde ese día la ven por la orilla del río, con el vestido que _____[15] (llevar) cuando murió, buscando a sus hijos.

ACTIVIDAD 2 En la fiesta de cumpleaños de Luisa

Completa el siguiente párrafo con la forma correcta del pretérito o imperfecto del verbo correcto de la lista.

conocer   **poder**   **querer**   **saber**

Ayer se celebró el primer cumpleaños de mi nieta Luisa. Como es tan pequeña fue una fiesta puramente familiar. Yo _____[1] bien a todas las personas que asistieron. Sólo faltaba mi compadre Manuel, que no _____[2] asistir a la fiesta porque está visitando a su hija en Chicago. Bueno, la verdad es que _____[3] a una persona, al nuevo novio de mi hija Dora, y me pareció un muchacho bueno. Me contó que cuando era pequeño _____[4] ser torero, pero ahora es profesor de español. En la fiesta yo _____[5] que mi nuera está embarazada. No saben Uds. qué alegría nos dio, porque ellos _____[6] tener hijos y no _____.[7] Antes de la fiesta el único que _____[8] lo del embarazo era mi hijo José. Todos en la fiesta _____[9] bailar para celebrar con alegría, pero no _____[10] porque se fue la luz.

ACTIVIDAD 3 ¿Qué recuerdas?

Entrevista a un compañero / una compañera sobre la última vez que asistió a uno de los siguientes eventos. Intenta reunir todos los detalles que puedas sobre cada ocasión.

Ejemplo: ¿Cuándo fue la última vez que hubo un bautizo en tu familia? ¿Quiénes fueron los padrinos? ¿Cuántos años tenías? ¿Lo celebraron? ¿Qué había para comer? ¿Te divertiste?

1. un bautizo (o *bar/bat mitzvah*)
2. un entierro o funeral
3. un nacimiento
4. un aniversario de algo
5. un fiesta de jubilación (*retirement party*)
6. una boda

ACTIVIDAD 4 Versión completa de la Caperucita Roja

En parejas, y basándose en la narración de la **Actividad 4** de la sección sobre el pretérito (página 80), cuenten otra vez el cuento de Caperucita Roja. Añadan muchos detalles esta vez haciendo todos los cambios que quieran para hacer su cuento muy original. No se olviden de comenzar su cuento con la frase tradicional: **Había una vez** o **Érase una vez.**

Ejemplo: Había una vez una niña que tenía una chaqueta roja con caperuza (*hood*), y por eso todo el mundo la llamaba Caperucita Roja. Su papá, que era policía en una gran ciudad, murió en acto de servicio cuando Caperucita tenía tres años, y su mamá decidió mudarse a un pequeño pueblo cerca de la abuelita, que tenía una casa en el bosque…

En grupos, contesten las siguientes preguntas y prepárense para presentar un resumen de las respuestas al resto de la clase.

- ¿Qué cosas te asustaban de niño/a? ¿Cómo explicas ese miedo?
- ¿Cuándo se te quitó el miedo?
- ¿De qué tienes miedo ahora?

Cultura

La familia hispana en los Estados Unidos

Menores de 18 años por grupo

Latina 35%
Blanca 23%
General 26%

Crecimiento y juventud de la población hispana Como en casi todos los países latinoamericanos, la población hispana de los Estados Unidos es también joven: casi el 35 por ciento de los latinos tiene menos de 18 años, en comparación con el 26 por ciento de la población en general (y sólo el 23 por ciento de la población blanca). Además, la población hispana en los Estados Unidos es la que crece más rápidamente, a causa de un aumento[a] en la inmigración y de un nivel de natalidad[b] más alto que en los otros grupos: 84 nacimientos por cada 1,000 latinas entre 15 y 44 años, en comparación con 57 por cada 1,000 mujeres de raza blanca. El 20 por ciento de las familias tienen tres o más hijos, en comparación con sólo el 13 por ciento de las familias negras y el 10 por ciento de las blancas.

Ingresos familiares La media de ingresos[c] entre las familias latinas con padres casados ($37.000 apróx.) sigue estando muy por debajo de la de las familias blancas ($60.000 apróx.) y negras ($51.000). Un 21 por ciento de las familias hispanas vive en la pobreza,[d] una proporción similar a la de las familias negras (23 por ciento) en contraste con el 12 por ciento de media nacional y el 10 por ciento de familias blancas.

Tipos de familias La mayoría de las familias hispanas tiene una estructura tradicional con una pareja casada (68 por ciento). Casi el 24 por ciento de las familias hispanas están formadas por la madre sola con los hijos. Estos datos se contrastan con el 82 por ciento y el 13 por ciento respectivamente para familias blancas.

[a]*increase* [b]*nivel... birth rate*
[c]*media... average income* [d]*poverty*

Ingresos entre familias con padres casados

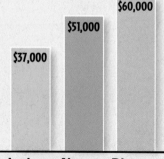

$37,000 — $51,000 — $60,000

Latinas Negras Blancas

Lengua y cultura Los hispanos están divididos en tres grupos según su identificación personal: el 57 por ciento de los hispanos en los Estados Unidos se considera dominantemente hispanohablante, el 20 por ciento bicultural y el 23 por ciento dominantemente anglohablante. El 97 por ciento de los dominantes de español y los biculturales se identifican como hispanos más que como estadounidenses, y el 69 por ciento de los biculturales habla español en casa predominantemente.

Tertulia La familia y la cultura

- Según la información de esta **Cultura,** ¿cuáles parecen ser los retos (*challenges*) más importantes para las familias hispanas de los Estados Unidos en la próxima generación?

- ¿Creen Uds. que es normal identificarse con un grupo cultural más que con el país de nacimiento? ¿Cómo se puede explicar esto?

Identificación personal de los hispanos

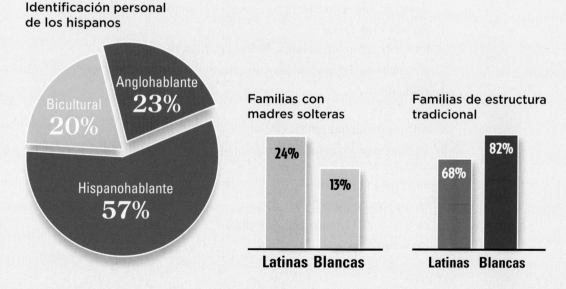

Anglohablante 23%

Bicultural 20%

Hispanohablante 57%

Familias con madres solteras

24% 13%

Latinas Blancas

Familias de estructura tradicional

82% 68%

Latinas Blancas

Los dos reyes y los dos laberintos

Reflexiones

Jorge Luis Borges (Argentina, 1899–1986) es sin duda uno de los escritores más influyentes en la literatura del siglo XX en todo el mundo. Fue poeta, ensayista y cuentista, y su ficción cruza a menudo la barrera de lo posible y lo real, presentando cuestiones científicas, históricas o filosóficas. El cuento «Los dos reyes y los dos laberintos» (*El Aleph*, 1949) presenta un texto que parece venir de otra época y otra cultura, y nos deja con un dilema de interpretación.

vocabulario útil

Alá	Allah
el desierto	desert
la fe	faith
el huésped	guest
el laberinto	maze
la maravilla	wonder
prudente	careful, sensible
hacer burla	to laugh at

■ **ACTIVIDAD 1** Práctica de vocabulario

Empareja las siguientes palabras y expresiones de las dos columnas para que tengan sentido.

1. _____ fe
2. _____ maravilla
3. _____ hacer burla
4. _____ huésped
5. _____ Alá
6. _____ desierto
7. _____ prudente
8. _____ cuento

a. la puesta de sol
b. religión
c. «Los tres cerditos»
d. los cómicos
e. un(a) buen(a) conductor(a)
f. mezquita
g. arena
h. hotel

■ **ACTIVIDAD 2** ¿Qué crees tú?

Elige todo lo que, en tu opinión, sea apropiado.

1. ¿Cómo te imaginas un laberinto?
   a. con galerías vacías y largas
   b. con muchas escaleras y puertas
   c. decorado con materiales finos y caros, como mármol y bronce
   d. No puedo imaginarlo.

2. ¿Cómo te parecen, en general, los reyes de los cuentos?
   a. compasivos
   b. vengativos
   c. simpáticos
   d. No tengo una imagen de ellos.

3. En tu imaginación, ¿en qué tiempo y lugar ocurren las fábulas, parábolas, cuentos y leyendas?
   a. en el pasado reciente
   b. en un pasado específico
   c. en un pasado lejano y sin especificar
   d. No tengo ni idea.

Estrategia: La parábola

El cuento de Borges, «Los dos reyes y los dos laberintos», es una parábola. Normalmente asociamos las parábolas con los textos religiosos; por ello, las parábolas más conocidas en el mundo occidental se encuentran en la Biblia. Algunas características de las parábolas son:

- suelen ser textos breves
- pretenden (*they intend*) ofrecer una lección moral, pero de una manera indirecta
- en ellas predomina la narración sobre la descripción, ya que no quieren distraer al lector o receptor con detalles innecesarios.

Mientras lees «Los dos reyes y los dos laberintos» fíjate en el uso que el autor hace de los tiempos del pasado. ¿Predomina el pretérito o el imperfecto? ¿Con qué religión podríamos asociar esta parábola?

LOS DOS REYES Y LOS DOS LABERINTOS,
JORGE LUIS BORGES

1 Cuentan los hombres **dignos de fe** (pero Alá sabe más) que en los primeros días hubo un rey de las islas de Babilonia que congregó a sus arquitectos y **magos** y les mandó construir un laberinto tan perplejo y **sutil** que los varones más prudentes **no se**

5 **aventuraban** a entrar, y los que entraban se perdían. Esa obra era un escándalo, porque la confusión y la maravilla son operaciones propias de Dios y no de los hombres. Con el andar del tiempo vino a su **corte** un rey de los árabes, y el rey de Babilonia (para hacer burla de la simplicidad de su huésped) lo hizo penetrar

10 en su laberinto, donde vagó afrentado y **confundido** hasta la declinación de la tarde. Entonces imploró socorro divino y **dio con** la puerta. Sus labios no profirieron queja ninguna, pero le dijo al rey de Babilonia que él en Arabia tenía un laberinto mejor y que, si Dios era servido, se lo daría a conocer algún día. Luego regresó

15 a Arabia, juntó sus capitanes y sus **alcaides** y estragó los reinos de Babilonia **con tan venturosa fortuna** que derribó sus castillos, rompió sus gentes e hizo **cautivo** al mismo rey. Lo amarró encima de un camello veloz y lo llevó al desierto. Cabalgaron tres días, y le dijo: «Oh, rey del tiempo y substancia y

20 **cifra** del siglo!, en Babilonia me quisiste perder en un laberinto hecho de bronce con muchas escaleras, puertas y muros; ahora el **Poderoso** ha tenido a bien que te muestre el mío, donde no hay

25 escaleras que subir, ni puertas que forzar, ni fatigosas galerías que recorrer, ni muros que te veden el paso».

Luego le **desató** las ligaduras y lo abandonó en mitad del desierto, donde

30 murió de hambre y de sed. La Gloria sea con Aquél que no muere.

trustworthy

wizards
perplexing   subtle   did not dare

With the passing of time
court

wandered   affronted   confused
sunset   assistance   found
lips   did not utter   complaint

God willing   he would show it to him   governors   destruyó
kingdoms   with such luck
destruyó   castles   captive
tied up   fast   They rode

número   century

Almighty   has wished (lit.: has decided as good)

close
untied   ropes

Comprensión

■ ACTIVIDAD 3 Banco de palabras

Paso 1 Completa el párrafo incorporando las palabras o expresiones adecuadas del banco de palabras, para que tenga sentido según la lectura.

árabe	complejo	desierto	natural
artificial	cuento	laberinto	reyes

Este _____ narra la historia de dos _____, uno de Babilonia y otro _____. Los dos tenían un _____, pero eran muy diferentes. El del rey babilonio era _____ pero de una manera _____. En cambio, el del rey árabe era _____, pero imposible, porque era un _____.

Paso 2 Empareja cada una de las ideas con cada uno de los dos reyes.

_____ amante de lo complicado

_____ un hombre simple y religioso

a. Rey árabe   _____ muere al final del cuento

_____ es ostentoso

_____ tiene el mejor laberinto

b. Rey de Babilonia   _____ destruye un reino

_____ consigue salir del laberinto

_____ actúa como si fuera Dios

■ ACTIVIDAD 4 ¿Qué piensas ahora?

Paso 1 Como se explica en la sección de **Estrategia,** es común encontrar parábolas en textos religiosos. Haz una lista de palabras y frases del cuento que hagan referencia a la religión. ¿Con qué religión se puede asociar «Los dos reyes y los dos laberintos»?

Paso 2 Otra de las características de las parábolas es que ofrecen una enseñanza moral de una manera indirecta. Discute con un compañero/ una compañera qué enseñanzas morales puede aprender el lector de «Los dos reyes y los dos laberintos». ¿Creen que hay más de una?

■ ACTIVIDAD 5 Más parábolas

En grupos, piensen en alguna parábola que todos conozcan y escríbanla entre todos para luego leérsela a la clase. Si no conocen ninguna, invéntenla imitando el estilo de Borges en «Los dos reyes y los dos laberintos». Recuerden que las parábolas, más que describir, narran.

Tertulia Lo natural frente a (*versus*) lo humano

Una de las conclusiones que podemos sacar de este cuento es que algunas cosas naturales son inimitables por el hombre.

- Discute con tus compañeros en qué aspectos piensas tú que el ser humano no puede competir con la naturaleza.

- Uno de los campos en los que la ciencia está avanzando hoy en día es en la clonación de animales. ¿Están Uds. de acuerdo con este tipo de tecnología? ¿Creen Uds. que un día se llegará a clonar a los seres humanos?

Narrar una anécdota familiar

Tema

Una anécdota sobre tu infancia para contribuir a un libro de recuerdos familiares.

Prepárate

- Escoge una anécdota.
- Piensa en los lectores (los miembros de tu familia) y en las preguntas que van a hacer sobre lo que vas a escribir. Aunque conozcan la historia, querrán (*they will want*) saber tu punto de vista.
- Haz un borrador con todo lo que recuerdes sobre esa historia. No te preocupes ahora del orden ni de la gramática, pero piensa y escribe en español. Si hay alguna palabra que no conozcas deja un espacio en blanco o haz un símbolo.

¡Escríbelo!

- Ordena las ideas de tu borrador.
- Incluye descripciones de las personas, lugares y emociones de tu anécdota.
- No olvides el esquema de una narración.
  - ❏ **Introducción:** Informa sobre el tiempo, el lugar y la importancia del evento que vas a narrar.
  - ❏ **Nudo:** Cuenta lo que sucedió.
  - ❏ **Desenlace:** Cuenta cómo terminó la historia.
- Busca en el diccionario y en tu libro de español aquellas palabras y expresiones sobre las que tengas duda.

¿Y ahora?

- Repasa los siguientes puntos.
  - ❏ el uso del pretérito y el imperfecto
  - ❏ el uso de **ser** y **estar**
  - ❏ la concordancia entre sujeto y verbo
  - ❏ la concordancia de género y número entre sustantivos, adjetivos y pronombres
  - ❏ la ortografía y los acentos
  - ❏ el uso de un vocabulario variado y correcto: evita las repeticiones
  - ❏ el orden y el contenido: Párrafos claros, principio y final
- Finalmente, escribe tu versión final.

No te olvides de mirar el Apéndice I, **¡No te equivoques!**, para evitar errores típicos de los estudiantes de español. Para esta actividad de escritura, se recomienda que prestes atención a **Cómo se expresan** *to go* y *to leave* (página A-2).

Consulta el *Cuaderno de práctica* para encontrar más ideas y sugerencias que te ayuden a redactar la composición.

Gramática en acción: La canción «El abuelo»

Estas son las primeras estrofas (*verses*) de una conocida canción del cantautor argentino Alberto Cortez, dedicada a su abuelo español. Complétalas con la forma correcta del pretérito o del imperfecto de cada verbo entre paréntesis.

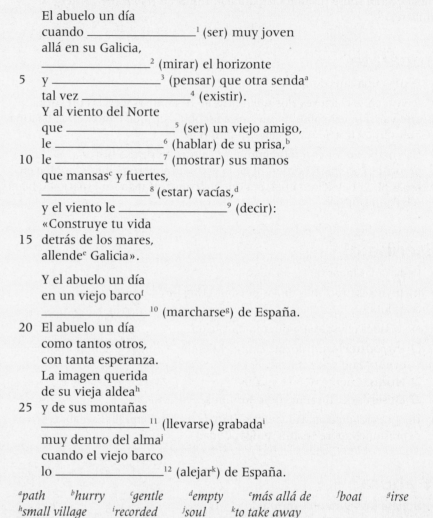

El abuelo un día
cuando _____¹ (ser) muy joven
allá en su Galicia,
_____² (mirar) el horizonte
5 y _____³ (pensar) que otra senda[a]
tal vez _____⁴ (existir).
Y al viento del Norte
que _____⁵ (ser) un viejo amigo,
le _____⁶ (hablar) de su prisa,[b]
10 le _____⁷ (mostrar) sus manos
que mansas[c] y fuertes,
_____⁸ (estar) vacías,[d]
y el viento le _____⁹ (decir):
«Construye tu vida
15 detrás de los mares,
allende[e] Galicia».

Y el abuelo un día
en un viejo barco[f]
_____¹⁰ (marcharse[g]) de España.
20 El abuelo un día
como tantos otros,
con tanta esperanza.
La imagen querida
de su vieja aldea[h]
25 y de sus montañas
_____¹¹ (llevarse) grabada[i]
muy dentro del alma[j]
cuando el viejo barco
lo _____¹² (alejar[k]) de España.

[a]*path*   [b]*hurry*   [c]*gentle*   [d]*empty*   [e]*más allá de*   [f]*boat*   [g]*irse*
[h]*small village*   [i]*recorded*   [j]*soul*   [k]*to take away*

«Construye tu vida detrás de los mares, allende Galicia.»

30 El abuelo un día
_____[13] (subir) a la carreta[l]
de subir la vida.
_____[14] (empuñar[m]) el arado,[n]
_____[15] (abonar[o]) la tierra
35 y el tiempo _____[16] (correr).
Y _____[17] (luchar) sereno
por plantar el árbol
que tanto _____[18] (querer).
Y el abuelo un día
40 _____[19] (llorar) bajo el árbol
que al fin _____[20] (florecer[p]).
Lloró de alegría
cuando _____[21] (ver) sus manos,
que un poco más viejas
45 no _____[22] (estar) vacías.

Y el abuelo entonces,
cuando yo _____[23] (ser) niño,
me _____[24] (hablar) de España,
del viento del norte,
50 de la vieja aldea
y de sus montañas.
Le _____[25] (gustar) tanto
recordar las cosas
que _____[26] (llevar) grabadas
55 muy dentro del alma
que a veces callado,
sin decir palabra,
me _____[27] (hablar) de España.

[l]*cart*   [m]*to grasp*   [n]*plow*   [o]*to fertilize*   [p]*to blossom*

Proyectos en tu comunidad

Entrevista a algunos miembros de una familia hispana en tu comunidad
para saber cuáles son los días familiares más importantes para ellos, cómo
los celebran, etcétera. También investiga cómo son las relaciones entre sus
miembros, si es una familia que se siente unida o no, qué los acerca y qué los
separa. Luego compárala con tu propia familia.

Tertulia final Problemas que afectan a las familias de hoy

- ¿Cuáles son los problemas que más afectan a las familias en los Estados
  Unidos? ¿divorcios y separaciones? ¿mudanzas (*moves*)? ¿falta de tiempo?
  ¿demasiadas actividades para los hijos? ¿trabajo de ambos padres? ¿otros
  problemas?

- ¿Te afectaron a ti algunas de estas cosas? ¿Tienen solución? ¿Qué haces
  o piensas hacer para que tu vida familiar sea diferente a la de tus padres,
  especialmente si tienes hijos?

«No es más rico el que más tiene,
sino el que menos necesita.»

4

Con el sudor de tu frente...*

EN ESTE CAPÍTULO

Palabras
- Oficios y profesiones
- La búsqueda de trabajo
- El trabajo

Estructuras
10. El **se** accidental
11. El presente perfecto de indicativo
12. El pluscuamperfecto de indicativo

Cultura
- Crecimiento de trabajo en las ciudades de Latinoamérica y situación de los beneficios en el mundo hispano
- Ocupaciones de los trabajadores hispanos en los Estados Unidos

Lectura
- «Los empresarios prefieren una actitud de aprendizaje»

*By the sweat of your brow...

Reflexiones Los oficios que la modernidad está eliminando

¿Cuál es la diferencia entre un oficio y una profesión? Da ejemplos de cada uno de ellos. ¿Qué oficios crees que están a punto de desaparecer? ¿y qué profesiones?

LOS OFICIOS QUE LA MODERNIDAD ESTÁ ELIMINANDO, *CECILIA GUTIÉRREZ*

were carried out
sends out for repair   much less
there is anyone who might repair
run in a stocking—
Expertos

waste   has made scarce
try to fix   flaws

on an assembly line
replace
De la misma manera
área, campo
postal service   funciones
Although

postal carrier

En las últimas décadas, debido a la modernización, la tecnología y un estilo de vida más agitado, diversos oficios que se **realizaban** en la ciudad han desaparecido. Ya casi nadie **manda a arreglar** un reloj **ni mucho menos** piensa en que **habrá alguien que reparará** el **punto corrido de una media**.

Actividades de este tipo eran frecuentes hasta hace algunos años. **Entendidos** en el tema opinan que este cambio se ha provocado por la constante modernización de los procesos productivos, pero también en los nuevos estilos de vida que se han asimilado como consecuencia de esta estructura de la sociedad.

Para Julián Rodríguez, sociólogo de la Universidad de Chile, el modo de vida actual, con una fuerte cultura del **desecho, ha hecho que escasee** el tiempo para **buscar arreglo** a los **desperfectos**. Por otra parte, los accesorios y muchos artículos que se utilizan en los hogares son fabricados **en serie** a muy bajo costo, por lo que casi siempre es más costoso reparar que **reemplazar**.

Asimismo, cambios más globales provenientes del mundo de la informática han afectado el **ámbito** laboral. Un ejemplo es lo que ocurre con el **sistema de correo** que ha tenido que modificar sus **labores** debido a la irrupción del e-mail. **Si bien** toda la correspondencia comercial sigue realizándose a través del correo tradicional, gran parte de las cartas privadas se efectúan a través de la computadora. De esta forma, dicen los expertos, el oficio de **cartero** es otro de los trabajos que terminarán por desaparecer.

Ponte a prueba

Contesta las preguntas según la información del artículo.

1. ¿Cuáles son las causas de la desaparición de ciertos oficios?
2. ¿Por qué tenemos una cultura del desecho?
3. ¿Qué está causando una reducción en el sistema de correos?

Reflexiones Ellas se aman

1. ¿Cuál es la diferencia entre **amarse** y **quererse**?
2. ¿Cómo es la vida típica de alguien que trabaja en un taller de costura?
3. En Costa Rica, ¿cuándo le dices **usted** y cuándo le dices **vos** a otra persona?

Ponte a prueba

¿Cierto o falso? Indica si las siguientes ideas son ciertas (C) o falsas (F), según el video. Si puedes, corrige las oraciones falsas.

1. El jefe de Estela acosa sexualmente a Estela.
2. Rosario descubre que está embarazada.

Comprensión Contesta las preguntas según lo que viste en el cortometraje.

3. Cuando la película comienza, ¿Estela y Rosario son amigas, novias o compañeras del trabajo? ¿Se conocen?
4. Después de ver a Estela y Rosario juntas en el baño, ¿por qué escribe su compañera de trabajo «Ellas se aman» sobre la pizarra?
5. ¿Resuelven Estela y Rosario sus problemas al final? ¿Cómo se ayudan?

C E N T R O
Your media center for languages

Para ver *Ellas se aman* otra vez y realizar más actividades relacionadas con el cortometraje, visita la página de Centro: **www.mhcentro.com.**

vocabulario útil

baboso	*tonto*
«panzona»	*embarazada*
tortillera	*lesbiana (peyorativo)*
acosar	to harass
apretarse	to "make out"

Palabras

Oficios y profesiones

DE REPASO

la carrera

la compañía

parcial

el empleo / el trabajo

la entrevista (entrevistar[se])

el estrés

la experiencia (laboral)

el jefe / la jefa

las referencias

la responsabilidad
(responsable)

el trabajo a tiempo completo

el salario / el sueldo

el/la supervisor(a)

Los oficios

el/la agricultor(a)	farmer
el/la albañil	construction worker
el/la basurero/a	garbage collector
el/la cocinero/a	cook
el/la electricista	electrician
el/la fontanero/a	plumber
el/la jardinero/a	gardener
el/la pintor(a)	painter

Cognado: **el/la mecánico/a**

Las profesiones

el/la abogado/a	lawyer
el/la asistente de vuelo	flight attendant
el/la bibliotecario/a	librarian
el/la consultor(a)	consultant
el/la ingeniero/a	engineer
el/la maestro/a	teacher
el/la trabajador(a) social	social worker
el/la vendedor(a)	salesperson

Cognados: **el/la arquitecto/a, el/la piloto, el/la profesor(a) universitario/a, el/la programador(a) (técnico/a en programación)**

La búsqueda de trabajo

los anuncios/avisos clasificados	classified ads
la carta de interés / de recomendación	cover letter letter of recommendation
el currículum (vitae)	résumé, CV
el curso de perfeccionamiento/ capacitación	training course
la formación	education, training
la solicitud	application
formarse	to educate/train oneself

El trabajo

el (período de) aprendizaje	learning/training (period)
el ascenso	promotion
el aumento (de sueldo)	(salary) increase; raise
la capacidad de (adaptarse / aprender / trabajar en equipo)	ability/capacity to (adapt/ learn/work as a team)

el contrato	contract
el desempleo	unemployment
el despido	lay-off; dismissal (from job)
los días feriados	holidays
el/la empleado/a	employee
el/la empleador(a)	employer
la empresa	corporation
el éxito	success
la firma	signature
el fracaso	failure
el/la gerente	manager, director
la huelga	strike
la guardería infantil	day-care center
los impuestos	taxes
la jubilación	retirement
la licencia (por maternidad/ matrimonio/enfermedad)	(maternity/marital/sick) leave
la manifestación	demonstration
el mercado	market
la meta	goal
la práctica laboral	internship
el puesto	position
la renuncia	resignation
el seguro (de vida / médico / dental)	(life/medical/dental) insurance
el sindicato	labor union
el/la socio/a	partner

Cognados: **los beneficios, el objetivo**
Repaso: **horario**

ascender (ie)	to promote
aumentar	to increase
contratar	to contract
despedir (i, i)	to lay off, fire
emplear	to employ
estar (*irreg.*) desempleado/a	to be unemployed
firmar	to sign
jubilarse	to retire
renunciar	to resign

EMPLEOS 780

781 Empleos/ Ofertas

Beauty Salons

NECESITO **BARBERO** (a) para Barberia en Villa Prades. ☎ 754-2582.

Nuevo Salón Milenio Area Río Piedras solicita con experiencia 3 estilistas y 2 técnica uñas con clientela **Ofic. 789-1369, 720-9694,**

de Screen y puertas de screen con experiencia. Area Este preferiblemente. Tel.(1-787) 888-0425.

SE SOLICITA: FOREMAN, VARILLEROS (AS), TRABAJADORES (as) diestros en trabajos de hor-migón para trabajo perma-nente en fábrica de barreras contra sonido. Area Vega Alta. Traer referencias de trabajo. Salario a discutir. 883-5653, Empresa con igualdad oportunidad de empleo.

SOLICITO PERSONA para pintar propiedad área de Manatí. . Inf. 253-7262

Garajes

SE BUSCAN **Pulidores(as)** con exp en Uretano. **Garage**

Sr Montes

Profesionales

AUTO MOTION sollicita Secretaria(o), recepcionis-ta(o). CompaNia automotriz área Carolina. Trabajo general de oficina. Trabajo público, responsable. orga-nizado(a) , bilingUe. Sr. Hernandez. ☎ 791-5331 ☎ 791-1572

CASA SANTA LUISA 720-2215 Caimito R. Piedras, solicita **Enfermeras** (os) practicas para turnos rotati-vos.

Restaurant/ Fast Food

COCINERO(A) CON exp. y referencias. Gaby's BBO Paseo De Diego #116, Río Piedras. **7AM a 4 PM. L- S**

1-8 www.las

!MER CON RU DAS EN INTER DISTRIBU S INF.

CAJEROS(A sábado 27 11AM-12:30 Service Static 29.1. Bo. Es Alta. (Fte. Mujeres)

DRIV Area Metro 250-0140 U-

Choferes a d

■ ACTIVIDAD 1 Asociaciones

¿Qué asocias con las siguientes descripciones?

1. una compañía internacional famosa en todo el mundo
2. un trabajo con muchas responsabilidades
3. un trabajo de tiempo parcial
4. un empleo que causa poco estrés
5. un tipo de experiencia laboral útil para ser presidente de un país
6. un buen salario para una persona que acaba de terminar sus estudios universitarios
7. un número apropiado de semanas de vacaciones al año

■ ACTIVIDAD 2 Más asociaciones

¿Qué palabras del vocabulario asocias con las siguientes imágenes?

1.

2.

3.

4.

Manifestación (*1934*), *Antonio Berni, Argentina*

■ **ACTIVIDAD 3** Reivindicaciones laborales

Paso 1 Imagínense que los empleados de una empresa están hartos (*fed up*) de sus condiciones de trabajo. Por eso, su sindicato ha decidido hacer una manifestación. En grupos pequeños, inventen un contexto para esta situación. ¿Qué tipo de empresa es y cuáles son los problemas laborales de los trabajadores?

Paso 2 Ahora hagan una pancarta (*sign or banner*) para la manifestación que exprese sus reivindicaciones, por ejemplo, sus derechos como trabajadores y/o aspectos que piden que se mejoren en su situación laboral.

> *Ejemplos:* ¡Renuncia, gerente, no te quiere la gente!
> ¡Más sueldo, menos horas!

■ **ACTIVIDAD 4** Encuesta:
Los estudiantes de la clase y los trabajos

Hazles preguntas a tres compañeros de clase para averiguar (*find out*) la siguiente información. Después compara los resultados de tu encuesta con los de otros compañeros.

1. los tipos de trabajo que han tenido (*have had*) hasta ahora
2. el tipo de trabajo que aspiran tener después de graduarse de la universidad
3. lo que hicieron en el pasado para buscar empleo

■ ACTIVIDAD 5 Tu último trabajo

Paso 1 En grupos de tres o cuatro estudiantes, túrnense para describir el último trabajo que tuvieron o todavía tienen. Mencionen el sueldo (¡aproximado!), los beneficios, el horario, etcétera. Hablen también de lo que más les gusta de este trabajo y de lo que menos les gusta.

Paso 2 Después de haber escuchado a todos los miembros del grupo, determinen quién tiene o tuvo el mejor/peor trabajo y por qué. ¿Y cuál fue el trabajo más común o más raro?

■ ACTIVIDAD 6 El trabajo ideal

Paso 1 ¿Buscas un trabajo para este verano? ¿de tiempo parcial? ¿para después de graduarte? Haz una lluvia de ideas (*brainstorm*) sobre tu trabajo ideal, apuntando tantos detalles como puedas.

Paso 2 Ahora escribe el anuncio que te gustaría ver en el periódico o Internet sobre ese puesto. Los siguientes anuncios pueden servirte de modelo.

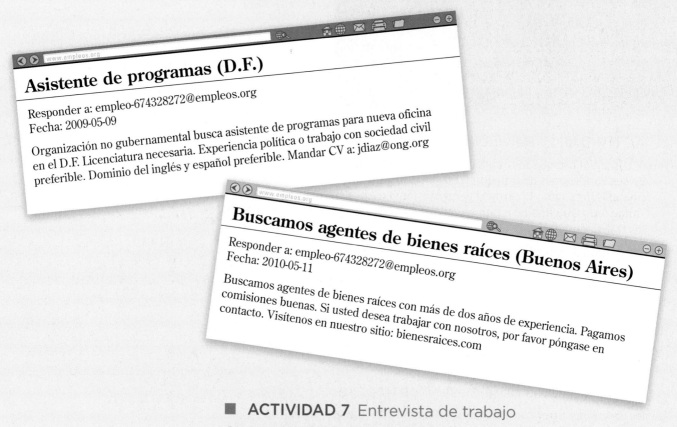

www.empleos.org

Asistente de programas (D.F.)

Responder a: empleo-674328272@empleos.org
Fecha: 2009-05-09

Organización no gubernamental busca asistente de programas para nueva oficina en el D.F. Licenciatura necesaria. Experiencia política o trabajo con sociedad civil preferible. Dominio del inglés y español preferible. Mandar CV a: jdiaz@ong.org

www.empleos.org

Buscamos agentes de bienes raíces (Buenos Aires)

Responder a: empleo-674328272@empleos.org
Fecha: 2010-05-11

Buscamos agentes de bienes raíces con más de dos años de experiencia. Pagamos comisiones buenas. Si usted desea trabajar con nosotros, por favor póngase en contacto. Visítenos en nuestro sitio: bienesraices.com

■ ACTIVIDAD 7 Entrevista de trabajo

Con un compañero / una compañera representa una entrevista de trabajo usando como base los anuncios de la **Actividad 6** (incluyendo tu anuncio ideal). A continuación hay algunas pautas para organizar la entrevista.

Entrevistador(a)

- Preguntas sobre la preparación académica y experiencia laboral previa
- Preguntas sobre actitudes y metas personales

Entrevistado/a

- Respuestas positivas
- Preguntas sobre las condiciones de trabajo y los beneficios

Crecimiento de trabajo en las ciudades de Latinoamérica y situación de los beneficios en el mundo hispano

El sector informal

El sector informal es el segmento del mercado laboral que ofrece trabajo independiente o en pequeños grupos y que queda fuera de las estadísticas oficiales y reglamentos gubernamentales, ofreciendo además poca protección a los trabajadores en cuanto a beneficios médicos y de todo tipo.

«En América Latina, el sector informal urbano era la principal fuente de empleos de 1990 a 1998. En promedio,[a] seis de cada diez nuevos empleos fueron creados por las microempresas, los trabajadores por cuenta propia y los servicios domésticos. El empleo del sector informal creció un 3,9 por ciento anual, mientras que el empleo del sector formal creció sólo un 2,1 por ciento en esa región.»*

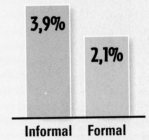

Crecimiento anual de los sectores formal e informal

3,9%   2,1%

Informal   Formal

Beneficios

Los beneficios laborales varían ampliamente no sólo de un país a otro, sino también de una empresa u ocupación a otra. España es probablemente el país hispanohablante más avanzado en cuanto a beneficios, que pueden ser mejores incluso que en los Estados Unidos. Por ejemplo, el beneficio de maternidad es de dieciséis semanas con sueldo completo, más dos semanas extras por cada hijo si es un embarazo[b] o adopción múltiple. Este beneficio puede ser utilizado por la madre o el padre, pero en el caso de que el hijo sea biológico, la mujer debe tomar las seis semanas de descanso posteriores al parto.[c]

[a]*en... on average*   [b]*pregnancy*   [c]*delivery*

Tertulia Empleos y beneficios

- ¿Hay un sector informal de empleos en el país de Uds.? ¿Cuáles son esos trabajos?
- ¿Cómo se comparan los beneficios por maternidad o paternidad de los españoles con los que existen en el país de Uds.? ¿Cuáles son las ventajas de tener un buen sistema de beneficios?

*Informe sobre empleo y protección social en el sector informal, Oficina Internacional del Trabajo, 3/2000

10 El *se* accidental

In Spanish, a sentence with **se** is often used to talk about unexpected and unintended events—that is, accidents that someone may have caused but in an unintentional manner. This construction is often referred to as *accidental se*. The desired effect is to show someone (who could be the actual "doer" of the action) as the "victim" of the mishap.

Se me olvidó <u>la cita</u>.   ←   (Yo olvidé <u>la cita</u>.)

| Se | OI | verbo | sujeto |

| sujeto | verbo | OD |

Se le perdieron <u>los contratos</u>.   ←   (Isabel perdió <u>los contratos</u>.)

| Se | OI | verbo | sujeto |

| sujeto | verbo | OD |

- Frequently used verbs with this construction

acabar/terminar	*to run out (of something)*
caer	*to fall*
olvidar	*to forget*
perder	*to lose*
quedar	*to remain / to leave (behind)*
quemar	*to burn*
mojar	*to get wet*
romper	*to break*

- The accidental-**se** construction is grammatically a reflexive action: it appears as if the object of the action does something to itself. The indirect object shows who "suffers" from the action and, very likely, who actually caused the accident. The indirect object may not always appear; either we do not know who caused the accident or may not want to acknowledge what we did.

Se cayó la leche.	*The milk fell. (not known how)*
Se me cayó la leche.	*The milk fell. (I dropped it.)*
Se rompieron las gafas.	*The glasses broke. (not known how)*
Se me rompieron las gafas.	*My glasses broke. (I broke them.)*
Se te rompieron las gafas.	*Your glasses broke. (You broke them.)*

—¡Papi, se cayó la leche!	*—Daddy, the milk spilled!*
—Ya veo. ¿Cómo se te cayó?	*—I see. How did you spill it? (How did it spill on you?)*

- Possession with the accidental **se** can be marked by the indirect object pronoun alone, as in the reflexive constructions that describe daily routine. The use of a possessive adjective typically marks an owner different from the doer.

Se me rompieron **las** gafas.	*My glasses broke. / I broke my glasses.*
Se me rompieron **tus** gafas.	*I broke your glasses.*

- To avoid redundancy, the subject is dropped, as is the norm in Spanish.

—¿Dónde está **la leche?**	*—Where's the milk?*
—No hay. **Se nos acabó** esta mañana.	*—There is none. It ran out this morning. (We ran out of it.)*

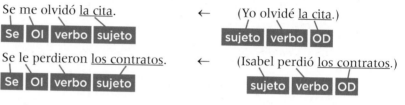

¡Otra vez **se** me olvidó terminar el reporte!

¡Se cayó la leche!

¡OJO! **La leche** here is not a direct object, but a subject. Therefore, **la** cannot be used instead of **la leche**.

- To emphasize or clarify the indirect object, a prepositional phrase **a** + *pronoun* is added.

  —¿**A quién** se le olvidó comprar la leche?   *Who forgot to buy the milk?*

  —**A Pepe.** Y **a mí** se me olvidaron los huevos.   *Pepe did. And I forgot the eggs.*

- The accidental-**se** construction is very flexible, and the parts of the sentence can appear in different order. But **se** must always appear before the verb and the indirect object pronoun, if there is one.

  Se les terminó la paciencia.   *They ran out of patience.*
  La paciencia **se les terminó**.   *They ran out of patience.*

■ ACTIVIDAD 1 Oraciones incompletas

Completa las siguientes oraciones. A todas les falta algo: **se,** el objeto indirecto o uno de los verbos de la lista.

acabar	olvidar	perder	quemar	romper

Ejemplo: A mí no _____**se**_____ _____**me**_____ olvidó mandar la solicitud hoy.

1. A mí _____ _____ pierden las llaves y _____ me _____ la comida con frecuencia.

2. A ti nunca se _____ _____ nada.

3. A mis amigos siempre se _____ _____ la fecha límite de los trabajos de clase.

4. _____ nos _____ las solicitudes ayer.

5. ¿No _____ _____ _____ nunca las gafas a Ud.?

■ ACTIVIDAD 2 ¡Uy! (*Oops!*)

Mira los dibujos y explica lo que pasa en cada uno de ellos usando la construcción con **se** accidental.

1.   2.   3.

■ ACTIVIDAD 3 Accidentes comunes

Paso 1 ¿Eres una persona torpe (*clumsy*)? ¿Qué accidentes te suelen ocurrir y cuáles no? Haz una lista.

Ejemplo: Se me quedan las llaves dentro del coche algunas veces.

Paso 2 Pregúntales a tus compañeros si les suelen ocurrir los mismos accidentes que a ti. Después, entre todos, indiquen cuáles son los accidentes más comunes entre los estudiantes universitarios.

■ ACTIVIDAD 4 ¡Qué vergüenza! (*How embarrassing!*)

Cuéntales a los compañeros sobre un momento vergonzoso que te ocurrió en el trabajo o en la escuela secundaria. No olvides usar la construcción con **se** accidental siempre que sea posible.

Ejemplo: El verano pasado, cuando yo trabajaba en una oficina, se me cayó una taza de café sobre unos documentos importantes que había en una mesa.

11 El presente perfecto de indicativo

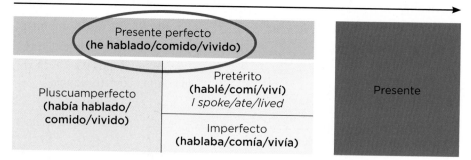

Uses

The present perfect in Spanish, as in English, expresses actions that were completed or started in the past but still are relevant in the present.

Durante los tres últimos veranos **he trabajado** como consejero en un campamento para niños.
Mi amigo Juan **ha viajado** por todo el mundo por su trabajo.

During the last three summers I have worked as a counselor in a children's camp.
My friend Juan has traveled all over the world with his job.

Forms

Presente de **haber** +	**participio pasado** -ar → -ado -er / -ir → -ido

| he has ha hemos habéis han | { bailado bebido comido |

¡OJO! The past participle is an *invariable* form when it is part of a verb form including **haber**—it always ends in **-o.**

---

*«Los oficios que la modernidad está eliminando», *La Tercera* en Internet, Chile

«...cambios más globales provenientes del mundo de la informática han afectado el ámbito laboral.»*

- **Irregular forms:** These are some of the most commonly used verbs.

abrir	→	ab**ierto**	hacer	→	**hecho**	resolver	→	res**uelto**
cubrir	→	cub**ierto**	imprimir	→	impr**eso**	romper	→	**roto**
decir	→	**dicho**	ir	→	**ido**	ver	→	**visto**
descubrir	→	descub**ierto**	morir	→	**muerto**	volver	→	**vuelto**
escribir	→	escr**ito**	poner	→	p**uesto**			

Non-conjugated forms of the verb:

- *infinitive* (infinitivo): habl**ar**, com**er**, viv**ir**
- *gerund* (gerundio): habl**ando**, com**iendo**, viv**iendo**
- participio pasado: habl**ado**, com**ido**, viv**ido**

Nota lingüística Cómo expresar *yet* y *already*

ya   *yet, already*

¿**Ya** empezaste a trabajar en la nueva empresa?	*Did you start working at the new company yet?*
Ya he mandado la carta de interés para ese trabajo.	*I have already sent a letter of interest for that job.*

ya no   *not anymore*

Raúl **ya no** trabaja allí.	*Raúl doesn't work there anymore.*

todavía/aún   *still*

—¿**Todavía (Aún)** trabajas en la empresa de tu familia?	—*Do you still work for your family's company?*
—Sí, **todavía (aún)** trabajo con mi padre.	—*Yes, I still work with my father.*

todavía no / aún no   *not yet / still … not*

—Raúl **todavía (aún) no** ha empezado a trabajar en su nuevo puesto, ¿verdad?	—*Raúl still has not started working at the new job yet, right?*
—No, **todavía no.**	—*No, not yet.*

■ **ACTIVIDAD 1** Cosas por hacer

Completa cada una de las oraciones con la forma correcta del presente perfecto del verbo de la lista.

descubrir	encontrar	hacer	morir	tener
decir	estar	llenar	probar	terminar

1. Yo no _____ mi carrera todavía, pero ya _____ la mayoría de los requisitos.

2. La Sra. Grandinetti no _____ trabajo todavía, pero _____ muchas solicitudes.

3. Los científicos _____ un nuevo fármaco contra el cáncer, el cual se _____ en mil ratones diagnosticados con cáncer. Los ratones _____ en tratamiento desde hace un año y ninguno _____ todavía.

4. Estoy muy triste por haber perdido el trabajo. Lo peor es que aún no les _____ nada a mis padres.

5. ¿Tú _____ alguna vez una entrevista por teléfono?

Ya no soy estudiante, ahora soy médica.

Estructuras ■ ciento cinco **105**

Ocupaciones de los trabajadores hispanos en los Estados Unidos

Senador Ken Salazar (D-CO)

Por lo general, los trabajadores hispanos en los Estados Unidos están más representados en ocupaciones menos remuneradas que en las profesionales. Hay varias razones; entre ellas, la constante llegada de inmigrantes de países latinoamericanos que aceptan trabajos básicos por falta de educación, de conocimiento del inglés o de documentación legal.

Los hispanos también están representados en el gobierno estadounidense, aunque su porcentaje de representación es considerablemente inferior al de la población total hispana del país, que se estima en un 15% (según datos del 2006). En el año 2008 había tres senadores hispanos, lo cual representa un 3% del Senado: Ken Salazar (D-CO), Mel Martínez (R-FL), y Robert Menéndez (D-NJ). En el Congreso había 22 representantes hispanos, lo que implica un porcentaje del 5%.

Los siguientes gráficos muestran los porcentajes de distribución de la población hispana (datos de la Oficina del Censo de los Estados Unidos del año 2006).

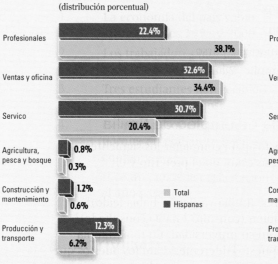

Ocupaciones de las mujeres hispanas de más de 16 años de edad en los Estados Unidos
(distribución porcentual)

	Total	Hispanas
Profesionales	22.4%	38.1%
Ventas y oficina	32.6%	34.4%
Servico	30.7%	20.4%
Agricultura, pesca y bosque	0.8%	0.3%
Construcción y mantenimiento	1.2%	0.6%
Producción y transporte	12.3%	6.2%

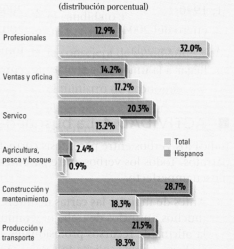

Ocupaciones de los hombres hispanos de más de 16 años de edad en los Estados Unidos
(distribución porcentual)

	Total	Hispanos
Profesionales	12.9%	32.0%
Ventas y oficina	14.2%	17.2%
Servico	20.3%	13.2%
Agricultura, pesca y bosque	2.4%	0.9%
Construcción y mantenimiento	28.7%	18.3%
Producción y transporte	21.5%	18.3%

Tertulia El futuro para los hispanos en el trabajo

¿De qué manera se puede lograr una mayor representación de los hispanos en ocupaciones mejor remuneradas? ¿Qué cambios políticos te parecen necesarios para conseguirlo? ¿Creen Uds. que la discriminación positiva (*affirmative action*) es un medio de lograrlo?

Senador Mel Martínez (R-FL)

Senador Robert Menéndez (D-NJ)

Los empresarios prefieren una actitud de aprendizaje

Reflexiones

La lectura de este capítulo se publicó en el suplemento semanal sobre economía y empleo del periódico español *El País*.

vocabulario
útil

el aprendizaje	learning process
el conoci- miento	knowledge
el esfuerzo (por)	effort
el/la novato/a	beginner; novice
los recursos humanos	human resources
la voluntad (de)	will/desire (to)
antiguo/a	old
cometer errores / equivocarse	to make mistakes
superar(se)	to advance
en definitiva	in short

■ **ACTIVIDAD 1** Definiciones

Paso 1 Completa las siguientes oraciones con palabras del **Vocabulario útil.**

1. Creo que, _____, lo más importante es que terminemos el trabajo a tiempo.

2. Todo el mundo _____, por eso se dice que «errar es humano».

3. El interés en _____ es lo que hace que avancemos en la vida.

4. Si tienes preguntas sobre los beneficios debes hablar con el departamento de _____.

5. Todos los trabajos tienen una etapa de _____.

■ **ACTIVIDAD 2** Oraciones

Ahora forma tus propias oraciones usando cada una de las siguientes palabras.

antigua   conocimiento   esfuerzo   novato   voluntad

Estrategia: Nivel de formalidad y tipo de lectores

No es lo mismo escribir para un público general que para un público especializado en un tema. De la misma forma, un texto dirigido a adolescentes utilizará un tono y un lenguaje diferente de un texto sobre el mismo tema dirigido a personas mayores.

1. Lee los dos primeros párrafos de la lectura e indica qué tipo de lectores tiene en mente su autor.

   - personas a punto de jubilarse
   - estudiantes de la escuela secundaria
   - personas que acaban de empezar su carrera profesional

2. Ahora fíjate en la persona de los verbos. ¿Cuál es la terminación más frecuente de los verbos: **yo, tú,** tercera persona…? ¿Qué puede implicar esa terminación? ¿Es una técnica para acercarse o alejarse de los lectores? Si el autor del artículo usara (*were to use*) expresiones impersonales con **se,** ¿cómo afectaría (*would affect*) eso la lectura?

3. Finalmente, ¿puedes hacer una predicción sobre la profesión del autor?

La carta de interés
que acompaña un currículum

Tema

Una carta de interés para un trabajo: puedes usar uno de los puestos que aparecen en los anuncios de la **Actividad 6** en la sección **Palabras** (page 100).

Prepárate

Haz una lista de las razones por las que quieres este puesto y otra de tus cualificaciones, por ejemplo: estudios, experiencia, etcétera. Piensa y escribe en español. Si no sabes alguna palabra deja un espacio en blanco o haz un símbolo.

¡Escríbelo!

- Recuerda que tu lector es un empleador, por lo tanto debes usar un lenguaje muy formal.
- Sigue la estructura de una carta de negocios.
  - ❏ el encabezamiento: nombre y dirección de la persona que escribe la carta
  - ❏ fecha (¡**OJO!** En español se pone primero el día y después el mes.)
  - ❏ destinatario: nombre y dirección de la persona a la que va dirigida la carta
  - ❏ saludo, por ejemplo: «Estimado/a Sr./Sra. ...»
  - ❏ cuerpo, tres partes: introducción, desarrollo y conclusión
  - ❏ despedida o cierre, por ejemplo: «atentamente»
  - ❏ firma
- Busca en el diccionario y en tu libro de español aquellas palabras y expresiones sobre las que tengas duda.

No te olvides de mirar el Apéndice I, **¡No te equivoques!**, para evitar errores típicos de los estudiantes de español. Para esta actividad de escritura, se recomienda que prestes atención a **Maneras de expresar** *because (of)* (página A-2).

Consulta el *Cuaderno de práctica* para encontrar más ideas y sugerencias que te ayuden a redactar la composición.

¿Y ahora?

- Repasa los siguientes puntos.
  - ❏ el uso de los tiempos verbales
  - ❏ la concordancia entre sujeto y verbo
  - ❏ la concordancia de género y número entre sustantivos, adjetivos y pronombres
  - ❏ la ortografía y los acentos
  - ❏ el uso de un vocabulario variado y correcto (evita las repeticiones)
  - ❏ el orden y el contenido: Párrafos claros, principio y final
- Finalmente, prepara tu versión para entregar.

«Sí se puede.»

Gramática en acción: César Estrada Chávez (1927–1993)

Completa el párrafo con la forma correcta del pretérito, imperfecto, presente perfecto o pasado perfecto de cada uno de los verbos entre paréntesis.

César Chávez es uno de los grandes activistas sociales del siglo XX. Gracias a su liderazgo las condiciones laborales de miles de trabajadores agrícolas, mayormente hispanos, _____[1] (mejorar) ostensiblemente en las últimas décadas. Chávez _____[2] (nacer) en Arizona. En 1939, su familia _____[3] (mudarse) a California para trabajar en el campo, porque su padre _____[4] (tener) que vender la tierra en la que _____[5] (trabajar).

A César no le _____[6] (gustar) la escuela, probablemente porque su inglés no _____[7] (ser) muy bueno. Su familia _____[8] (hablar) español en casa y el español _____[9] (estar) prohibido en la escuela. En 1942, después de terminar el octavo grado, César _____[10] (dejar) de estudiar porque su padre _____[11] (sufrir) un accidente el año anterior. Ya en su vida adulta, sin embargo, la educación fue una de las grandes pasiones de César Chávez, quien _____[12] (decir): «El objetivo de toda educación debe ser el servicio a otros.»

En 1962 _____[13] (fundar) un sindicato de trabajadores agrícolas (*United Farm Workers*), con su gran compañera de trabajo, Dolores Huerta. Chávez fue un líder incansable y profundamente religioso que _____[14] (creer) firmemente en la lucha no violenta. _____[15] (Hacer) varias largas huelgas de hambre y _____[16] (organizar) una marcha pacífica de 340 millas de Delano a Sacramento. Las banderas de su lucha con las palabras «Huelga» y «Viva la causa» se _____[17] (hacer) famosas en todo el mundo.

Chávez _____[18] (morir) cuando sólo _____[19] (tener) 66 años. Póstumamente, _____[20] (recibir) la Medalla de la Libertad, el honor civil más importante en los Estados Unidos. El siguiente párrafo es un fragmento de uno de sus discursos en español.

«Compañeros, así como una sola familia deberemos siempre… siempre actuar como una sola familia, porque estamos en la misma causa, la misma necesidad porque compartimos —fíjense— compartimos el mismo futuro. No valemos nada solos, pero juntos valemos mucho. La gente tiene que sentir su ser, sentir que sí se puede, sí se puede, que se puede hacer!»

Proyectos en tu comunidad

Escoge una de las siguientes opciones.

- Haz una búsqueda en la página Web de la Oficina del Censo de tu país. Si eres de los Estados Unidos, mira si los porcentajes de trabajadores hispanos en tu estado en las diferentes ocupaciones de los gráficos de la sección **Cultura** (página 110) son similares a las de nivel nacional. ¿Puedes explicar las diferencias entre los porcentajes nacionales y estatales? Si eres del Canadá, compara tu provincia con las estadísticas de los gráficos.

- Entrevista a una persona hispana que trabaje en tu universidad: un profesor / una profesora (¡pero no del curso que estés tomando!), una persona en un cargo administrativo, una persona encargada de la limpieza y el mantenimiento, etcétera. Puedes usar las siguientes sugerencias para las preguntas de la entrevista.
  - origen de su familia
  - cuándo llegó su familia a este país
  - si está satisfecho/a con su actual ocupación
  - el papel del español en su vida diaria
  - sus metas laborales

Tertulia final Problemas laborales

- ¿Cuáles son los problemas laborales más graves que afectan a los diferentes grupos étnicos o raciales en este país? En tu opinión, ¿ha habido progreso suficiente en las últimas décadas con relación a los grupos menos privilegiados? ¿Cómo se puede mejorar la situación?

- ¿Cómo se presenta la situación laboral para tu generación? ¿Cómo ha cambiado la situación con respecto a la generación de tus padres?

«El mundo es un pañuelo.»*

*Literally: *The world is a handkerchief.*

5

El mundo al alcance de un clic

Reflexiones Latinoamérica a sus pies

¿Usas mucho el Internet? ¿Para qué cosas? ¿Cuáles son las páginas que más usas? ¿Cómo determinas tú si una página es buena o no?

LATINOAMÉRICA A SUS PIES: WWW.LANIC.UTEXAS.EDU, *KEVIN B. FAGAN*

initials

up-to-date information

business covers

laws

development resources

area (lit. branch)

finishing touch

In summary

Las siglas de esta página de Internet corresponden al *Latin American Network Information Center.* Basado en la Universidad de Texas en Austin, este sitio nos da acceso a cualquier información sobre América Latina, ya sea por país o por tema. Son insuperables la cantidad de **datos actualizados** que contiene y su estupenda organización.

Los temas principales aparecen primero divididos por países en orden alfabético. Después se trata el tema de la economía con subdivisiones de **negocios**, comercio y finanzas. En el área de la educación, la página **abarca** desde *kindergarten* hasta la universidad, incluida la educación a distancia.

La política comprende las formas de gobierno, las **leyes**, las fuerzas armadas, los derechos humanos, la inmigración y los pueblos indígenas. En el campo del **desarrollo**, se presentan los temas de agricultura, **recursos** naturales, medio ambiente y desarrollo sostenido. En cuanto a estudios, hay un área de humanidades (con arte, lenguas y literatura), mientras que el campo de las ciencias incluye arquitectura, salud y oceanografía. Bibliotecas, museos y estadísticas entran en el **ramo** de referencias. Todos los medios de comunicación están listados, incluidos el cine, la radio y la televisión. Para el entretenimiento, hay sitios sobre comida, deportes y viajes. Como **broche de oro**, el tema de la computación e Internet tiene su propia sección. **En resumen**, es un verdadero «árbol de la ciencia».

Ponte a prueba

Completa las siguientes oraciones con información del texto, usando tus propias palabras siempre que sea posible.

1. En el contexto de Internet, un sinónimo de página es…
2. El artículo se titula «Latinoamérica a sus pies» porque…
3. LANIC es…
4. Los temas que podemos encontrar en esta página son…
5. Algunos de los adjetivos que indican que esta reseña (*review*) de LANIC es una crítica positiva son…

Reflexiones La barbería

1. ¿Cómo es el lugar donde te cortas el pelo? ¿Es una barbería (*barber shop*) tradicional? ¿un salón de belleza (*beauty parlor*)? ¿Es un lugar moderno o es tradicional?
2. ¿Qué tiendas o negocios (*businesses*) conoces que no operen con tecnología moderna (como las barberías)?
3. En tu opinión, ¿cómo afectan la tecnología moderna y los medios de comunicación a los negocios tradicionales?

Ponte a prueba

Elementos Señala el elemento que no sea parte de la historia.

1. el teléfono   el sable (*saber*) láser   la computadora   el teléfono celular
2. *El señor de los anillos   El hombre araña   La guerra de las galaxias   Matrix*
3. la tecnología   las películas   los cortes de pelo   las fotocopias

Comprensión Contesta las preguntas según lo que viste en el cortometraje.

4. ¿De qué están hablando los señores en la barbería cada vez que entra un cliente nuevo?
5. ¿Qué película afecta más a la situación en la barbería? ¿Por qué?

Your media center for languages

Para ver *La barbería* otra vez y realizar más actividades relacionadas con el cortometraje, visita la página de Centro: **www.mhcentro.com.**

vocabulario útil

Chasirete	*name of a horse*
la carrera de caballos	horse race
el corte (de pelo)	haircut
empeñar	to pawn
«una golondrina no hace primavera»	*lit.:* a swallow doesn't make a spring

Palabras

Los medios de comunicación

DE REPASO

la computadora
el fax
la fotocopia
la foto(grafía)
la radio
el teléfono
la televisión

hacer (*irreg.*) fotos
mandar

el aparato	appliance; machine
la emisora de radio	radio station
el/la locutor(a)	radio host
el mensaje	message
la noticia	piece of news
las noticias	news
el noticiero	news(cast); news program
el periódico	newspaper
el/la periodista	journalist
la prensa	press; media
el/la presentador(a)	TV host(ess); anchorperson
el programa informativo / de entretenimiento / deportivo	information/ entertainment/ sports program
el reportaje	news report
la revista	magazine

Cognados: **el artículo, el canal de televisión, el satélite, el teléfono móvil/celular**

La computación y otras tecnologías

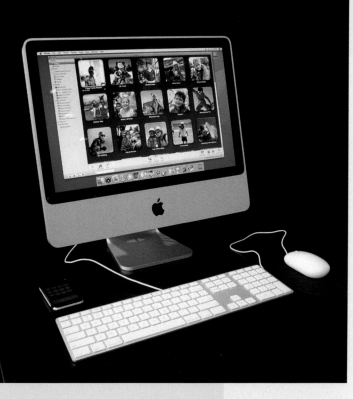

el archivo	file
el buscador	search engine
el correo electrónico / e-mail	e-mail
el disco duro	hard drive
la impresora	printer
el/la informático/a	computer programmer
la dirección de Internet	Internet address
la página web	web page
la pantalla	screen
la Red	Internet (*lit.* net)

el reproductor de MP3	MP3 player
el servidor	server
el sitio web	web site
la tecla	key
el teclado	keyboard
el/la usuario/a	user

Cognados: **el Internet, el portal, el programa, el escáner**

almacenar	to store
archivar	to file
borrar	to erase
buscar (qu)	to look for; to search
enviar (envío) (un fax / un mensaje)	to send (a fax/message)
funcionar	to function, work
grabar	to record
guardar	to save
hacer (*irreg.*) una búsqueda	to look for; to search
hacer clic	to click
imprimir	to print
pulsar	to click

Cognados: **calcular, copiar, chatear, formatear, fotocopiar**

No sólo tecnología

el aislamiento	isolation
el punto (.)	dot
la sigla	(capital) letter used to abbreviate a name
la soledad	solitude; loneliness
la ventaja	advantage

Cognados: **el avance, la comunicación**

aislar(se)	to isolate (oneself)
cara a cara	face to face

La soledad

ACTIVIDAD 1 La pantalla en español

Estudia esta imagen de la pantalla de una computadora en español.
¿Reconoces todos los nombres y funciones?

ACTIVIDAD 2 Asociaciones

¿Con qué palabras del vocabulario asocias los siguientes nombres y títulos?

1. CNN
2. Anderson Cooper y Meredith Vieira
3. Apple
4. *People* en español
5. *Sábado gigante*
6. *Resumen informativo*
7. Cristina Saralegui y Oprah Winfrey
8. el *Nuevo Herald* y el *New York Times*
9. todo sobre los buscadores: ¿buscador o portal?

ACTIVIDAD 3 Definiciones y descripciones

Paso 1 Da la palabra que corresponde a la definición.

1. Es una máquina que se usa en casa o en una oficina. Puede ser eléctrica.
2. Es el aparato que nos ayuda a poner en una hoja de papel la información almacenada en la computadora.
3. Es una información sobre algo que acaba de ocurrir.
4. Es algo que pulsamos en las computadoras y teléfonos. Lleva una letra, un número o un símbolo.
5. Lo que se hace con un documento cuando no se necesita más en la computadora.
6. Para este trabajo es necesario tener una pronunciación clara, y también una voz bien modulada.
7. Es un tipo de teléfono que no necesita cable.
8. Es un texto en una revista o periódico que se centra en un tema determinado.

Paso 2 Ahora te toca a ti describir con dos o tres oraciones un aparato eléctrico o electrónico que no esté en la lista de vocabulario pero que sea de uso común. Tus compañeros/as de clase deben adivinar cuál es.

■ ACTIVIDAD 4 ¿Qué pasa aquí?

Describe con todos los detalles que puedas estas escenas. ¡Sé creativo/a!

■ ACTIVIDAD 5 Hábitos de usuario

Paso 1 En parejas, hagan una lista de los aparatos tecnológicos que más usan: la computadora, el teléfono, la televisión satelital, etcétera. Después hablen de su uso: cuáles les parecen más necesarios y útiles, y cuáles no son imprescindibles (*essential*) para Uds.

Paso 2 Entrevista a dos o tres compañeros/as sobre sus hábitos como usuarios de la tecnología. Primero haz una lista de cinco preguntas relacionadas con la tecnología.

Ejemplos: ¿Cuántas veces a la semana te conectas a la Red?
¿Cuántos teléfonos / líneas telefónicas tienes en tu casa?
¿Para qué usas la Red y cuáles son las páginas que más visitas?

Algunas civilizaciones precolombinas fueron muy avanzadas en diversos campos. Por ejemplo, los incas, un pueblo precolombino que dominó gran parte de lo que hoy es el Perú, el Ecuador, Bolivia y Chile, fueron excelentes administradores de su imperio, metódicos y organizados. Para ello contaban con un sistema de contabilidad y almacenamiento de datos,[a] aunque no conocían la escritura. Este sistema estaba basado en el quipu, un artefacto que consistía en una cuerda[b] grande a la que se ataban[c] cuerdas más pequeñas. Cada una de estas pequeñas cuerdas representaba una cosa y tenía un color diferente. Por ejemplo, si lo que se quería era saber la cantidad de ganado[d] que había en un pueblo, se asignaba para las vicuñas el color verde, para las alpacas el color blanco, etcétera. Estas cuerdas tenían nudos[e] de diferentes formas y tamaños para representar la cantidad

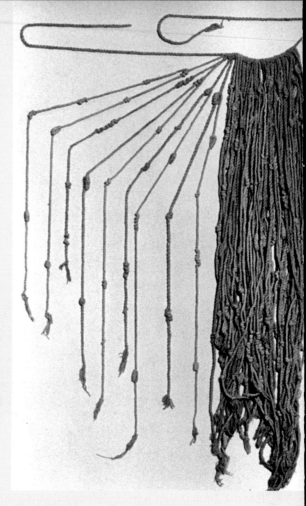

que había de cada cosa. Por ejemplo, el número 476 se representaría haciendo cuatro nudos juntos cerca del final libre de la cuerda, luego un espacio seguido por siete nudos juntos, luego un espacio seguido por seis espacios juntos. La interpretación de los quipus requería a alguien especializado, los quipucamayoc.

Para pasar la información a través de su extenso imperio, los incas también tenían un sistema de correo muy organizado que consistía en una serie de mensajeros: un mensajero llevaba el quipu hasta un lugar determinado y se lo pasaba a otro mensajero, el cual continuaba el viaje hasta otro punto, y así hasta que el quipu llegaba a su destino.

En tiempos más recientes, varios artefactos importantes han sido inventados por hispanos. Merece la pena[f] mencionar al mexicano Guillermo González Camarena, inventor de la televisión a color en 1938; los españoles Narcis Monturiol e Isaac Peral, inventores del submarino en 1888; y el también español Juan de la Cierva, quien en 1919 inventó el autogiro, precursor del helicóptero. A continuación hay una lista de científicos hispanos sobresalientes (*outstanding*).

[a]almacenamiento... *data storage* [b]*rope* [c]*tied* [d]*livestock*
[e]*knots* [f]Merece... *It is worth*

Manuel Elkin Patarroyo (Colombia). En 1984 establece los principios generales para la creación de la primera vacuna (*vaccination*) preventiva sintética contra la malaria.

Franklin Chang-Díaz (Costa Rica). En 1986, se convierte en el primer hispano en la NASA en volar fuera de la órbita terrestre y el primero en transmitir un mensaje en español desde el espacio.

Ellen Ochoa (Estados Unidos-México). En 1991 se convierte en la primera mujer hispana en participar en un vuelo espacial.

Ramón Latorre (Chile). En 1991 se incorpora como uno de los primeros miembros extranjeros de origen hispano a la Academia Nacional de las Ciencias de los Estados Unidos. Fue el primero en descubrir que las mujeres son menos propensas a ataques cardíacos por su composición celular.

René Favaloro (Argentina). Ha sido llamado héroe mundial (*New York Times*) por haber desarrollado la técnica del *by-pass* aorto–coronario, lo cual hizo por primera vez en 1962.

Edmond Yunis (Colombia). En el 2005 fue galardonado como Científico Hispano del Año en los Estados Unidos por el Museo de la Ciencia e Industria de Tampa, Florida. Yunis es conocido por haber descubierto los llamados genes clase II.

Tertulia Los inventos

- ¿Qué otros inventos (o maneras de hacer las cosas) propios de las culturas indígenas conoces? ¿Están presentes esas cosas o tecnologías de alguna manera en nuestra sociedad?

- En tu opinión, ¿cuáles son los inventos que han cambiado más la vida de la humanidad? ¿Por qué? ¿Cuáles crees que son más importantes para el ser humano: los adelantos tecnológicos o los de medicina?

«Les digo [a los negociadores] que no me **digan** nada.»*

13 El presente de subjuntivo: Introducción y contexto de influencia

Up to now you have reviewed and practiced verbs from the indicative mood. But Spanish also has the subjunctive mood (**modo subjuntivo**).

The subjunctive mood has four tenses:

> **Presente** (*present*)
> **Imperfecto** (*past*)
> **Presente perfecto** (*present perfect*)
> **Pluscuamperfecto** (*pluperfect*)

In this and the next three chapters you are going to study the contexts in which the subjunctive appears, as well as the forms of the present subjunctive. You will study the other subjunctive tenses in **Capítulos 9, 10, and 11.**

The subjunctive mood is mostly used in complex sentences, to reflect actions that are not considered plain reality. A complex sentence is a sentence with more than one clause (**cláusula**). A clause is a verb phrase within a sentence. Every complex sentence has a main or independent clause (**cláusula principal o independiente**) and one or more subordinate or dependent clauses (**cláusula subordinada o dependiente**).

It is in the dependent clause that the subjunctive most often appears. The verbs in the main clauses are always in the indicative mood. But not all the subordinate clauses have verbs in the subjunctive; they can also be in the indicative or in the infinitive form.

MAIN CLAUSE	SUBORDINATE CLAUSE	
Quiero	que me **ayudes.**	*I want you to help me.*
Quiero	ayudarte.	*I want to help you.*
Pienso	que ella ayuda mucho.	*I think she helps a lot.*
Es urgente	que nos **ayudes.**	*It's urgent that you help us.*
No hay nada	que le **guste.**	*There's nothing he likes.*
Lo hace	para que **estés** bien.	*She does it so you are OK.*

Forms

Regular forms of the present subjunctive

-ar: cantar		-er: correr		-ir: decidir	
cante	cantemos	corra	corramos	decida	decidamos
cantes cantés	cantéis	corras corrás	corráis	decidas decidás	decidáis
cante	canten	corra	corran	decida	decidan

---

*De puño y letra, Mike Ceaser.

Verbs with spelling changes

Verbs that end in **-gar, -car,** or **-zar** have a spelling change in the subjunctive.

-gar → gu: llegar		-car → qu: sacar		-zar → c: empezar	
llegue	lleguemos	saque	saquemos	empiece	empecemos
llegues llegués	lleguéis	saques saqués	saquéis	empieces empecés	empecéis
llegue	lleguen	saque	saquen	empiece	empiecen

Verbs with irregular **yo** forms in the present indicative

The irregular **yo** forms from the present indicative are used in the present subjunctive.

salir → salgo		oír → oigo		conocer → conozco	
salga	salgamos	oiga	oigamos	conozca	conozcamos
salgas salgás	salgáis	oigas oigás	oigáis	conozcas conozcás	conozcáis
salga	salgan	oiga	oigan	conozca	conozcan

Quiero que **conozcas** a mi familia.

Stem-changing and irregular verbs

The stem-changing verbs follow a pattern similar to that of the present indicative: the stressed vowel becomes a diphthong. Notice, however, that the **-ir** stem-changing verbs have the second stem change (from the preterite tense) in the **vos, nosotros,** and **vosotros** forms.

e → ie: pensar		e → ie, i: divertir		e → i, i: pedir		o → ue, u: morir	
piense	pensemos	divierta	divirtamos	pida	pidamos	muera	muramos
pienses pensés	penséis	diviertas divirtás	divirtáis	pidas pidás	pidáis	mueras murás	muráis
piense	piensen	divierta	diviertan	pida	pidan	muera	mueran

Frequent irregular verbs

ir		saber		ser	
vaya	vayamos	sepa	sepamos	sea	seamos
vayas vayás	vayáis	sepas sepás	sepáis	seas seás	seáis
vaya	vayan	sepa	sepan	sea	sean

ACTIVIDAD 1 ¿Infinitivo, subjuntivo o indicativo?

¿Infinitivo o subjuntivo? Reescribe las siguientes oraciones haciéndoles los cambios necesarios a los verbos entre paréntesis. **¡OJO!** No olvides incluir la conjunción **que** cuando el verbo deba estar conjugado.

1. Yo quiero (yo: mandar) un correo electrónico a mi hermana.
2. Nosotros deseamos (nosotros: comprar) un teléfono móvil nuevo.
3. Juan insiste en (tú: leer) el artículo entero.
4. Los de la agencia esperan (nosotros: poder) mandar el fax pronto.

ACTIVIDAD 2 ¿Subjuntivo o indicativo?

Haz oraciones completas combinando las cláusulas principales con las subordinadas de una manera apropriada. En algunos casos puede haber más de una opción.

1. Las estadísticas dicen que…
2. El manual dice que…
3. El experto cree que…
4. La mayoría de los jóvenes no creen que…
5. Sabemos que…
6. Es evidente que…
7. Mi padre siempre me sugiere que…
8. Las compañías de computadoras esperan…

a. tener muy pronto computadoras mucho más rápidas.
b. llames a un número de servicio en caso de tener problemas técnicos.
c. la tarifa de precios de las llamadas bajan cada mes.
d. no es bueno mirar la pantalla durante largo tiempo sin descanso.
e. tome descansos frecuentes cuando trabajo con la computadora.
f. las computadoras nos ahorran tiempo en muchas tareas.
g. los teléfonos móviles son muy populares.
h. se pueda vivir sin teléfono móvil ni computadora.

ACTIVIDAD 3 El nuevo quipu

Completa el siguiente párrafo conjugando los verbos entre paréntesis en el presente de indicativo o subjuntivo o dejándolos en el infinitivo.

Hoy hay un reportaje en el periódico sobre el descubrimiento de un nuevo quipu. La reportera dice que el quipu _____[1] (venir) de un pequeño pueblo que está al sur de Ecuador. Vicente Martín, el arqueólogo que lo descubrió, piensa que _____[2] (ser) un quipu de la época precolombina. Sin embargo, algunos de sus compañeros no creen que _____[3] (ser) un quipu tan antiguo. Todo el equipo de científicos insiste en que el quipu _____[4] (ser) trasladado a los laboratorios de la universidad. Por su parte, el director del museo arqueológico de Quito informa que el quipu _____[5] (ser) de color marrón y beige aunque pudo tener otros colores, y _____[6] (encontrarse) en muy buen estado de conservación. Él aconseja que las autoridades _____[7] (poner) todos los medios disponibles al servicio de los científicos, pues es importante _____[8] (saber) pronto el origen y la edad de este importante hallazgo.[a]

[a]finding

Es posible que el quipu tenga una larga historia.

■ ACTIVIDAD 4 Burbujas

¿Qué están diciendo las personas de los dibujos? Usa las cláusulas nominales
para expresar lo que estas personas quieren o aconsejan.

1.

2.

3.

—**Guarda** el archivo. —¡Cuidado! No **termines** la conexión.

■ ACTIVIDAD 5 La humanidad y la tecnología

En parejas, hagan una serie de oraciones que expresen sus ideas sobre el valor que la tecnología tiene para la humanidad. Para ayudarles pueden usar las siguientes cláusulas principales como guía.

Ejemplo: Sabemos que… → la humanidad ha desarrollado y avanzado la tecnología de manera sorprendente en los últimos cien años.

Utilicen las siguientes cláusulas principales si necesitan ayuda.

1. Sabemos que…
2. Creo que…
3. No creo (que)…
4. Se puede ver que…
5. En mi opinión, el problema con la tecnología es que…
6. De la tecnología, yo espero que…

14 Los mandatos formales e informales

Commands (**Mandatos**) are also known as the imperative mood (**modo imperativo**). Therefore, this is the third mood you will learn.

Forms

Ud., Uds., and **nosotros** have the same forms for the affirmative and negative commands. But **tú, vos,** and **vosotros** have two forms, one for the affirmative and another one for the negative commands.

FORMAS REGULARES		
Affirmative & Negative Similar to corresponding present subjunctive forms		
Ud.	**-ar → -e** mandar → mand**e**	**-er → -a** leer → le**a**	**-ir → -a** imprimir → imprim**a**
Uds.	**-ar → -en** mandar → mand**en**	**-er → -an** leer → le**an**	**-ir → -an** imprimir → imprim**an**
nosotros	**-ar → -emos** mandar → mand**emos**	**-er → -amos** leer → le**amos**	**-ir → -amos** imprimir → imprim**amos**

No **llegues** tarde al trabajo.

Tú

Affirmative forms: same form as *third*-person singular in the *present indicative*

mand**ar** → mand**a**   le**er** → le**e**   viv**ir** → viv**e**

Several verbs have irregular forms.

decir → **di**   ir → **ve**   salir → **sal**   tener → **ten**
hacer → **haz**   poner → **pon**   ser → **sé**   venir → **ven**

Negative forms: same form as *second*-person singular in the *present subjunctive*

mand**ar** → no mand**es**   le**er** → no le**as**   viv**ir** → no viv**as**

Vos

Affirmative forms: infinitive without the **r,** stress on last syllable

mand**ar** → mand**á**   le**er** → le**é**   viv**ir** → viv**í**

Negative forms: same as *second*-person singular in the *present subjunctive*

mand**ar** → mand**és**   le**er** → le**ás**   viv**ir** → viv**ás**

Vosotros

Affirmative forms: infinitive without the **r,** plus a **-d**

mand**ar** → mand**ad**   le**er** → le**ed**   viv**ir** → viv**id**

Negative forms: same as *second*-person plural in the *present subjunctive*

mand**ar** → mand**éis**   le**er** → le**áis**   viv**ir** → viv**áis**

Spelling changes
Commands go through the usual spelling changes to maintain the sound in the infinitive stem.

-car → **-qu-**   tocar → to**que**   sacar → sa**quen**
-gar → **-gu-**   cargar → no car**gues**   llegar → lle**gue**
-zar → **-ce-**   comenzar → comien**cen**   lanzar → no lan**ces**
-cer/-cir → **-zc-**   conocer → cono**zcas**   conducir → condu**zcan**

Uses

- **Nosotros** commands express *let's* + verb. These forms are highly rhetorical and primarily used in formal speech or writing. In everyday language the phrase **vamos a…** is preferred.

Pon más papel en la impresora.

Cuando hay más de un pronombre de objeto, el pronombre de objeto indirecto (**me/te/le/les/nos/os**) siempre precede al pronombre de objeto directo (**me/te/lo/los/la/las/nos/os**).

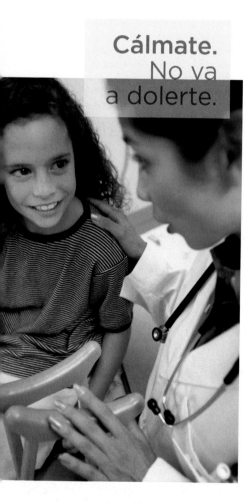

Cálmate.
No va
a dolerte.

- **Use of commands with pronouns:** The position of the pronouns with respect to the verb changes depending on whether the commands are affirmative or negative. However, in all cases, the indirect object pronoun always precedes the direct object pronoun, when both objects are present.

Affirmative commands

verb + pronouns (OI + OD) (one word)

Mánda**mela**.	*Send it to me.*
Quéden**se**.	*Stay.*

¡OJO! Many affirmative commands followed by pronouns require a stress mark, since the lengthening of the word makes the stress fall on the second-to-last or earlier syllable (**esdrújula** or **sobreesdrújula**).

Cómetelo todo.	*Eat it all up.*

Negative commands

no + pronouns (OI + OD) + verb (separate words)

No **me la** mandes.	*Don't send it to me.*
No **se** queden.	*Do not stay.*

Nota lingüística Cortesía en las peticiones

Commands are a very strong form of request for many occasions. In fact they tend to be used more frequently to give instructions: recipes, directions, medical advice, and so on. These are other more polite forms of requesting in Spanish. They are preferably accompanied by **por favor.**

Question in present indicative (very familiar)

¿Me prestas la pluma?	*Can/Will you lend me the pen?*
¿Me pasas el libro?	*Can you pass me the book?*

Questions with *poder* in the conditional or imperfect subjunctive

¿**Podría/Pudiera (Ud.)** ayudarme con este fax?	*Could you help me with this fax?*

Suggestions with *deber* in the conditional or imperfect subjunctive

Creo que **deberías/debieras** comprar un escáner nuevo.	*I think you should buy a new scanner.*

■ **ACTIVIDAD 1** Instrucciones en caso de tener problemas con su computadora

Paso 1 Las instrucciones de la siguiente lista están en el infinitivo. Cámbialas a mandatos de **tú**, para un público joven, y también a mandatos de **Ud.,** para un público mayor o más formal.

Ejemplo: Calmarse.   →   Cálmate.   Cálmese.

1. No sentirse demasiado frustrado; esto es normal.
2. No sentarse demasiado tiempo enfrente de la pantalla.
3. Levantarse con frecuencia y respirar profundamente diez veces.
4. No poner la computadora cerca de otros aparatos electrónicos.
5. Tener el manual de instrucciones siempre cerca.

6. Encender y apagar el aparato varias veces antes de llamar.

7. Recordar el modelo de la computadora.

8. Decir el número de serie del aparato.

9. No esperar una solución fácil.

10. Salir con los amigos inmediatamente y olvidarse de la computadora.

Paso 2 ¿Has tenido problemas con tu computadora alguna vez? ¿Cuál de las instrucciones anteriores te parece más útil? ¿Tienes otras recomendaciones? (Pueden ser serias.)

■ **ACTIVIDAD 2** A ti te toca, ¿no?

Usa los mandatos informales de los verbos entre paréntesis y los pronombres (cuando sean necesarios) para completar la siguiente conversación entre Diego y Alberto, dos compañeros de cuarto. No te olvides de prestar atención al orden de los pronombres con respecto al verbo, y a los acentos cuando sean necesarios. (OI = objeto indirecto, OD = objeto directo)

Ejemplo: ¿Puedo _____prestarle_____ (prestar + OI) la computadora a Juan?

ALBERTO: Diego, ¿puedo prestarle la computadora a Juan? La necesita para escribir un artículo sobre el nuevo programa.

DIEGO: No, no _____¹ (prestar + OI + OD); la última vez que la usó me borró tres documentos. _____² (ir) con él al laboratorio y _____³ (enseñar + OI) a usar las que hay allí.

ALBERTO: Bueno, iremos (*we'll go*) luego. ¿Les mandaste las invitaciones a todos para la fiesta de cumpleaños de José?

DIEGO: No, _____⁴ (mandar + OI + OD) tú; yo no tengo tiempo y estoy cansado.

ALBERTO: Bueno, pero antes voy a leer el periódico un rato. ¿Dónde está?

DIEGO: No _____⁵ (preguntar + OI + OD) a mí. Tú lo tenías esta mañana para leer las noticias deportivas, ¿no?

ALBERTO: Bueno, pues voy a escuchar la radio un rato.

DIEGO: Está bien pero no _____⁶ (escuchar + OD) aquí, porque estoy estudiando. Además, Lydia llamó para ver si queríamos ir al cine. Dejó un mensaje en el contestador, así que _____⁷ (llamar + OD).

ALBERTO: Está bien, y ¿qué le digo?

DIEGO: _____⁸ (decir + OI) que sí y que luego podemos ir a cenar. _____⁹ (mirar) en la Red el menú de La Familia Taquería, a lo mejor tienen algo especial hoy.

ALBERTO: ¡Oye, no _____¹⁰ (ser) tan fresco! _____¹¹ (Hacer) tú algo, que yo también estoy cansado.

No **me** despiertes, que estoy cansado.

cuando registró los dominios. **Entretanto**, ha contratado a un bufete norteamericano para defender sus derechos. El bufete de Boston también está negociando con posibles compradores de nombres de dominio.

Meanwhile

50   Javier Marín, abogado de Guerrero, dice que los dominios registrados por el venezolano estaban libres cuando su cliente los registró. «Cualquiera que quiera reclamar el uso de estos dominios tendrá que pedirle permiso al señor Guerrero», **agrega**. «Español y España son denominaciones genéricas que no se pueden definir
55   como una marca o una identificación personal.»

adds

Si el resentimiento de los españoles tuviera un fundamento cultural, al menos podrían consolarse con el hecho de que Guerrero es hispanoamericano. En cambio, el dominio España.net lo adquirió un **físico búlgaro** que vive en Madrid. Algunos venezolanos
60   consideran la hazaña de Guerrero una especie de venganza poética contra el país que les **llevó** un tesoro en perlas, personas y recursos naturales durante la era colonial. Pero Guerrero dice que no tiene nada contra los españoles. En realidad, le gustaría vivir en Barcelona, la ciudad de su equipo de fútbol favorito.

Bulgarian physicist

65   De momento, las direcciones de la web no valen mucho porque VeriSign aún no ha activado caracteres que no son del inglés, como la eñe, para esas direcciones. Para llegar a una de las direcciones de Guerrero, el cibernauta debe escribir un largo y complejo código de lenguaje de computadora, o sea, un **revoltillo** de letras,
70   hasta que VeriSign resuelva la cuestión de la eñe.

jumble

Entretanto, el joven trabaja como diseñador de páginas electrónicas y administra varios web sites personales cuando no está escribiendo su novela sobre el narcotráfico internacional. Guerrero piensa estudiar computación en la universidad. Dice
75   que trata de no pensar en la posible riqueza que pueden darle los nombres de dominio. «Les digo [a los negociadores] que no me digan nada», comenta. «Estoy en mi trabajo, haciendo mi trabajo. Si algún día sale algo de esto, listo». Cody Mecklenburg, presidente de la compañía de valoración de dominios Accurate
80   Domains, pronostica que las direcciones no convertirán a Guerrero en un millonario, pero muy cerca de ello. **Tasa** a España.com en unos US$350.000 y a Español.com en US$425.000, y dice que las dos cifras probablemente crezcan. En la **locura** de los punto com, los **inversionistas** pagaron US$75 millones por los derechos de
85   business.com.

He values

craze

investors

«Español.com tiene más valor porque mientras España.com probablemente se limite a España, Español.com se puede usar en todos los países donde se habla español», dice Mecklenburg. Guerrero no quiere saber nada. «No me gusta pensar en eso»,
90   afirma. «Porque si te dicen que te van a dar US$1 millón o US$2 millones y no te lo dan, te enojas. Sólo que sea más de los US$15 que pagué.»

Comprensión

■ ACTIVIDAD 3 ¿Está claro?

Las siguientes oraciones son falsas. Corrígelas.

1. Rufi Guerrero es un hombre de negocios venezolano.
2. El trabajo de Guerrero es comprar nombres de dominio.
3. El portavoz de Arsys dice que su compañía está dispuesta a pagar por los nombres de dominio de Guerrero.
4. Guerrero está muy enfadado con todos los españoles.
5. Los nombres de dominio de Guerrero ya se usan.
6. Es fácil escribir la eñe en una dirección de Internet.
7. Rufi Guerrero se representa legalmente a sí mismo.

■ ACTIVIDAD 4 ¿Qué piensas ahora?

Después de haber leído el texto puedes confirmar tus ideas sobre la estructura de los párrafos, mostrando ejemplos de la lectura. ¿Cuántas ideas importantes hay en cada párrafo? ¿Cuántas citas se incluyen en un solo párrafo?

■ ACTIVIDAD 5 Una negociación

En parejas, inventen una conversación telefónica entre José Guerrero y Alberto Calvo en la que Calvo intente negociar la adquisición de los nombres de dominio España.com y Español.com de Guerrero. Recuerden: su compañía no quiere pagar mucho.

Tertulia ¿ñ o no ñ?

Por siglos ha habido un debate sobre la «simplificación» y «homogenización» de la lengua. Con la llegada de las computadoras, se sugirió que el español escribiera el sonido de la letra **ñ** como lo hacen otras lenguas, con la *ny* del inglés (*canyon*) o *gn* del francés (*gagner*), de esa manera las computadoras españolas no necesitarían un teclado diferente. La **ñ** ganó y las computadoras españolas siguen teniendo la **ñ.**

- ¿Les parece una buena idea mantener la **ñ** a toda costa (*at any price*)?
- ¿Qué se podría «normalizar» en su lengua? Por ejemplo, piensen en cómo suenan en inglés las palabras *dough* y *tough* a pesar de que tienen las mismas cuatro letras finales. ¿Merecería la pena (*Would it be worth it*) reaprender a escribir su lengua para hacer más fácil la ortografía? ¿Por qué sí o por qué no?

Tema

Ensayo para la revista *Padres* sobre las causas y los efectos del uso de la tecnología entre los niños

Prepárate

- Piensa en las preguntas sobre este tema que tengan tus lectores (los padres de familia). Escribe una lista de estas preguntas y házselas a tres o cuatro padres de familia.
- Haz un borrador en forma de ensayo con la información que has adquirido. No te preocupes ahora del orden ni de la gramática, pero piensa y escribe en español. Si hay alguna palabra que no sepas, deja un espacio en blanco o haz un símbolo.

¡Escríbelo!

- Ordena las ideas de tu borrador.
- Piensa en tu propósito. En esta composición no quieres convencer, sólo informar.
- Cita lo que dicen algunos de los entrevistados, eso le dará objetividad e interés a tu ensayo. (Ver *Cuaderno de práctica* para obtener más información sobre las citas.)
- Utiliza una estructura de acuerdo con el esquema del ensayo: introducción, cuerpo, conclusión. (Ver *Cuaderno de práctica* para obtener más información sobre la estructura de este tipo de ensayo.)
- Busca en el diccionario y en tu libro de español aquellas palabras y expresiones sobre las que tengas dudas.

¿Y ahora?

- Repasa los siguientes puntos.
  - ❑ el uso de los tiempos verbales
  - ❑ las formas verbales
  - ❑ la concordancia entre sujeto y verbo
    - ❑ la concordancia de género y número entre sustantivos, adjetivos y pronombres
    - ❑ la ortografía y los acentos
    - ❑ el uso de vocabulario variado y correcto: evita las repeticiones
    - ❑ el orden y el contenido: párrafos claros, principio y final
  - Finalmente, prepara tu versión para entregar.

No te olvides de mirar el Apéndice I, **¡No te equivoques!**, para evitar errores típicos de los estudiantes de español. Para esta actividad de escritura, se recomienda que prestes atención a **Cómo se expresa** *to think* (página A-3).

Consulta el *Cuaderno de práctica* para encontrar más ideas y sugerencias que te ayuden a escribir la composición.

Reflexiones

Gramática en acción: Un chiste (*joke*) de expertos técnicos

Un ingeniero, un químico y un informático van en un coche y de repente éste deja de funcionar. Como buenos expertos, cada uno de ellos tiene una idea diferente para corregir el problema. Completa el chiste con la forma correcta de los verbos necesarios en el presente de indicativo, subjuntivo, infinitivo o imperativo (mandato). Usa la forma de **tú** si los mandatos son para una sola persona, y la forma de **Uds.** si son para dos personas, a menos que especifique **nosotros.**

BERNAL, EL INGENIERO:

Para mí es evidente que el motor _____[1] (tener) un problema. Les recomiendo que lo _____[2] (revisar: nosotros). Luis, _____[3] (abrir) el capó. Pancho, _____[4] (buscar) el manual del coche y _____[5] (dármelo). No _____[6] (preocuparse: Uds.): yo sé mucho de motores.

LUIS, EL QUÍMICO:

Pues yo creo que _____[7] (ser) un problema que tiene que ver con la gasolina y por lo tanto les sugiero que la _____[8] (analizar: nosotros). Bernal, _____[9] (hacer) un análisis del nivel de la gasolina. Pancho, _____[10] (añadir) este líquido especial al tanque. ¡ _____[11] (ir: nosotros) a hacer esto y ya estamos en casa!

PANCHO, EL INFORMÁTICO:

¡No _____[12] (perder: nosotros) el tiempo! No es necesario _____[13] (hacer) nada de eso. Luis, no _____[14] (hacer) nada más. Bernal, _____[15] (sentarse) en el coche y _____[16] (encender) el motor, luego _____[17] (apagarlo), y _____[18] (volver) a encenderlo. No creo que _____[19] (tener: nosotros) que hacer nada más.

Proyectos en tu comunidad

Haz una búsqueda de sitios de Internet que puedan ser interesantes para la comunidad hispana en general y para las personas que estudian español sobre cada uno de los siguientes temas: economía, humanidades, educación y política. Tu lista debe tener dos sitios por lo menos con su respectiva descripción, especificando su utilidad y su diseño.

Puede ayudarte en esta búsqueda que les preguntes a algunas personas hispanas cuáles son las páginas que más usan o más les gustan.

Tertulia final ¿Es la tecnología siempre un avance y una ventaja?

No hay duda que los avances tecnológicos a lo largo de la historia de la humanidad han contribuido a mejorar la calidad y la duración de la vida. Sin embargo, la tecnología no siempre significa progreso positivo en todos los aspectos. Es posible que un avance técnico sea bueno para una cosa, pero no para otra. ¿Les preocupa a Uds. algún aspecto del uso cada vez mayor de la tecnología a todos los niveles de la vida humana? ¿Cuáles les preocupan más y por qué?

«A vivir,
que son dos días.»

6

La buena vida

Reflexiones España es el sueño americano

¿Crees que es necesario que una persona tenga vacaciones? ¿Qué tan largas deberían ser esas vacaciones? En tu opinión, ¿deben ser reguladas las vacaciones por la ley? ¿Por qué?

ESPAÑA ES EL SUEÑO AMERICANO,
CARLOS FRESNEDA

Garantía legal

los Estados Unidos *lacks*

it applies

EE.UU. Este país carece de leyes que regulen las vacaciones y no ha ratificado el Convenio 132 de la Organización Internacional del Trabajo, que establece: «Toda persona a quien se aplique el presente convenio tendrá derecho a vacaciones anuales pagadas».

protegido

España Además de haber ratificado el Convenio 132 en 1972, España reconoce el derecho a vacaciones pagadas desde 1926. Entonces, el descanso era de una semana. Hoy este derecho está salvaguardado por la Constitución (art. 40.2) y el Estatuto de los Trabajadores (art. 38).

Duración

Due to the lack of
al final
Despite everything

EE.UU. A falta de textos legales que regulen los períodos de vacaciones, la práctica generalizada es de 9,6 días el primer año y 17 al cabo de una década de trabajo. En los pequeños negocios la media baja a ocho días. Con todo, el 21 por ciento de los empleados americanos renuncia a sus vacaciones.

Unión Europea

España El Estatuto español fija un mínimo de 30 días naturales de vacaciones, el período más largo de toda la UE por detrás de Austria, que reconoce cinco semanas. El calendario laboral español, con 14 días festivos, es el más generoso de Europa.

Jornada

EE.UU. Los trabajadores masculinos norteamericanos a tiempo completo realizan una media de 49,9 horas semanales; las mujeres trabajan 42 horas.

overburdened

España El colectivo más agobiado, los hombres empleados a jornada completa, trabaja 42,9 horas a la semana, casi una hora y cuarto menos al día. Los norteamericanos trabajan 1.966 horas al año; los españoles, 1.765.

Ponte a prueba

¿A quiénes se refieren las siguientes declaraciones: a los trabajadores españoles o a los estadounidenses? ¿Cómo se compara ese dato con el que se aplica a los trabajadores del otro país?

1. Tienen una ley constitucional que regula el derecho a las vacaciones.
2. Tienen menos de 30 días naturales de vacaciones al año, como norma.
3. Trabajan más que la mayoría de los países de la UE.
4. Los trabajadores más agobiados trabajan jornadas completas, es decir, mañana y tarde.

Reflexiones Mi radio

1. ¿Cómo pasabas el tiempo libre cuando eras niño/a? Menciona algunas de tus actividades favoritas.
2. ¿En qué lugares jugabas? ¿Tenía tu casa un jardín o un patio? Si vivías en un edificio de apartamentos, ¿había un espacio público compartido para jugar?
3. ¿Qué haces ahora en tu tiempo libre? ¿Qué cosas te gusta hacer ahora que también hacías cuando eras niño/a?

vocabulario útil

la cubeta	bucket
la sirena	mermaid
la tiza	chalk
regañar	to scold

Ponte a prueba

Elementos Señala el elemento que no sea parte de la historia.

1. la tiza   la pared   el radio   el gato
2. escuchar música   bailar   regañar   divertirse
3. el tiempo libre   las tareas   la imaginación   el entretenimiento
                      domésticas

Comprensión Contesta las preguntas según lo que viste en el cortometraje.

4. ¿Qué está haciendo la niña cuando su mamá le quita la cubeta? ¿Qué hace después?
5. En tu opinión, ¿cuál es el tema de este cortometraje?

 **C E N T R O**
Your media center for languages

Para ver *Mi radio* otra vez y realizar más actividades relacionadas con el cortometraje, visita la página de Centro: **www.mhcentro.com**.

Palabras

La calidad de vida

el bienestar	well-being
el entretenimiento	entertainment; pastime
el nivel de vida	standard of living
el ocio	leisure
el pasatiempo	pastime
el ritmo de la vida	pace of life
disfrutar/gozar (c)	to enjoy
entretener(se) (*irreg.*)	to entertain (oneself)
pasarlo (o pasarla) bien	to have a good time
relajarse	to relax

Lugares y actividades para el tiempo libre

el baile	dance
la calle	street
el chiste	joke
la discoteca	disco, dance club
la feria	fair
el paseo	stroll

la piscina	swimming pool
la playa	beach
la plaza	square

Cognados: **el bar, el carnaval**

alquilar películas	to rent movies
bailar	to dance
bañarse/nadar	to swim
charlar/platicar (qu)	to chat, converse
contar (ue) un chiste	to tell a joke
hacer (*irreg.*) una barbacoa	to have a barbecue
hacer un crucigrama	to do a crossword puzzle
ir (*irreg.*) al cine / al teatro / a un concierto	to go to the movies / the theater / a concert
jugar al dominó / al ajedrez	to play dominoes / chess
pasear	to stroll
trasnochar	to stay up all night

¡A la mesa!

el comedor	dining room/hall
la copa	wine glass
la cuchara	spoon
la cucharita	teaspoon
el cuchillo	knife
el cuenco	soup bowl
la pimienta	pepper
el plato	dish
la sal	salt
la servilleta (de papel)	(paper) napkin
la taza	cup
el tenedor	fork
el vaso	glass
la vela (encendida)	(lit) candle

Cognado: **el banquete**

invitar	to invite; to treat (offer to pay)
oler a (huelo)	to smell like
saber (*irreg.*) a	to taste like

Repaso: **probar (ue)**

¡Buen apetito/provecho!	Enjoy your meal!

■ **ACTIVIDAD 1** Asociaciones

Paso 1 ¿Qué palabras y expresiones del vocabulario asocias con las siguientes ideas? ¡Hay muchas asociaciones posibles!

1. un domingo
2. un sábado por la noche
3. unas vacaciones
4. una reunión familiar
5. tus amigos
6. el verano
7. los disfraces

Paso 2 La lista del vocabulario en cuanto a formas de **divertirse** y **entretenerse** y los lugares para hacerlo no es completa en absoluto. ¿Cuáles palabras se pueden añadir?

■ **ACTIVIDAD 2** ¿Con qué se come esto?

¿Qué utensilios de comer se relacionan con las siguientes comidas y bebidas?

1. el té
2. el vino
3. el cereal con leche
4. el pollo en salsa
5. el helado
6. el agua
7. la pasta con salsa de tomate
8. la ensalada

■ **ACTIVIDAD 3** Definiciones

Paso 1 ¿A qué se refieren las siguientes definiciones?

1. Es un lugar en el que nos refrescamos cuando hace calor.
2. Es un rompecabezas (*puzzle*) de palabras y definiciones.
3. Quiere decir contar una historia para hacer reír a otras personas.
4. Quiere decir hablar con alguien.
5. Quiere decir cocinar en el jardín o en el parque.
6. Significa comer algo por primera vez.

Paso 2 Ahora te toca a ti crear las definiciones de cinco de las palabras de la lista de vocabulario. Tu compañero/a adivinará cuáles son las palabras que defines.

■ **ACTIVIDAD 4** ¿Calidad de vida o nivel de vida?

Paso 1 En parejas, comenten si las siguientes circunstancias significan tener una buena calidad de vida o tener un buen nivel de vida. Pueden ser las dos cosas.

1. poder comer al menos tres veces al día
2. tener más de un vehículo personal
3. tener fácil acceso al transporte público
4. poder descansar todo el fin de semana
5. tener un teléfono móvil y una computadora en casa
6. no tener ninguna deuda ni problemas económicos
7. tener un lugar agradable donde vivir
8. tener un mes de vacaciones pagadas al año
9. ver a los buenos amigos y a los parientes cercanos con frecuencia

Paso 2 Ahora discutan en parejas las siguientes preguntas.

1. ¿Cómo definirían Uds. la diferencia entre la calidad de vida y el nivel de vida?

2. ¿En qué consiste según Uds. «vivir bien»? Hagan una lista de todos los aspectos que pueden hacer agradable (o desagradable) la vida. Incluyan ejemplos.

■ ACTIVIDAD 5 Encuesta: Preferencias para el tiempo de ocio

Paso 1 Prepara cuatro preguntas para encuestar a tus compañeros/as (o amigos/as) sobre sus preferencias a la hora de pasar su tiempo de ocio.

Ejemplos: ¿Cuál es tu entretenimiento favorito? ¿Cuántas horas de ocio sueles pasar el sábado?

Merengue (1937), *del dominicano Jaime Colson.*

Paso 2 Ahora analiza los resultados de tu encuesta para presentarlos a la clase. ¿Son las respuestas que esperabas? ¿Coinciden con tus propias respuestas?

■ ACTIVIDAD 6 Lugares centrales de la ciudad

Paso 1 ¿Cómo es la vida social fuera de casa en tu ciudad? Menciona tres lugares para cada una de las siguientes frases.

1. los niños puedan jugar

2. los adultos vayan a conversar

3. los jóvenes vayan a divertirse

4. las familias enteras pasen su tiempo libre

Paso 2 ¿Es tu ciudad una ciudad típica de tu país? ¿Por qué sí o por qué no?

Plaza de Independencia, Quito, Ecuador

Uses

This construction is frequently used in the following contexts.

- When the action is done by people in general. These actions are expressed in English by using *one, they, you,* or *people* as subject of the sentence, or by using a passive construction.

Se vive muy bien en España.	*People live very well in Spain.*
En España **se hablan** cuatro lenguas.	*Four languages are spoken in Spain.*
Se dice que el príncipe visitará nuestra ciudad pronto.	*They say that the prince will visit our city soon.*

- When an action with a direct object, which is possibly also done by people, can be presented as if it was done by the thing itself.

El centro comercial **se abre** a las 9:00 de la mañana.	*The mall opens at 9:00 A.M.*
La puerta **se cierra** por control remoto.	*The door is closed by remote control.*
Se cortan las cebollas en rodajas.	*The onions are sliced.*

As you can see in the above examples, this construction is often translated as the passive voice in English.

Se cortan en rodajas.

- The **se** construction varies some when the verb affects a person. In this case, the verb appears always in singular and the human object is an indirect object, which must always be introduced by **a** (or substituted by an indirect object pronoun.)

Hubo un incendio y se llamó **a los bomberos.** → Se **les** llamó.
There was a fire and the firefighters were called. → *They were called.*

Se despidió **a más de cien empleadas.** → Se **les** despidió.
More than a hundred employees were laid off. → *They were laid off.*

The reason to have human beings as indirect objects is because, as subjects, the sentence would show a reciprocal or reflexive action.

Se despidió a una docena de trabajadores. (Se les despidió.)

Los familiares **se despidieron** de Octavio. (Lo despidieron. / Se despidieron.)

■ **ACTIVIDAD 1** Qué tipo de *se*?

Indica qué tipo de **se** se usa en cada oración.

a. impersonal / instrucciones

b. con objeto indirecto de persona

c. accidental

d. recíproco / reflexivo

1. _____ En esta clase no se habla inglés.
2. _____ Uno se acuesta muy tarde en España.
3. _____ El reloj se me rompió cuando se me cayó.
4. _____ Eso no se dice.
5. _____ Se invitó a todos los profesores.
6. _____ Las hermanas se llaman con mucha frecuencia.
7. _____ La piscina se abre a las 10:00 de la mañana.
8. _____ No se nos avisó a tiempo.

■ **ACTIVIDAD 2** ¿Qué se hace en estos lugares y situaciones?

Explica qué cosas se hacen normalmente en las siguientes circunstancias.

1. un día normal en tu universidad
2. un sábado en tu universidad
3. un cuatro de julio en tu ciudad/pueblo
4. un día festivo de invierno/verano en tu estado

Se **variable**

- **Verbos reflexivos (Capítulo 2)**

  Acciones que afectan al sujeto

  Yo **me acosté** a las 8:00, pero Julio no **se acostó** hasta las 11:00.

  I went to bed at 8:00, but Julio didn't go to bed until 11:00.

  Verbos que toman un pronombre reflexivo

  Yo **me reí** un poco pero ellos **se rieron** muchísimo.

  I laughed a little, but they laughed a great deal.

- **Verbos recíprocos (Capítulo 2)**

  Siempre en forma plural.

  Nosotras **nos dimos** un abrazo, pero ellos ni siquiera **se dieron** la mano.

  We hugged each other, but they didn't even shake hands.

- **«Falso» *se* (Capítulo 2)**

  Los pronombres de objecto indirecto **le/les** se convierten en **se** delante de **lo(s)/la(s)**.

  —¿**Le** diste el libro **a Mario**?

  —Sí, **se lo** di esta mañana.

  —Did you give Mario the book?

  —Yes, I gave it to him this morning.

Se **invariable**

- **Impersonal / pasivo (Capítulo 6)**

  Para hacer generalizaciones

  Se habla español.

  Spanish is spoken.

  Para evitar nobrar a la(s) persona(s) que hace(n) la acción

  Se firmó un nuevo tratado.

  A new contract was signed.

  Para dar instrucciones, como en recetas

  Se cortan las patatas.

  Cut the potatoes.

- **Accidental (Capítulo 4)**

  Para expresar acciones accidentales, con o sin un objeto directo

  Se me perdió la cartera.

  I lost my wallet.

  Se nos murió el pez.

  Our goldfish died.

Se rieron
muchísimo.

Se habla español.

■ **ACTIVIDAD 3** Otra manera de decirlo

Expresa las siguientes ideas usando una oración con **se.**

> *Ejemplo:* Alguien cierra la oficina a las 2:00. → La oficina se cierra
> a las 2:00.

1. Alguien cierra las tiendas a las 7:00.
2. En esa frutería nadie puede pagar con tarjeta de crédito.
3. En mi universidad los estudiantes estudian mucho.
4. Si la gente toma el sol a las 2:00 de la tarde, se quema con facilidad.
5. Nadie me explicó lo que yo no podía hacer.
6. Llamaron a todos los profesores del departamento.
7. La gente puede perder mucho dinero en el casino.
8. Hablamos inglés aquí.
9. Convocaron a todos los miembros de la asociación.

La oficina **se** cierra a las 2:00.

CERRADO
CLOSED

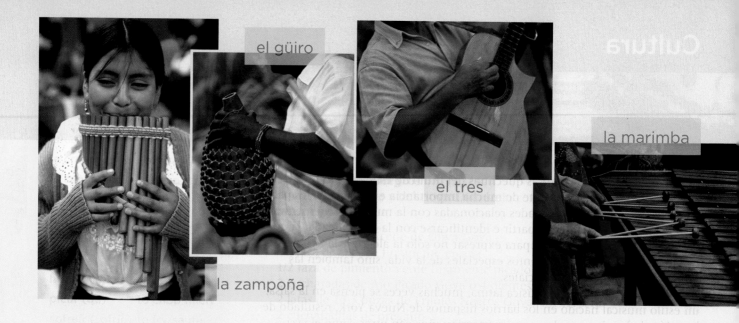

el güiro

la marimba

el tres

la zampoña

Sin embargo, si bien la salsa es muy popular en todos los países latinoamericanos, en el mundo hispano la música es mucho más diversa, contando cada país con sus propios estilos.

La herencia africana es muy importante, sobre todo en la música popular del Caribe (Puerto Rico, Cuba, la República Dominicana, Venezuela y Colombia), donde se ve esta influencia en ritmos e instrumentos musicales de percusión. La herencia africana también se observa en el uso de la marimba en varios países de Centroamérica, como Guatemala.

La herencia de las culturas precolombinas también está presente en la música popular latinoamericana. Así, por ejemplo, la música andina es considerada como la tradición musical más antigua de Sudamérica. Tiene su origen en el imperio inca y gran parte de los instrumentos de viento que la caracterizan, como las antaras o zampoñas[c] y las quenas[d], son de invención precolombina. Otro ejemplo de la huella[e] dejada por las culturas precolombinas son ciertos instrumentos creados por los pobladores originales del Caribe, como el güiro o las maracas, que todavía se usan hoy día.

De la tradición europea viene la incorporación de instrumentos como la guitarra, el acordeón, el violín o el arpa[f] en muchos de los estilos musicales latinoamericanos; por ejemplo, en la variedad de la música mexicana o en el tango argentino. Como en otros aspectos de la cultura, las raíces indígenas, africanas y europeas se entrelazan en la música latinoamericana creando nuevos ritmos y dotándola[g] de la diversidad, belleza y originalidad que la caracteriza.

[c]antaras... *panpipes*   [d]*flutes*   [e]*mark*   [f]*harp*   [g]dándola

Tertulia La música

- ¿Están familiarizados con algún tipo de música latinoamericana? ¿Y con algunos artistas en particular? ¿Qué les gusta de esta música?

- ¿Son la música y el baile importantes en la tradición cultural de Uds.? ¿y en su familia, en particular?

- En general, ¿piensan que la música es capaz de traspasar (*cross*) fronteras culturales? ¿Por qué? ¿Piensan que la música latinoamericana es más capaz de ser apreciada por los de otras culturas en este país, en comparación con la música de otros orígenes? Justifiquen sus respuestas.

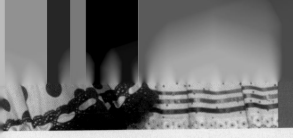

Reflexiones

El artículo que vas a leer apareció en la revista del periódico colombiano *Tiempos del mundo.*

■ ACTIVIDAD 1 Un concurso gastronómico

Indica las palabras del **Vocabulario útil** que mejor completen el párrafo. Si falta algún verbo debes conjugarlo apropiadamente.

Ayer se celebró en el restaurante Hermanos Santos un concurso _____[1] para _____[2] el Día de la Independencia. El público invitado al evento _____[3] los _____[4] preparados por cocineros y cocineras de todos los rincones de México. El primer premio lo recibió Inmaculada Martín por sus _____[5] rellenos de queso y carne molida. El segundo premio lo recibió Salustiano Flores por su postre de dulce de leche con _____.[6] _____,[7] el organizador del concurso, José Rodríguez, declaró, mientras _____[8] un plato de mole poblano,[a] que todas las recetas eran dignas de recibir un premio.

[a] de Puebla, México

vocabulario útil

el chile (Méx.)	hot pepper
la nuez	walnut
la olla	pot
el platillo	culinary dish
degustar	to taste
devorar	to devour; to eat up
festejar	to celebrate
culinario/a	culinary
sin embargo	however
mas	*pero*

■ ACTIVIDAD 2 Campos semánticos

Indica cuál de las palabras no pertenece a cada grupo y señala la relación entre las otras.

1. mas   más   sin embargo
2. nuez   pollo   chile
3. platillo   olla   postre
4. degustar   festejar   devorar
5. culinario   cocinado   transformado

Estrategia: Conectores de ideas

Los conectores de ideas son importantes en todo escrito, puesto que muestran la relación de una idea con la que la antecede, ya sea porque represente un contraste (**sin embargo**), añada una razón (**porque**), indique una semejanza (**igualmente**), etcétera. Un escrito sin conectores parecería un telegrama.

En el texto que sigue hay varios casos; por ejemplo, «**Por ello** puede decirse que este país, asiento de culturas milenarias, se devora a sí mismo en la historia de su cocina». Ahora, mientras lees, subraya aquellos conectores de ideas que encuentres. ¿Qué matiz (*nuance*) añade cada uno?

MÉXICO SE DEVORA SU **HISTORIA CULINARIA,**
ROBERTO CIENFUEGOS

En septiembre, los mexicanos festejan el mes de la Patria, y lo hacen en grande. Pero el festejo, que llega a su clímax la noche del 15 con el mundialmente conocido Grito de Dolores, que marcó el inicio de la Guerra de Independencia en 1810, comienza y termina en las cocinas del país. Allí, en ese espacio tan apreciado por las familias mexicanas, **afanosas** abuelas, madres e hijas comparten los secretos culinarios que por varias generaciones y siglos explican el arte y la magia de una cocina hoy clasificada entre las cinco primeras del mundo, más por su diversidad que por su profesionalización y/o documentación.

Por ello, puede decirse que este país, **asiento** de culturas milenarias, se devora a sí mismo en la historia de su cocina. **Vea si no.**

Para festejar septiembre, hacen mil y un platillos. Mas hay uno en especial que pertenece al noveno mes. Sí, **se trata de** un chile, originario de Puebla, un estado en el centro de México y también reconocido mundialmente como una de las **cunas** del mole, este último un platillo de génesis y **raigambre** netamente mexicanos.

En efecto, el chile poblano da origen al platillo denominado chiles en nogada, considerado el plato barroco por excelencia. Pero también «es el plato más patriótico de México», explica el chef Mauricio Tomero Gatica durante una entrevista con *Tiempos del Mundo*. Los últimos once años de sus 29 años de vida, los ha dedicado predominantemente a estudiar, conocer y ensayar la cocina del mundo, incluyendo la mexicana, que es «la mía y [la que] conocí primero con mi abuela, luego con mi madre y ahora por mí mismo. Yo preparo ahora cosas que hacía mi abuela», narra.

Esta experiencia se repite en prácticamente cada una de las familias mexicanas. La cocina es una herencia, un asunto de familia, «y eso es lo importante de esta cocina nuestra».

A las ollas

Los chiles en nogada, cuyos ingredientes permiten una presentación que incorpora los colores verde, rojo y blanco que distinguen el **lábaro patrio** mexicano, son típicos de agosto y septiembre. ¿Por qué? Los ingredientes, en especial la nuez de Castilla que procede del norteño estado de Chihuahua —aunque también de una zona **aledaña** al hoy **humeante** volcán Popocatépetl—, sólo puede conseguirse en esta época del año. Mas no sólo esto.

Todos los ingredientes de este plato, entre ellos el chile poblano, la carne de cerdo, el acitrón —un dulce cristalizado típico de México—, las **pasas,** las **almendras,** el **durazno,** la manzana llamada *panochera* y aun las peras, tienen cuna mexicana. Con todos esos ingredientes, el chile —de tamaño generoso— **se rellena** una vez que se ha **desflemado** y/o se le retiran las **venas y las semillas.** Esto con el fin de **aminorar** su sabor picante.

laborious share

site
See for yourself

es

lugares de origen
origen

national flag

cerca smoking

raisins almonds peaches

is stuffed/filled
cooled down veins and seeds
minimize

45   Antes, el chile se escalfa y se pela, en un proceso laborioso y prolongado. «Todos estos ingredientes son de México», refiere Romero Gatica, quien evoca el origen de los chiles en nogada. De acuerdo con la **crónica**, este platillo fue preparado por primera vez en el siglo XIX por unas monjas poblanas en el marco de una

50   celebración especial, la visita del emperador Agustín de Iturbide, autoproclamado emperador de México en 1822. El plato incluye una crema de nuez, llamada nogada, y **se corona** con granos de granada dulce color rojo escarlata. El verde chile completa el toque tricolor del manjar setembrino.

55   Pero esto es sólo un plato de los **centenares** que preparan, a veces durante varios días, los mexicanos. Y aunque la cocina consume mucho tiempo, su producción se agota, aunque con placer y fasto eso sí, en casi nada.

Misteriosos manjares

60   El mole, una **pasta** que tiene como base el chile, es quizá la manifestación culinaria más compleja de México, hecho con base en una serie de ingredientes que van desde el chocolate, la tortilla de maíz quemada, el comino, el anís y hasta el jitomate. Pero hay también moles verdes, hechos **a partir de** la pepita verde e incluso

65   la lechuga. Los moles, cuya variedad se diversifica de acuerdo con la geografía de los estados de Oaxaca, Veracruz, Puebla, trasuntan no sólo el mito culinario sino esencialmente el social. Es un plato **imprescindible** en los grandes festejos familiares, ya sea el matrimonio, un nacimiento, el cumpleaños y hasta en ocasión de la

70   muerte en México.

Para todos los presupuestos

Romero Gatica afirma que la cocina de México, a diferencia de otras en el mundo, es accesible a todo el pueblo. En pocas palabras, «no es clasista», expresa al compararla, por ejemplo,

75   con el arte culinario francés. «Cocina mexicana buena se puede encontrar desde en un changarro —figón o cantina barata— hasta en un restaurante fino.» No es el caso de la cocina francesa, afirma. «Se necesita más dinero para acceder a la cocina francesa buena», refiere. Para este joven chef, «por variedad», la cocina mexicana

80   figura entre las primeras cinco del mundo, al lado de la francesa, la española, la china y la italiana.

Aunque poco documentada y tampoco profesionalizada, la variedad de la cocina mexicana la coloca entre las primeras del mundo. En los últimos años, se ha mejorado la presentación de la

85   cocina mexicana para «hacerla más refinada», dice el entrevistado.

Sobre los mitos y verdades del chile en la comida mexicana, Romero Gatica admite que la cocina mexicana es una de «ingredientes muy fuertes. El chile es muy fuerte». Mas no todos los platillos tienen por qué serlo, sostiene. Reconoce, sin embargo,

poach

historia
nuns from Puebla

self-proclaimed
is topped   pomegranate
tricolor touch of this
*   September delicacy*
hundreds

se extingue
placer... *pleasure and*
*   extravagance*

paste

cumin   tomato
a... starting with   seed

transcribe
indispensable

restaurante económico

to have access to

Reflexiones

Gramática en acción: Trabajar para vivir

Completa el siguiente texto con las formas correctas de los verbos en el presente de subjuntivo o indicativo, o el infinitivo, según sea necesario. En varios casos, se debe elegir la opción más correcta para completar la oración con **se**.

Los hispanos no dudan que uno _____[1] (tener) que trabajar para vivir, pero creen firmemente que nunca se _____[2] (deber) vivir para trabajar. A los hispanos les extraña que en los Estados Unidos la gente _____[3] (llegar) a vivir para trabajar. Para ellos es una lástima que una persona no _____[4] (saber) el valor verdadero de la vida, el cual no está necesariamente relacionado con el trabajo, sino con la alegría de disfrutar de la vida. De ahí[a] numerosas frases y refranes: «¡A vivir, que son dos días!»; «¡Con queso, pan y vino se anda mejor el camino!»; «¡Desnudo nací, desnudo me muero: ni gano ni pierdo!»

Quizá de esta actitud _____[5] (venir) el estereotipo de los hispanos perezosos que tienen algunos estadounidenses. Por ejemplo, en este país a mucha gente les parece sorprendente que en España y Latinoamérica _____[6] (haber) un tiempo para la siesta. Se detecta una mezcla de envidia y desdén[b] en esta reacción: es bueno _____[7] (tener) tiempo para una siesta, pero es mejor que no se _____[8] (perder) el tiempo.

Sin embargo, hoy _____[9] (se / ø) sabe que la siesta _____[10] (ser) una sanísima[c] costumbre. Los expertos en salud dicen que es necesario que _____[11] (uno/ se) _____[12] (relajarse), aunque sólo sean veinte minutos, durante la jornada laboral. A los más estresados _____[13] (se les / se) recuerda: no es seguro para nada que _____[14] (producir: nosotros) más y mejor trabajando más horas.

Desgraciadamente, en los países hispanos, especialmente en las grandes ciudades, _____[15] (se / ø) está perdiendo la costumbre de la siesta: se _____[16] (vivir) lejos del lugar del trabajo y se _____[17] (hacer) más cosas a lo largo del día.

En fin, está claro que el trabajo nos _____[18] (poder) proporcionar satisfacción, pero es dudoso que _____[19] (ser) la parte más divertida de nuestra vida. Hispano o anglosajón: ¿quién no desea que le _____[20] (tocar) la lotería para no trabajar más?

[a]De... *Hence*   [b]envidia... *envy and disdain*   [c]*very healthy*

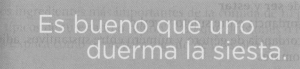

Es bueno que uno duerma la siesta.

Proyectos en tu comunidad

En este capítulo se han comentado varios aspectos de la vida que resultan esenciales para la calidad de vida de la mayoría de los hispanos de cualquier país o clase social: suficiente tiempo libre, vida social, buena comida y música para compartir con los parientes y amigos.

- Investiga un poco y haz una lista de los lugares en donde los hispanos de tu comunidad se reúnen para divertirse, además de en casa.
- Entrevista a una o dos personas hispanas de tu comunidad sobre sus ideas de lo que es tener una buena vida. ¿Qué les gusta hacer en su tiempo libre? ¿Adónde les gusta ir? Si vivieron muchos años en su país de origen antes de llegar a tu país, ¿qué añoran (*miss*) de la vida que dejaron?

Tertulia final ¿Trabajar para vivir o vivir para trabajar?

No hay duda de que mucha gente en los Estados Unidos y el Canadá disfruta de un buen nivel de vida, especialmente si se compara con países más pobres. ¿Pero cómo es la calidad de vida en esos países? Las siguientes preguntas pueden ayudar a articular la tertulia.

- Si han visitado otros países, ¿qué les pareció la vida allá en comparación con la de su país?
- ¿Cómo es posible que incluso inmigrantes que tuvieron que venir a este país por falta de oportunidades añoren la forma de vivir de su propio país?
- ¿Creen que en este país se trabaja para vivir o se vive para trabajar? ¿Cómo se explica eso?
- ¿Qué cambios podrían mejorar la manera de vivir en este país?

«Ni son todos
los que están,
ni están todos
los que son.»

7

Nos-otros

Reflexiones Dos idiomas, múltiples beneficios

En tu opinión, ¿qué ventajas (*advantages*) o desventajas ofrece el hablar dos idiomas? ¿Por qué? ¿Cuáles pueden ser algunos de los motivos por los que algunas veces los hijos de los inmigrantes no aprenden la lengua de sus padres?

DOS IDIOMAS, MÚLTIPLES BENEFICIOS, *ISIS ARTZE*

to raise

Cada vez que su hijo Kian, de 5 años, le pregunta: «Mamá, ¿por qué tengo que hablar en español?», Jeannette Betancourt se recuerda que **criar** a hijos bilingües es una lucha continua. Esta madre colombiana, residente en Queens, Nueva York, y casada con un irlandés-americano, le responde que hablar el español le da una ventaja, y le cuenta las oportunidades que ella ha tenido por poder comunicarse en dos idiomas.

exposed

subject matters

correcto

The younger, the better

developing

Bertha Pérez, profesora de educación y de estudios bilingües en la Universidad de Texas en San Antonio, y autora de *Learning in Two Worlds*, dice que muchos padres tienen el concepto erróneo de que los niños se confunden al ser **expuestos** a más de una lengua. «¡No ocurre!», afirma. «La realidad es que bien pueden aprender dos, y aún más idiomas, igual que aprenden otras **materias** como ciencias».

Otros padres se preguntan cuándo es el momento **debido** para enseñar una segunda lengua. Según Pérez: «**Mientras más pequeños, mejor,** porque tienen mayor posibilidades de **desarrollar** los sistemas de pronunciación y no tener acento en ninguno de los dos idiomas».

get discouraged

apreciarán

Betancourt, quien trabaja en el *Sesame Workshop* y tiene un doctorado en educación, les aconseja a los padres que no **se desanimen** cuando sus hijos, como el pequeño Kian, prefieren hablar sólo un idioma, y que den el ejemplo al insistir en la práctica continua de la segunda lengua. Ella está segura de que, cuando sean mayores, sus niños le **agradecerán** el valor de ser bilingües.

Ponte a prueba

Completa las siguientes oraciones con ideas de la lectura.
1. Lo mejor de ser bilingüe es (que) _Poder que Habler communicater_
2. Lo más difícil de criar hijos bilingües es (que) _muy mucho trabajo_
3. Lo increíble para muchos padres es (que) _No se confunin_.
4. Betancourt es una mujer que _____.

Reflexiones   Camión de carga

1. ¿Alguna vez has visitado otro país? ¿Qué idioma hablan en ese país? ¿Tuviste problemas para comunicarte?
2. ¿Cuáles son algunos de los símbolos nacionales de tu país? ¿Qué objetos de tu país relacionas con tu identidad nacional?
3. ¿Qué beneficios y qué desventajas hay en la inmigración de extranjeros a este país? Menciona al menos tres beneficios y tres desventajas.

Ponte a prueba

Comprensión Contesta las preguntas según lo que viste en el cortometraje.

1. ¿Qué tipo de carga lleva el camión? ¿Por qué va la gente escondida (*hidden*)?
2. ¿Qué le dice el doctor a Anabel, la protagonista?
3. ¿Por qué quiere Anabel ir a los Estados Unidos?
4. ¿Cómo es el policía rubio? ¿Cómo es el policía moreno? ¿Por qué crees que permitieron que <u>se fuera</u> el camión?
5. ¿Por qué se queda Jesús, el hijo, con su tía? ¿Por qué se llevan a Anabel en el camión de carga?

Your media center for languages

Para ver *Camión de carga* otra vez y realizar más actividades relacionadas con el cortometraje, visita la página de Centro: **www.mhcentro.com.**

vocabulario útil

la carga	freight, cargo
el extranjero	abroad
las ronchas	hives
doler (ue)	to hurt

Palabras

DE REPASO

el barrio

la discriminación

el/la emigrante/inmigrante

el idioma / la lengua

el lenguaje

el nivel de vida

la nacionalidad

el origen

el país

el pasaporte

la población

nacer (zc)

la bandera	flag
la ciudadanía	citizenship
el/la ciudadano/a	citizen
el/la compatriota	fellow citizen
la costumbre	habit; tradition
la frontera	border
mi/tu/ (...) gente	my/your/(. . .) people
la lengua materna	mother tongue
el nivel	level
el nivel económico	economic standard
el orgullo	pride
la patria	homeland
la pobreza	poverty
la raíz (las raíces) *Plural z-ces*	root(s)
la riqueza	richness; wealth
el símbolo	symbol
la sobrepoblación	overpopulation
mi/tu/(...) tierra	my/your/(. . .) homeland
la zona residencial	residential area
avanzar (c)	to advance; to move up
crecer (zc) *pretérito irregular*	to grow up
verb – criar(se) (me crío)	to raise, to be raised
estar (*irreg.*) acostumbrado/a a	to be accustomed to
orgulloso/a	proud

¡OJO!   *race* = **raza** (también **carrera,** en el contexto de una competición deportiva)

Lugar natal *del ecuatoriano Eduardo Kingman.*

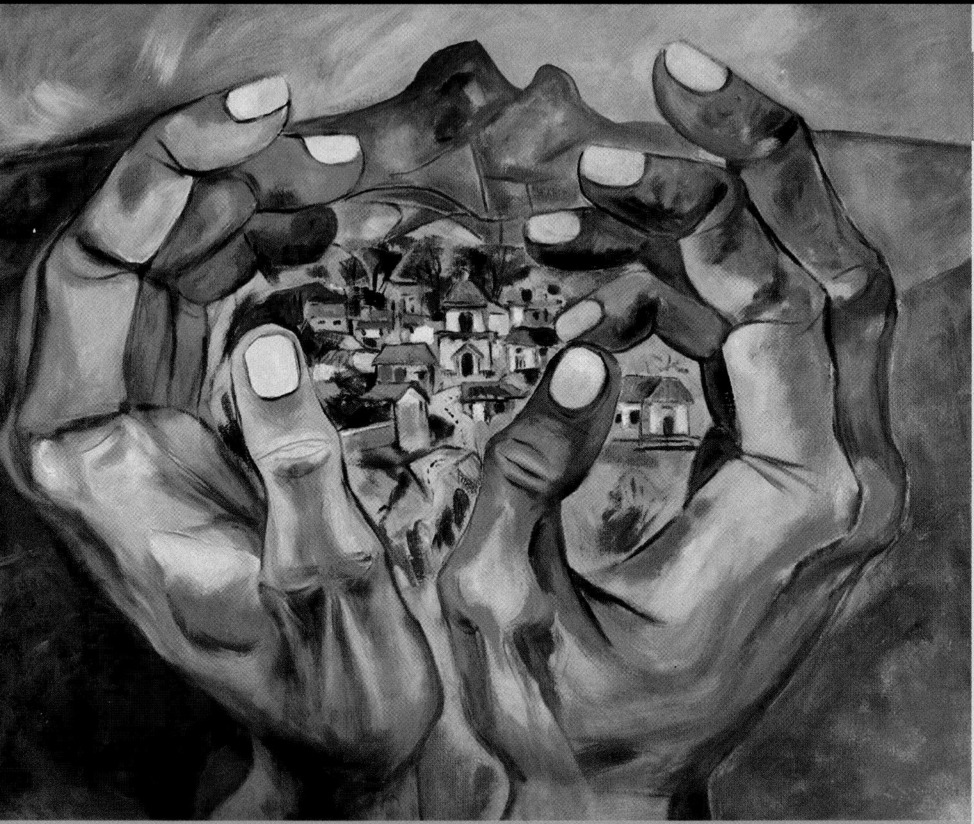

La experiencia en otro país

el bilingüismo	bilingualism
la desesperanza	hopelessness; despair
la desilusión	disappointment; disillusionment
la esperanza	hope; expectation
la ilusión	hope; delusion
el rechazo	rejection
la residencia	residence
la tarjeta de residente	resident (green) card

Cognado: **la nostalgia**

acostumbrarse a	to get used to
echar de menos	to miss
faltar*	to miss
rechazar (c)	to reject
superar(se)	to advance (in life); to excel
tener (*irreg.*) **papeles**	to have legal papers

Cognados: **adaptarse a, legalizar (c)**

bilingüe	bilingual

Cognados: **(i)legal**

***Faltar** es un verbo como **gustar.**

ACTIVIDAD 1 Asociaciones

✓

¿Qué palabras del vocabulario asocias con las siguientes cosas?

1. los colores rojo, blanco y azul   *la bandera*
2. el inglés ~~la ciudadanía~~ *la lengua Materna*
3. Tijuana y El Paso ~~la zona residencial~~ *la Frontera*
4. el pasaporte *la patria*
5. una ciudad de más de 20 millones de personas *la sobrepoblación*
6. ganar menos de 30.000 dólares / más de 400.000 dólares al año para una familia de cuatro personas *el nivel económico*
7. pasar la niñez y la adolescencia y llegar a ser adulto *avanzar/ crecer*
8. romperse una pierna y dos años después ganar un maratón en los juegos olímpicos ~~la desaprovechar~~ *superar*
9. tener muchas ganas de volver a casa y estar con la familia *la residencia*
10. esperar y desear una cosa que después no llega *descelusión*

ACTIVIDAD 2 Palabras con las mismas raíces

¿Cuántas palabras conoces que tengan las mismas raíces que las palabras de la lista que aparece a continuación? Piensa en todo el vocabulario en español que tú ya sabes, y no sólo en el vocabulario de esta lección.

1. el origen
2. la discriminación
3. la población
4. la lengua
5. la ciudadanía
6. la residencia
7. legal
8. pobre
9. la esperanza
10. la patria

ACTIVIDAD 3 Símbolos

Paso 1 Haz dos listas: una con cinco cosas o ideas que para ti sean símbolos de tu país; y otra con cinco cosas que en tu opinión representen la comunidad latina de tu país.

Paso 2 Compara tus listas con las de dos o tres compañeros/as de la clase. ¿En qué coinciden y en qué son diferentes? ¿Cómo explican sus diferencias?

5 Símbols.
la bandera
la ciudadanía
la costumbre
la lengua materna
el orgullo.

el nivel económico
el orgullo.
la raíz
el bilingüismo
la esperanza

■ ACTIVIDAD 4 Un retrato muy personal

Paso 1 Llena este formulario con tu información personal.

Nacionalidad _Italiano_

País de residencia _Estados unidos._

País(es) de origen de tu familia _Estados unidos._

Lugar(es) donde tienes tus raíces _Italiano (sus raíces in italía)_

Lengua materna _inglise_

Otras lenguas _español y frances_

Nivel de vida _la riquena   nivel medeano._

Ciudad(es) donde creciste _Medford Nueva york_

something that
Algo que hayas tenido que superar en la vida _la riquena_

Tu mayor ilusión en la vida _la pobreza en los estados unidos._

Tu mayor desilusión hasta ahora _El presidente._

medio ambiento.

Paso 2 Compara tu información con la de uno/a o dos compañeros/as. ¿Qué tienen en común? ¿En qué aspectos notan grandes diferencias?

■ ACTIVIDAD 5 ¿Qué es lo mejor de América?

Usando el vocabulario del capítulo y en pequeños grupos, hagan una lista de lo mejor y lo peor que su país les ofrece a las personas que en él habitan. El anuncio de Dodge puede darles algunas ideas.

■ ACTIVIDAD 6 La nostalgia

Imagínate que por alguna razón tienes que emigrar de tu país. ¿De qué sentirías nostalgia y por qué? Puedes empezar con la frase «Sentiría nostalgia de…»

La lengua española: El gran vínculo*

«Es el mayor lazo[a] de unión que puede existir entre los países americanos, es nuestro tesoro[b] más grande. El oro[c] que nos dejaron los españoles, como dijo Borges, a cambio del que se llevaron.» Carlos Fuentes, escritor mexicano (1928–)

«Lenguaje de blancos y de indios, y de negros, y de mestizos, y de mulatos; lenguaje de cristianos católicos y no católicos, y de no cristianos, y de ateos; lenguaje de hombres que viven bajo los más diversos regímenes políticos.» Miguel de Unamuno, escritor español (1846–1936)

[a]*tie*   [b]*treasure*   [c]*gold*

Los países hispanohablantes y su población: datos del Anuario estadístico 2007, Comisión Económica para Latinoamérica y el Caribe.

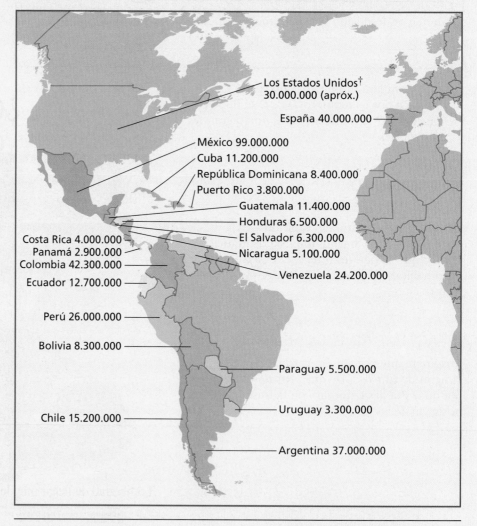

Los Estados Unidos[†]
30.000.000 (apróx.)

España 40.000.000

México 99.000.000

Cuba 11.200.000

República Dominicana 8.400.000

Puerto Rico 3.800.000

Guatemala 11.400.000

Honduras 6.500.000

Costa Rica 4.000.000

El Salvador 6.300.000

Panamá 2.900.000

Nicaragua 5.100.000

Colombia 42.300.000

Ecuador 12.700.000

Venezuela 24.200.000

Perú 26.000.000

Bolivia 8.300.000

Paraguay 5.500.000

Uruguay 3.300.000

Chile 15.200.000

Argentina 37.000.000

---

*link

[†]De acuerdo con la Oficina del Censo de los Estados Unidos, se estima que la población general en el año 2007 era de 301.627.157 millones de personas. En la actualidad se calcula que hay alrededor de 45 millones de personas de origen hispano, de los cuales la mayoría habla español como lengua materna o lengua de herencia familiar.

El español es una de las lenguas derivadas del latín, como el italiano, el francés, el portugués, el catalán, el gallego y el rumano. También se le puede llamar castellano, pues su origen es Castilla, uno de los reinos de la Península Ibérica antes de que España fuera[d] el país unificado que hoy conocemos. Los conquistadores y colonizadores españoles llevaron su lengua a América, donde el español terminó por convertirse en el idioma de todos los países donde hubo dominación española. Hoy día existe una comunidad de aproximadamente 456 millones de personas que hablan español y viven en veintiún países. Los Estados Unidos es uno de estos países, pues aunque el castellano no es lengua oficial, sus más de 45 millones de hispanos lo hacen el cuarto o quinto país en número de hispanohablantes. En los países de Guinea Ecuatorial y las Filipinas el español es una lengua de importancia histórica, aunque ahora esté perdiendo hablantes.

El español coexiste con otras muchas lenguas en los países donde se habla. En España hay otras tres lenguas oficiales (el catalán, el euskera y el gallego). En América, el panorama lingüístico es impresionantemente rico. En Sudamérica, por ejemplo, hay 375 lenguas identificadas en la actualidad (se sabe que muchas se han perdido y de las que siguen existiendo muchas están en peligro[e] de extinción). Éstos son algunos datos.

- Tan sólo en Bolivia hay aproximadamente 35 lenguas indígenas.
- En el Perú hay más de 4 millones de hablantes de quechua.
- En Chile hay unas 250.000 personas que hablan mapuche y araucano.
- En el Paraguay, el guaraní es una lengua oficial junto con el castellano.

[d]*was*   [e]*danger*

Tertulia La lengua como vínculo

- La lengua es uno de los rasgos (*features*) culturales que más identifica a una comunidad. ¿Qué otros elementos o ideas pueden ser la base del concepto de comunidad?

- Piensen en el papel del español en los Estados Unidos. ¿Por qué creen que es importante (o no es importante) que lo estudien y lo hablen personas que no son hispanas?

- Si fueran inmigrantes, ¿sería importante para Uds. que sus hijos aprendieran su lengua? Si algunos de Uds. son hijos de inmigrantes, ¿aprendieron la lengua de sus padres? Hablen un poco sobre su experiencia.

17 Palabras indefinidas, negativas y positivas

Palabras positivas		Palabras negativas		Palabras indefinidas	
todo el mundo	*everyone*	ningún, ninguno/a(s)	*none, no (one)*	algún, alguno/a(s)	*some*
siempre	*always*	nada	*nothing*	algo	*something*
también	*also*	nadie	*no one*	alguien	*someone*
o (...o)	*or/either (...or)*	nunca; jamás	*never*	algunas veces	*sometimes*
		tampoco	*neither*		
		ni (...ni)	*neither (...nor)*		

- In a negative sentence either the word **no** or a negative word precedes the verb.

No puede ayudarme **nadie.** = **Nadie** puede ayudarme.
No one can help me.

No vino **nadie.** = **Nadie** vino.
No one came.

Yo **no** tengo hermanos **tampoco.** = Yo **tampoco** tengo hermanos.
I don't have siblings either.

Tú **no** quieres bailar **nunca.** = Tú **nunca** quieres bailar.
You never want to dance.

- **Alguno** and **ninguno** have two singular masculine forms: **algún/ alguno** and **ningún/ninguno.** Like **un/uno,** these words are shortened when used as an adjective before a masculine noun. The longer forms, **alguno** and **ninguno,** are pronouns.

Algún día vengo a visitarte. / *Someday I will come visit you.*
Estoy buscando mi paquete, / *I am looking for my package, but*
pero no hay **ninguno** aquí. / *there isn't one (are none) here.*
(**ningún paquete**)

- **Algunos/as** can be substituted by **varios/as.** (However, **varios/as** may imply more quantity than **algunos/as.**)

—¿Tienes **algún** pariente en / —*Do you have any relative(s) in*
otro país? / *another country?*
—Sí, tengo **algunos/varios.** / —*Yes, I have some/several.*

«...tienen más posibilidades de no tener acento en **ninguno** de los dos idiomas.»*

- **Ninguno** is not used in the plural, except with words that are always plural.

  No hay **ningunas** tijer**as** en la mesa. *There are no scissors on the table.*

- **O… o / ni… ni:** Often only one of the pair is used.

  (O) Hablas ahora **o** te callas para siempre.

  (Either) You speak now or you stay quiet forever.

  No prefiero **(ni)** éste **ni** el otro.

  I don't prefer this one or that one.

No hay **ningunas** tijer**as** en la mesa.

■ ACTIVIDAD 1 Nuestra comunidad universitaria

Corrige las siguientes frases para que muestren la realidad de tu universidad.

1. Hay un programa de aviación. *No hay ningún programa de aviación.*
2. Siempre hay fiestas los miércoles por la noche. *Nunca hay fiestas los miércoles por la noche.*
3. Todo el mundo habla más de dos lenguas. *nadie habla más de dos lenguas*
4. No hay ningún profesor aburrido. *Hay ~~ningún~~ algún profesor aburrido.*
5. Todos los servicios para los estudiantes son totalmente gratuitos. *algunos los servicios para los estudiantes son totalmente gratuitos*
6. Muchos profesores tienen 18 años. *Ningún profesores tienen 18 años.*
7. Todos los estudiantes son irresponsables y perezosos. *algunos los estudianets son irresponsables y perezosos.*
8. Los deportes y los equipos deportivos (nunca) son importantes aquí. *siempre*

México, de Eduardo Guzmán Ordaz. Guzmán es de Oaxaca, México, y vive en San Francisco.

■ ACTIVIDAD 2 Collage

Paso 1 ¿Qué se ve en este collage? Corrige las siguientes oraciones para que sean ciertas.

1. Se ven a algunas personas trabajando en un hospital. *No se ve a ningún a uno.*
2. No se ve a ningún niño. *Se ve algunos a niño*
3. Todos los símbolos e imágenes son muy positivos. *Hay algunos símbolos e imágenes son muy positivos*
4. Se ven muchos pies. *Hay algunos*
5. Hay varias fotos de iglesias. *No hay ninguna*
6. Sólo hay palabras en náhuatl (una lengua indígena de México). *No hay ninguna.*
7. Podemos ver varios mapas y vehículos. *No podemos ver ningún ne*
8. El collage no tiene ningún colorido. *mucho.*

Paso 2 En parejas, discutan este collage. ¿Qué símbolos pondrías tú en un collage similar para representar a tu propio país?

■ ACTIVIDAD 3 ¿Somos como ellos?

Inventa varias preguntas sobre las personas de las fotos: su aspecto, su talento y su personalidad. Después hazles esas preguntas a algunos compañeros de clase. **¡OJO!** Las preguntas deben generar respuestas que requieran una de las palabras o expresiones indefinidas o negativas.

Ejemplos: Santana → ¿Hay alguien en tu familia / entre tus amigos que lleve el pelo como Santana? ¿Siempre llevas gorro como Santana?

Isabel Allende → ¿Has leído todas las novelas de Isabel Allende? ¿Tienes parientes en Chile como ella?

Jennifer López → ¿Te interesa algo de Jennifer López (su música, su actuación, su persona)? ¿Alguien en esta clase canta tan bien como Jennifer López?

Isabel Allende

Carlos Santana

Jennifer López

18 El indicativo y el subjuntivo en cláusulas adjetivales

Adjective clauses (**cláusulas adjetivales o relativas**) function like adjectives. They add information about a noun that appears in the main clause. Look at the examples.

adjetivo (que describe **países**)

En el mundo hay veintiún países <u>hispanohablantes.</u>
Adjective

In the world there are twenty-one Spanish-speaking countries.

cláusula adjetival (que describe **países**)

Hay veintiún países <u>que tienen el español como lengua oficial.</u>
Adjective clause

There are twenty-one countries that have Spanish as the official language.

The adjective clause **que tienen el español como lengua oficial** is comparable in function to the adjective **hispanohablantes.**
  A *relative pronoun* (**pronombre relativo**)[†] connects the main and adjective clauses (hence, adjective clauses are also referred to as *relative* clauses). There are several options in Spanish, but the most frequent one is **que.** Two other common relative pronouns are **quien** and **donde.**

¡OJO! Adjective clauses are **subordinate** clauses.

«...y le cuenta de las oportunidades **que** ella ha tenido por poder comunicarse en dos idiomas.»*

When to use the subjunctive or indicative in the adjective clause

Indicativo	Subjuntivo
The indicative is used in the adjective clause when the clause refers to something that the speaker knows exists.	The subjunctive is used if the clause refers to something that does not exist, or if the speaker is unsure of or denies its existence.
Conozco a **alguien** que **vive** allí.	**No** conozco a **nadie** que **viva** allí.
(The speaker knows of the existence of the antecedent, **alguien.**)	(**Nadie** is a negative antecedent.)
Voy a escribirles una nota de agradecimiento a todos los que me **mandaron** un regalo.	Voy a escribirles una nota a todos los que me **manden** un regalo.
(Gifts were sent and the speaker knows the senders exist.)	(The speaker does not know who those people are, since the gifts have not been sent yet.)
Busco a un doctor que **vive** en este edificio.	Busco un doctor que **viva** en este edificio.
(The speaker knows of the existence of a doctor, although the name or exact location may be unknown.)	(The speaker does not know if there is actually a doctor who lives there.)
¡OJO! Notice the use of personal **a** in this sentence: the doctor is real, and therefore is treated as a human entity.	**¡OJO!** Notice that the personal **a** is not used in this sentence: the doctor is only a concept, not a real human being.

---

*«Dos idiomas, múltiples beneficios», Isis Artze
[†]You will study all relative pronouns in Spanish in **Capítulo 9.**

Paso 1 Completa las siguientes oraciones basadas en el anuncio de «México: más allá de tu imaginación», de acuerdo con tu opinión.

1. Este anuncio está dirigido a las personas que _____.

2. Si una persona es de origen mexicano, lo bueno de viajar a México es que _____.

3. Seguro que este anuncio les interesa a los hijos de los emigrantes que _____.

4. No creo que este anuncio esté dirigido a las personas que _____.

Paso 2 Imagínate que un pequeño grupo de compañeros y tú han fundado una nueva compañía especializada en organizar viajes al lugar de Latinoamérica que ustedes elijan. Ahora necesitan una buena campaña de publicidad. Primero, pónganle un nombre a su compañía que refleje (*reflects*) sus objetivos geográficos y comerciales. Después, escriban un anuncio comercial que integre al menos tres de las siguientes oraciones (que deben completar).

1. _____ (Nombre de la compañía), al servicio de las personas que…

2. Si quiere visitar un lugar que…

3. No va a encontrar otra compañía que…

4. Tenemos precios que…

5. Viaje con nosotros, hará el viaje que…

6. ¿?

«América»

«Poco a poco todo americano nacido o venido del sur del Río Grande deja de ser americano y se convierte en latinoamericano forzoso.[a] Lo que en sí[b] no está ni bien ni mal, con una sola condición: que los otros americanos, los anglos, dejen también de ser americanos a secas[c] y se vuelvan angloamericanos… Hay que[d] resistirse a la usurpación por medio de la palabra. Americanos son todos, y no sólo los del norte, el inglés y la *Church of England*.»*

«América» no significa lo mismo para todos ni en todos los contextos. De hecho,[e] como puede verse en la cita[f] anterior, algunas personas rechazan el término «América» para referirse a los Estados Unidos, puesto que[g] este uso excluye al resto de los países del inmenso continente que se llama América.

Por otra parte, existe una gran conciencia de hermandad[h] y de «americanismo» entre los habitantes de los países americanos de lengua española y portuguesa, que con frecuencia se refleja[i] en el arte y en las canciones populares. Las coincidencias lingüísticas e históricas, así como la lucha común por casi todos los países para conseguir economías y gobiernos estables, hace que sea muy fácil para las personas de un país americano identificarse con las de otros.

[a]*compulsory*   [b]*Lo… Which in itself*   [c]*a… only*   [d]Hay… Es necesario [e]*De…
In fact*   [f]*quote*   [g]puesto… *since*   [h]*brotherhood*
[i]*se… is reflected*
*(*Cambio 16*, 18/5/1992, p. 5)

Tertulia ¿Sienten hermandad?

¿Creen que los estadounidenses sienten hermandad hacia otros países? ¿Con cuáles países se sienten hermanos? Expliquen sus respuestas.

«This is not America», *del artista de origen chileno Alfredo Jaar, apareció en forma de un anuncio de neón cambiante en* Times Square.

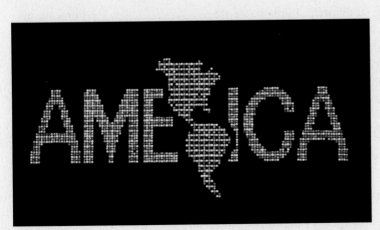

vocabulario útil

el juramento de lealtad a la nación	pledge of allegiance
el miedo	fear
asegurar	to secure
enternecer (zc)	to move (emotionally)
enterrar (ie)	to bury
aliviado/a	relieved
aterrado/a	terrified
atónito/a	astonished
desencantado/a	disenchanted
por supuesto	of course

Reflexiones

La lectura para este capítulo se publicó en el *Nuevo Herald*, el periódico en español más importante de Miami. Su autor, el periodista Jorge Ramos Ávalos (1958–), tiene una larga y distinguida carrera en el Noticiero de Univisión desde 1986. En 2001 fue galardonado con el premio Maria Moors Cabot de la Universidad de Columbia (el premio más antiguo de periodismo internacional) y ha ganado siete *Emmys* por su labor periodística. Ramos está considerado como uno de los latinos más influyentes de los Estados Unidos.

■ ACTIVIDAD 1 Frases incompletas

Completa cada una de las siguientes oraciones con una palabra o expresión del **Vocabulario útil.** Si es un verbo, conjúgalo en la forma correcta; si es un adjetivo, ten presente el género y el número.

1. Todos nos sentimos muy _____ cuando por fin mi padre llamó y nos dijo que estaba bien.

2. En los Estados Unidos, todos los niños recitan diariamente en su escuela _____.

3. Ver a los niños salir de la escuela es una imagen que me _____.

4. Cuando me dijo lo que había pasado no me lo podía creer. Me quedé _____.

5. Recuerdo que en mi primer viaje a los Estados Unidos hubo mucha turbulencia en el vuelo y yo estaba _____.

6. Mi esposo y yo vinimos a este país para _____ un futuro mejor a nuestros hijos.

7. Después de su divorcio, Elena se siente _____ del amor y las relaciones estables.

8. Marta es una persona muy tímida. Tiene _____ de comunicar sus sentimientos y prefiere _____ en lugar de hablar sobre ellos.

■ ACTIVIDAD 2 Sentimientos

Cuéntale a un compañero / una compañera una ocasión en que algo hizo que te sintieras:

aliviado/a　　**aterrado/a**　　**atónito/a**　　**desencantado/a**

*los Estados Unidos

Estrategia: ¿Hecho u opinión?

Es importante recordar que cualquier persona que escribe tiene un punto de vista sobre lo que escribe. El texto de esta sección es un artículo de una columna de opinión, lo cual implica que se quiere exponer un punto de vista. El punto de vista puede presentarse de manera más o menos provocativa. La siguiente oración es un ejemplo.

> Quizás no hubo vacío (*gap*) de autoridad durante esas larguísimas horas en que no vimos ni escuchamos en los medios de comunicación a Bush ni a ninguno de sus ministros o colaboradores.

¿Crees que la oración implica alguna duda sobre la representación de la autoridad? Si crees que asume una postura crítica, ¿te parece que se trata de una crítica moderada o agresiva?

A medida que leas el texto, marca las oraciones o párrafos donde el autor va más allá de simplemente presentar los hechos o narrar lo que pasó.

EL MARTES QUE EU PERDIÓ LA INOCENCIA,
JORGE RAMOS ÁVALOS

Nos habíamos levantado temprano y Nicolás estaba muy contento. Días atrás mi hijo había comenzado la escuela y ya le estaba perdiendo el miedo a quedarse sin sus padres por unas horas. Pero cada vez que lo acompañaba para dejarlo en el colegio, me señalaba con su dedito al cielo y decía: «Mira, papá, ésa es mi bandera». Esa mañana parecían flotar las 13 **franjas** horizontales rojas y blancas con las cincuenta estrellas enterradas en el azul. Se refería por supuesto a la bandera norteamericana.

Ese martes 11 de septiembre del 2001 me quedé unos minutos más en la escuela y vi a mi hijo Nicolás ponerse la mano en el **pecho**, al igual que cientos de sus compañeros

stripes

chest

1

5

10

de primaria, y declamar en inglés: «*I pledge allegiance to the flag of the United States of America...*». Me enterneció ver a un niño de apenas tres años de edad repetir, si bien mecánicamente, el saludo a la bandera de los Estados Unidos. Soy mexicano (más bien muy mexicano), pero los Estados Unidos me ha dado las oportunidades

20 que no encontré en mi país y, además, mis dos hijos nacieron en esta nación de inmigrantes. Salí contento de la escuela y regresé corriendo a casa, para hacer un poco de ejercicio, seguido por mi perro Sunset.

Tras una ligera llovizna el sol peleaba con las nubes y me

25 quemaba la cara. Era una mañana típica del sueño americano: casa en los suburbios, un buen trabajo, dos hijos maravillosos y el futuro asegurado. En todo tenía razón, menos en lo de futuro asegurado. Cuando llegué a la casa fui a la cocina a tomar un poco de agua y mi esposa Lisa recibió una llamada por teléfono. Era una amiga.

30 Colgó inmediatamente y la vi correr para encender el televisor. No le hice mucho caso, hasta que gritó: «¡No puede ser!» Las imágenes de la televisión transmitían a nivel nacional el extrañísimo caso de un avión enterrado en una de las torres gemelas del *World Trade Center* de Nueva York. Nos paramos, mudos, frente al televisor. Y

35 ahí mismo vimos atónitos cómo otro avión comercial se estrellaba contra la segunda torre causando una enorme explosión. «¿Qué es esto?», dije en voz alta. «¿Qué está pasando?» La posibilidad de un accidente quedaba desvanecida con el choque de la segunda aeronave. Una falla en la torre de control de alguno de los tres

40 aeropuertos de Nueva York habría sido detectada y corregida por cualquier piloto experimentado. Sí, la única posibilidad factible era la de un acto terrorista. Hice un par de llamadas a la oficina —como periodista vivo de lo inusual, de lo repentino y hay mañanas en que no sé en qué país del mundo acabaré durmiendo— y me fui a

45 dar un duchazo. El plan era irme directo al aeropuerto y tomar el primer vuelo de Miami a Nueva York. Lisa me sorprendió cuando jalaba una toalla tras salir de la bañera. «Bombardearon también el Pentágono», me informó y se echó a llorar.

El mundo lineal, seguro, tranquilo, que sólo unos minutos

50 antes había vislumbrado para mi hijo Nicolás se transformó en un escenario caótico, impredecible, lleno de miedos. Y los Estados Unidos, que estaba muy mal acostumbrado a pelear fuera de su territorio y a sentirse prácticamente invulnerable a ataques terroristas internacionales, hincaba la rodilla por unos angustiantes

55 momentos. El ataque había sido audaz, cruel y bien planeado. Luego vendrían los mares bipartidistas de patriotismo y el contraataque. Pero la inocencia estaba perdida.

Por supuesto, no me pude ir a Nueva York en avión. Todos los aeropuertos del país cerraron. Y la ciudad de la que Frank Sinatra

60 aseguró que nunca duerme —*...a city that doesn't sleep*— durmió. Aterrada. Desencantada. Sin cantos. Doce, trece, catorce, quince horas pasé en la televisión reportando sobre el peor día en la

---

Glosas (margen derecho):

- escuela elemental — *recite*
- *better said*
- *light rain* — *was fighting*
- *except*
- *She hung up*
- *twin towers*
- *We stood up, mute*
- *crashed*
- desaparecida
- avión
- *feasible*
- *sudden events*
- *to take a shower*
- tomaba
- empezó
- imaginado
- *kneeled*
- *bold*
- canciones

historia de los Estados Unidos en lo que se refiere al número de muertos por un acto terrorista o de guerra. Y describí 100, 200,
65 mil veces cómo un avión se estrellaba en las torres gemelas de Nueva York y cómo unos **muñequitos** desesperados **se tiraban al vacío** para no morir **calcinados**. Desde las 9:30 de la mañana hasta las 8:30 de la noche de ese martes el presidente George W. Bush prácticamente desapareció del mapa. Había «evidencia creíble»,
70 diría luego el portavoz presidencial, de que la Casa Blanca y el avión presidencial estaban también en la lista de objetivos terroristas. Así que el *Air Force One,* como **chapulín** supersónico, saltó de Sarasota en la Florida (donde sorprendió a Bush el primer ataque) a una base aérea en Louisiana, a otra en Nebraska, a otra en Virginia.
75 El Presidente, ausente pero seguro, reapareció **en vivo** para dar un **discurso** a la nación a las 8:32 de la noche del martes en la Casa Blanca, adonde había llegado esa misma tarde. Quizás no hubo vacío de autoridad durante esas larguísimas horas en que no vimos ni escuchamos en los medios de comunicación a Bush ni a ninguno
80 de sus ministros o colaboradores. Quizás todas las órdenes fueron dadas desde el avión. Quizás ahí estaba el mandatario en **pleno** control. Quizás. El código Delta —una operación de emergencia antiterrorista— estaba en efecto. La seguridad era la prioridad. Pero poder que no se ve, poder que **no se ejerce**. La noche terminó con
85 los mismos aviones destruyendo las mismas torres y las mismas imágenes de **seres** desesperados **lanzándose** al vacío.
Cuando por fin salí de los estudios de televisión estaba lloviendo. No abrí el paraguas y caminé, lento, hacia el auto. **Prendí** la radio para escuchar aún más noticias. No pude más. Apreté el botón
90 que dice CD y oí a Madonna cantar *Hey mister D.J.* Mi mente, lo admito, descansó. Llegué a casa, comí un sándwich de mantequilla, preparé leche con chocolate —como cuando era niño— y **me metí a la regadera**. Al salir fui al cuarto de Nicolás y le toqué el estómago en un ritual que sigo desde que nació. Sí, estaba respirando. Y
95 respiré. Aliviado. Así, el mismo martes que los Estados Unidos perdió su inocencia yo perdí la convicción de que el futuro de mi hijo Nicolás sería mejor que el mío. **Lo despeiné** suave, delicadamente, mientras dormía y me acordé que esa misma mañana me dijo orgulloso en su escuela: «Mira, papá, ésa es mi bandera».

little dolls   jumped into the emptiness   incinerated

grasshopper

live
speech

full

is not exerted

personas   throwing themselves

I turned on

got in the shower

I ruffled his hair

Comprensión y discusión
■ ACTIVIDAD 3 ¿Está claro?

Paso 1 Busca en el texto las frases u oraciones que confirman estas ideas.

1. El hijo del autor se siente americano.
2. El autor se siente mexicano, pero tiene gran afecto por los Estados Unidos.
3. Los ataques terroristas del 11/9 hicieron que los estadounidenses se sintieran vulnerables dentro de su propio país.
4. El 11/9 le quitó al autor la confianza en la seguridad futura de su hijo.

5. Los Estados Unidos perdieron parte de su arrogancia el 11/9.

6. Ramos tuvo la sensación de que la autoridad del país no estuvo clara durante unas horas.

Paso 2 El artículo de Ramos refleja los miedos profundos que un acto terrorista despierta en nosotros. Cuando esto ocurre, cosas muy simples pueden convertirse en ritos llenos de significado. Busca en el artículo las cosas que le producen miedo al autor del artículo como consecuencia de la experiencia del 11/9 y en qué otras cosas encuentra alivio (*relief*).

■ ACTIVIDAD 4 ¿Qué piensas ahora?

Paso 1 Comparte con un compañero / una compañera las partes del texto que marcaste por contener una opinión. ¿Coincide su apreciación con la tuya?

Paso 2 ¿En qué aspectos de lo que cuenta Ramos Ávalos se nota una opinión? ¿Crees que su opinión parece implicar una crítica sobre algo de lo que ocurrió el día de la tragedia? ¿Crees que presenta una crítica severa o moderada? ¿Por qué?

■ ACTIVIDAD 5 Símbolos e imágenes

«El martes que EU perdió la inocencia» ofrece imágenes y símbolos que nos hacen conectar fácilmente con la idea y sentimientos que desea transmitir el autor. En grupos pequeños, comenten esos símbolos, explicando el efecto que pueden causar en los lectores. No olviden pensar en el punto de vista particular de personas que no son nativas de los Estados Unidos.

Ejemplo: La escuela primaria → Es una imagen con la que todos podemos conectar. La escuela es el lugar donde comienza la independencia de una persona. Si uno tiene hijos, la escuela puede ser una experiencia dulce y triste a la vez, pues para muchos padres es difícil aceptar el paso del tiempo y piensan que los hijos crecen rápidamente.

Tertulia El 11/9 fue el día que...

En grupos, hablen de cómo fue ese día en su vida. Éstas son sólo algunas de las preguntas que pueden ayudarles a pensar en el tema.

¿Qué recuerdas de ese día?
¿Cómo te sentiste?
¿Cómo vivió tu familia una situación tan intensa?
¿Qué es lo que no vas a olvidar nunca de ese día?

Una biografía

Tema

Entrevista a un(a) inmigrante. Antes de la entrevista, prepara diez preguntas para obtener información sobre su vida y su experiencia como inmigrante. Con esta información escribe una biografía de esa persona para compartirla con tu clase de español.

Prepárate

- Prepara tus preguntas con cuidado. Piensa en tu audiencia y en la información que querrán saber.
- Una vez que tengas la información, haz un esquema de cómo organizarás los eventos.

¡Escríbelo!

- Introducción y tesis: A pesar de que escribes una biografía, todavía necesitas una presentación y una explicación que reflejen la importancia de la persona de quien escribes.
- Párrafos: Asegúrate de que usas párrafos bien organizados en los que hablas de cada uno de los aspectos que quieres destacar de la vida de esta persona.
- Citas: Como has entrevistado a la persona, es pertinente citar algunas de sus palabras. Para ello recuerda usar las comillas (« / »).
- Consultas: Busca en el diccionario y en tu libro de español aquellas palabras y expresiones sobre las que tengas dudas.

¿Y ahora?

- Repasa los siguientes puntos.
  - ❏ el uso de los tiempos verbales
  - ❏ la concordancia entre sujeto y verbo
  - ❏ la concordancia de género y número entre sustantivos, adjetivos y pronombres
  - ❏ la ortografía y los acentos
  - ❏ el uso de un vocabulario variado y correcto: evita las repeticiones
  - ❏ el orden y el contenido: párrafos claros, principio y final
- Finalmente, prepara tu versión para entregar.

Consulta el *Cuaderno de práctica* para encontrar más ideas y sugerencias que te ayuden a escribir la composición.

No te olvides de mirar el Apéndice I, **¡No te equivoques!**, para evitar errores típicos de los estudiantes de español. Para esta actividad de escritura, se recomienda que prestes atención a **Cuándo usar *ir, venir, llevar* y *traer*** (página A-4).

Gramática en acción: La vuelta (*return*)

Aunque muchos emigrantes sueñan con volver a su país de origen, el regreso puede ser también una experiencia difícil: no es extraño que se sientan diferentes en su propio país por sus nuevas costumbres y forma de hablar. Así lo expresa Tato Laviera, un poeta puertorriqueño de Nueva York.

ahora regreso con un corazón boricua,[a] y tú,
me desprecias, me miras mal, me atacas mi hablar,
mientras comes McDonalds en discotecas americanas.*

El siguiente texto es sobre un inmigrante imaginario que sueña con volver a su país. Llena los espacios en blanco con la forma apropiada de los verbos entre paréntesis en el presente de subjuntivo o indicativo; los otros espacios en blanco requieren una palabra indefinida o negativa.

Yo, aquí, voy a hacer como mi primo Tomás: unos años trabajando duro y ahorrando y luego me vuelvo a mi país. Aquí no tenemos a _____:[1] _____[2] familia _____[3] amigos. Bueno, sí, tenemos _____[4] amigos, pero _____[5] es como los amigos de allá. Y _____[6] nos sentimos a gusto,[b] porque esta gente de aquí no se parece en _____[7] a nosotros.

   Cuando volvamos, voy a comprar un terreno[c] que _____[8] (estar) cerca de mi pueblo y que _____[9] (ser) grande. Me voy a construir una casa bien linda que _____[10] (tener) un huerto con naranjos, aguacates y bananos[d] y una buena cocina donde se _____[11] (reunir) toda mi familia los días de fiesta. No necesito una casa que _____[12] (ser) grande, pero sí quiero una casa desde la que se _____[13] (ver) las montañas.

[a]puertorriqueño (Borinquen = Puerto Rico)   [b]a... *at home, comfortable*
[c]*piece of property*   [d]huerto... *grove with orange, avocado, and banana trees*

«Nuyorican», *AmeRícan* Houston; Arte Público Press, 1985

Espero que mis hijos no _____14 (ser) demasiado grandes cuando podamos volver. No quiero que me _____15 (pasar) como le pasó a mi cuñado: _____16 de sus cuatro hijos quiso regresar. Decían que ellos ya estaban grandes que aquí tenían una vida que los hacía felices. ¡Ay, no sé! Dios quiera que _____17 (poder) volver pronto.

Proyectos en tu comunidad:
La presencia cultural hispana donde tú vives

Puedes elegir una de las dos opciones siguientes.

- Entrevista a alguna persona hispana de tu ciudad sobre lo que él/ella considera su comunidad. Éstas son algunas de las preguntas que se pueden hacer: ¿Quiénes forman su comunidad? ¿Hay una comunidad de personas de su lugar de origen? ¿Es esa comunidad importante en su vida? ¿Por qué? Podrías preguntarle también sobre si desea volver a su país de origen en el futuro y sobre lo que le gusta y no le gusta de la vida en este país.

- Investiga qué tipo de asociaciones u organizaciones de tipo social o profesional en tu ciudad o estado son especialmente de hispanos. Si son muchas, concéntrate en una o dos. ¿Cómo se llaman? ¿Dónde y cuándo se formaron? ¿Cuáles son sus objetivos?

Tertulia final Nuestras comunidades

¿Qué entienden Uds. por comunidad? ¿Puede uno/a pertenecer a más de una comunidad al mismo tiempo? ¿Cómo puede variar el concepto de comunidad de una persona a otra o de unas circunstancias a otras? ¿De qué comunidades se sienten parte? Entre las diferentes razones por las cuales se identifican con ciertas comunidades, ¿cuáles les molestan más? ¿Cuáles merecen su respeto? Expliquen por qué.

«Para recoger
hay que sembrar.»

8

Nuestro pequeño mundo

Reflexiones La guerra del agua

¿Sabes algo sobre la situación con respecto al agua en nuestro planeta? ¿Hay abundancia o escasez (*shortage*) de agua? ¿Cuáles son algunas de las regiones de tu país que tienen problemas con el suministro (*supply*) del agua? ¿A qué se deben esos problemas?

LA GUERRA DEL AGUA,

JACK EPSTEIN

Cuando Kofi Annan, el secretario general de la Organización de Naciones Unidas (ONU), dijo que el agua era una posible «causa de conflictos y guerras», obviamente estaba pensando en Latinoamérica.

se terminan
water stratum
is sinking

En Ciudad de México, Santiago de Chile y Lima **se agotan** las reservas subterráneas del líquido. El bombeo excesivo del **manto acuífero** ha provocado que la capital mexicana **se hunda** más rápidamente que Venecia; ahora el agua se trae desde una distancia de 200 kilómetros.

dams
blackouts
supply

En Chile, el agotamiento de los **embalses** necesarios para la energía hidroeléctrica causó **apagones** generalizados hace unos años.

En Lima casi nunca llueve y el **abastecimiento** de agua depende de los ríos que bajan de los Andes. La escasez de agua potable causó una epidemia de cólera en 1991, la primera en un siglo.

El consumo mundial de agua potable se duplica cada veinte años. Es hora de que los líderes latinoamericanos cambien la situación: programas para conservar el agua, nuevas instalaciones de tratamiento, tecnologías y obras de irrigación para conservar el agua de lluvia. Los negocios agrícolas deben pagar el agua que consumen.

afford   chlorine

Obviamente, los gobiernos que no pueden **costear** el **cloro** para purificar el agua necesitarán ayuda de instituciones internacionales de préstamo como el Banco Mundial y el Fondo Monetario Internacional. Esas instituciones, en vez de promover la privatización del agua deben costear la reparación de las infraestructuras. Si se mejora el cobro de impuestos, los gobiernos regionales podrían pagar las reparaciones.

Ponte a prueba

Contesta las siguientes preguntas según lo que leíste.

1. ¿Cuáles fueron las consecuencias de la escasez de agua en México, DF; Santiago y Lima?
2. Según el artículo, ¿qué se debe cambiar en Latinoamérica para mejorar la situación con respecto al agua?
3. ¿De qué forma está creciendo el consumo de agua potable en el mundo?
4. ¿Qué no podrán costear los países pobres?
5. ¿Qué deben hacer el Banco Mundial y el Fondo Monetario Internacional?

Reflexiones Paloma

1. ¿Vives en el campo o en la ciudad? ¿Qué vida te gusta más, la del campo o la urbana?
2. Menciona tres ventajas y tres desventajas de vivir en la ciudad, y tres ventajas y tres desventajas de vivir en el campo.
3. ¿Cuáles son algunos de los problemas que hay en el campo con respecto al medio ambiente?

vocabulario útil

la siembra	harvest
reclamar	to call back
revivir	to bring back to life

Ponte a prueba

¿Cierto o falso? Indica si las siguientes ideas son ciertas (C) o falsas (F), según el video. Si puedes, corrige las oraciones falsas.

1. A la mujer le sorprende que el joven se vaya de sus tierras. *Cierto*.
2. El campo que se ve en el documental es muy fértil. *Falso*.
3. La mujer intenta convencer al joven de que se quede en el campo *Cierto*.

Comprensión Contesta las preguntas según lo que viste en el cortometraje.

4. ¿Cuáles son algunas de las cosas que dice la mujer acerca del campo?
5. ¿Por qué dice el joven que se va?

CENTRO
Your media center for languages

Para ver *Paloma* otra vez y realizar más actividades relacionadas con el cortometraje, visita la página de Centro: **www.mhcentro.com.**

El medio ambiente

DE REPASO

el agua

el aire

el árbol

la atmósfera

la ciudad

la contaminación

el mar / el océano

la naturaleza

el planeta

exportar / importar

el agujero	hole
el bosque	forest
la capa de ozono	ozone layer
el cielo	sky; heaven
el combustible	fuel
el consumo	consumption
la cosecha	harvest; crop
el efecto invernadero	greenhouse effect
la madera	wood
el pesticida	pesticide
el recurso _resource_	resource
la selva	jungle; tropical rain forest
la sequía	drought
la tierra	soil

Cognados: **la agricultura, el desierto, la ecología, la erosión, la explotación, la extinción, el valle**

cortar	to cut
crear	to create
desperdiciar	to waste
proteger (j)	to protect
sembrar (ie)	to sow

Cognados: **consumir, cultivar, extinguir (extingo), preservar, reducir (zc)**

agrícola	agricultural

Un olivar (olive grove) *en Andalucía, España*

La ciudad y los servicios urbanos

la acera	sidewalk
la basura	garbage
el contenedor (de basura, de reciclados)	(garbage, recycling) bin
el envase	container (bottle, can, etc.)
el humo	smoke
el mantenimiento	maintenance
el piso	floor
la recogida (de basura)	garbage pickup
botar	to throw away

Cognado: **reciclar**

desechable	disposable

Cognado: **reciclable**

El desarrollo y la economía

el acuerdo/el tratado	agreement/treaty
la bolsa	stock exchange
la deuda (externa)	(foreign) debt
el Fondo Monetario Internacional (FMI)	International Monetary Fund (IMF)
la inversión	investment
los inversionistas	investors
los países desarrollados / en vías de desarrollo	developed countries / developing countries
la sostenibilidad	sustainability

Cognados: **la gasolina, la globalización, la nacionalización, la privatización**

invertir (ie, i)	to invest
sostener (*irreg.*)	to sustain
sostenible	sustainable

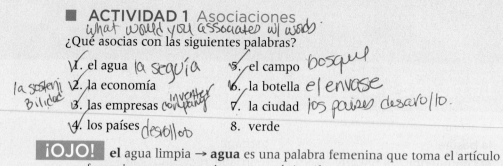

■ **ACTIVIDAD 1** Asociaciones

what would you associate w/ words

¿Qué asocias con las siguientes palabras?

1. el agua *la sequía*   5. el campo *bosque*
la sosteni- 2. la economía   6. la botella *el envase*
Bilidad 3. las empresas *inventer company*   7. la ciudad *los países desarollo.*
4. los países *desrollo*   8. verde

¡OJO! el agua limpia → **agua** es una palabra femenina que toma el artículo femenino porque empieza con **a** tónica (fuerte).

■ **ACTIVIDAD 2** ¿Qué se ve?

En parejas, describan lo que se ve en estas escenas urbanas.

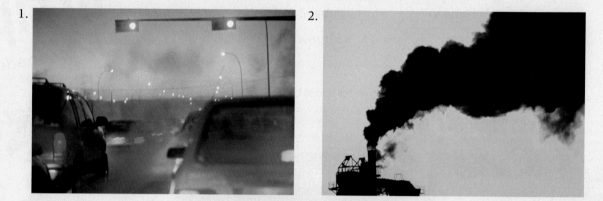

■ **ACTIVIDAD 3** ¡Busca al intruso!

Indica la palabra que no pertenece al grupo y explica por qué es distinta a las demás.

1. la agricultura   el desierto   la cosecha *harvest*
2. el cielo   el bosque   la madera
3. consumir   explotar   proteger
4. sembrar   reciclar   cultivar
5. reducir   cortar   crear
6. la deuda   la inversión   el acuerdo
7. la madera   el petróleo   la bolsa
8. la acera   el envase   el piso

ACTIVIDAD 4 Palabras relacionadas

Relaciona las siguientes palabras con otras de la lista de vocabulario. ¿Qué significan? Da un sinónimo o un antónimo, o explica su significado con otras palabras.

> *Ejemplo:* basurero → basura: Es el hombre que trabaja recogiendo la basura.

1. el desperdicio   *desperdiciar*
2. la creación   *crear*
3. la inversión   *invertir*
4. acordar   *el acuerda*
5. seca   *seca secar*
6. deber   *la deuda*
7. celestial   *el cielo*
8. el consumo   *consumer*
9. pisar   *peso*
10. el cultivo   *cultivar*

ACTIVIDAD 5 Problemas medioambientales

Paso 1 Haz una lista de los cuatro o cinco problemas medioambientales que te preocupan a ti más, tanto a nivel local como a nivel global.

Paso 2 Ahora compara tu lista con las de dos o tres compañeros/as. ¿Están de acuerdo en general? ¿En qué difieren? Digan por qué escogieron esos problemas.

ACTIVIDAD 6 Juanito en la playa

Juanito, un niño imaginario que vive en una zona muy pobre de la ciudad, es un personaje que aparece en una serie de collages del artista argentino Antonio Berni. En grupos pequeños, comenten lo que se ve en la pintura y lo que ésta representa, en su opinión. No olviden usar el subjuntivo para expresar juicios de valor (*value judgement*).

> *Ejemplo:* Creo que el artista quiere expresar que **es horrible** que muchos niños **vivan** en estas condiciones.

Juanito en la playa (1973), *de Antonio Berni.*

Las «grandes» ciudades de Latinoamérica

Uno de los problemas que el deterioro de la vida en el campo causa en algunos países latinoamericanos es la emigración en masa de los campesinos[a] hacia las ciudades. Muchas personas de origen rural se marchan[b] a la ciudad en busca de mejor trabajo y condiciones sociales, que no siempre encuentran. Esto ha provocado una gran masificación en las ciudades. Según datos de la ONU más del 75 por ciento de la población de los países latinoamericanos vive en las ciudades y este porcentaje seguirá creciendo.

En el área de México, D.F., por ejemplo, viven aproximadamente 30 millones de habitantes, es decir, casi un tercio[c] de la población de todo el país. Otras ciudades masificadas de Latinoamérica son Buenos Aires (11 millones), Lima (7,5 millones) y Santiago de Chile (5 millones), sin contar con las megalópolis del Brasil: San Pablo y Río de Janeiro.

El crecimiento rápido de las ciudades impide que se lleve a cabo[d] una adecuada planificación urbanística, por lo que algunos barrios no reciben un suministro apropiado de luz y agua. Esto tiene como consecuencia el que millones de personas vivan en condiciones terribles. Además, ciudades como México, D.F. están muy contaminadas, por lo que algunos de sus habitantes sufren de enfermedades respiratorias, especialmente los niños. Afortunadamente, las autoridades mexicanas no son ajenas[e] al problema de la mala calidad del aire y buscan medios de aminorarlo. Por ejemplo, se han establecido turnos para usar los coches y así, dependiendo de la matrícula del auto, éste no puede circular un determinado día de la semana.

[a]*farmers*   [b]*se... van*   [c]*third*   [d]*se... they carry out*   [e]*unfamiliar*

ÁREA poblato grow
Área masificada de los suburbios de México, D.F.

Tertulia Nuestro aire

- Este estudio cultural trata de la masificación urbana y los efectos que ésta tiene en la calidad del aire que respiramos. ¿Existen problemas similares en el país de Uds.? ¿En qué lugares?

- ¿Qué cosas se pueden hacer, que no se están haciendo ahora, para solucionar estos problemas?

Estructuras

19 El futuro y el futuro perfecto de indicativo

El Futuro

Forms

The base form for regular verbs is the infinitive form plus the following endings for all three types of infinitives: **-é, -ás, -á, -emos, -éis, -án.**

INDICATIVO
Presente
Presente perfecto
Pretérito
Imperfecto
Pluscuamperfecto
Futuro
Futuro perfecto

VERBOS REGULARES					
-ar: crear		**-er: proteger (j)**		**-ir: invertir (ie, i)**	
crear**é**	crear**emos**	proteger**é**	proteger**emos**	invertir**é**	invertir**emos**
crear**ás**	crear**éis**	proteger**ás**	proteger**éis**	invertir**ás**	invertir**éis**
crear**á**	crear**án**	proteger**á**	proteger**án**	invertir**á**	invertir**án**

The irregular verbs use the same endings, but have irregular stems.

VERBOS IRREGULARES	
decir	diré, dirás...
haber	habré, habrás...
hacer	haré, harás...
poder	podré, podrás...
poner	pondré, pondrás...
saber	sabré, sabrás...
salir	saldré, saldrás...
tener	tendré, tendrás...
venir	vendré, vendrás...

«... los gobiernos que no pueden costear el cloro para purificar el agua **necesitarán** ayuda... »*

*«La guerra del agua», *Latin Trade* (Sept. 2002)

Uses

- **An action that is expected to happen.** The use of the future instead of the present tense or the expression **ir a** + *verb* usually implies a more formal style.

  Habrá dos tipos de ciudades en el futuro.

  There will be two types of cities in the future.

- **A future action that includes an act of will or power,** such as a personal resolution or telling someone what he or she will do. This is the equivalent to *will / will not* and the old-fashioned and formulaic *shall / shall not*.

  No **matarás.** No **robarás.**
  Este semestre **estudiaré** todos los días.

  Thou shall not kill. Thou shall not steal.
  This semester I'll study every day.

- **Probability about an action occurring in the present** (*I wonder . . .*, *Probably . . .*). This use of the future tense is probably the most frequent one when speaking. (The counterpart for the past is the conditional, which you will see in **Capítulo 10.**)

  —Son ya las 9:00. ¿Dónde **estará** David?
  —Habrá un atasco en la autopista.

  —*It's already 9:00. I wonder where David is.*
  —*There must be a traffic jam on the highway.*

El futuro perfecto

Forms

The future perfect is formed with the future of **haber** followed by a past participle.

Este semestre estudiaré todos los días.

REPASO

past participle forms:
Capítulo 4

futuro de **haber** + participio pasado	
habré desarroll**ado**	**habremos** desarroll**ado**
habrás desarroll**ado**	**habréis** desarroll**ado**
habrá desarroll**ado**	**habrán** desarroll**ado**

Uses

As in English, the future perfect is used to refer to a future action that will be completed by a certain time.

Si no hacemos nada para protegerla, **habremos destruido** la Amazonia al final de este siglo.

If we don't do anything to protect it, we will have destroyed the Amazon by the end of this century.

Si no hacemos nada para protegerla, habremos destruido la Amazonia al final de este siglo.

Future actions are expressed by the present tense, both indicative and subjunctive, more often than with the future tense.

Present Indicative

Like in English, the present tense—including the present of *ir a* + infinitive—can be used to express future.

Vamos a salir a las 8:00.	*We are going to leave (We are leaving) at 8:00.*
Mi hermana **llega** mañana.	*My sister arrives (is arriving) tomorrow.*
El lunes te **traigo** el libro.	*I'll bring you the book on Monday.*

¡OJO! The present progressive is never used to express future in Spanish.

Present Subjunctive

The present subjunctive often refers to actions that have not occurred yet.

Quiero que **vengas** a verme.	*I want you to come to see me.*
(The action of coming will happen later.)	
No olvides llamarme cuando **llegues**.	*Don't forget to call me when you arrive.*
(The action of arriving will happen later.)	

■ **ACTIVIDAD 1** ¿Qué ves en tu futuro?

Paso 1 Forma oraciones con el futuro o el futuro perfecto usando la siguiente información. Las oraciones deben expresar cómo te imaginas tu futuro dentro de diez o quince años.

> *Ejemplos:* trabajar de _____ → **Trabajaré** de arquitecto/a (profesor/a, etcétera).
>
> casarme → No **me habré casado** todavía.

1. trabajar de _____
2. (no) casarme
3. tener _____ hijos
4. poder hablar _____ perfectamente
5. decirle a todo el mundo que la universidad _____ es la mejor
6. saber todo lo que hay que saber sobre _____
7. hacer buenas acciones por _____
8. poner toda mi confianza en _____
9. salir un nuevo aparato que _____
10. en general, en el mundo (no) haber _____

Paso 2 Ahora pregúntale a un compañero / una compañera sobre su futuro usando las frases del **Paso 1**.

Trabajaré de arquitecta.

ACTIVIDAD 2 ¿Qué estarán haciendo en este momento?

¿Qué crees que estarán haciendo en este momento las personas de la lista? Recuerda usar las formas del futuro.

1. el presidente de los Estados Unidos

2. los japoneses / los australianos

3. algún miembro de tu familia

4. tu mejor amigo/a

5. tus compañeros que no están en clase hoy

ACTIVIDAD 3 Los diez mandamientos (*commandments*)

En parejas, escriban diez reglas sobre el comportamiento que debe observar un ciudadano modelo en este mundo. Recuerda usar las formas del futuro.

Ejemplo: Los ciudadanos no arrojarán basura en la calle; siempre usarán las papeleras.

Los ciudadanos no **arrojarán** basura en la calle.

ACTIVIDAD 4 ¿Presente, futuro o futuro perfecto?

¿Qué tiempo en español se puede usar para expresar las siguientes ideas? Escoge una de las opciones e intenta explicar por qué.

a. el futuro perfecto

b. el futuro simple = probabilidad

c. el futuro simple = mandato

d. el futuro simple = intención

e. el presente de indicativo

f. el presente de subjuntivo

Ejemplo: Carol <u>must be</u> in a traffic jam, as usual. →
         d: La persona que habla expresa lo que cree que está
         pasando en este momento, aunque no está completamente
         segura de que sea así.

1. _____ *You <u>will go</u> to bed no later than 10:00. Is that clear?*
2. _____ *I <u>wonder</u> where the kids are?*
3. _____ *This year I <u>will be</u> more patient with my parents, I promise.*
4. _____ *I hope you <u>write</u> me sooner this time.*
5. _____ *They <u>will not have left</u> yet by the time you arrive.*
6. _____ *I <u>am leaving</u> tomorrow around 10:00.*
7. _____ *My flight <u>departs</u> at 7:10.*
8. _____ *By the end of the year, we <u>will have finished</u> the addition
in the house.*

■ **ACTIVIDAD 5** ¿Cómo será la vida dentro de treinta
años?

En pequeños grupos, describan cómo imaginan la vida dentro de treinta
años. Piensen no sólo en su propia vida y en la de sus familias, sino también
en la situación mundial en cuanto a avances tecnológicos, problemas
medioambientales o políticos y cualquier otro aspecto de la vida que les
parezca interesante.

20 El indicativo y el subjuntivo en cláusulas adverbiales

Adverbs express time, manner, or location (when, how, and
where) in relation to the verb in a sentence, for example,
pronto, bien, nunca, allí. An adverbial clause functions as an
adverb in relation to the main clause of a sentence.

    Adverbial clauses are easy to identify because of their
conjunctions, that is, the word or group of words that join the
main and subordinate clauses. Adverbial conjunctions include
aunque, para que, tan pronto como, después de (**que**),
and so on.

    Adverbial clauses take either indicative or subjunctive,
depending on whether the action they express has taken place
or not. A few conjunctions occur only with the indicative, a
group of conjunctions is associated only with the subjunctive,
and yet another group can appear with both indicative and
subjunctive.

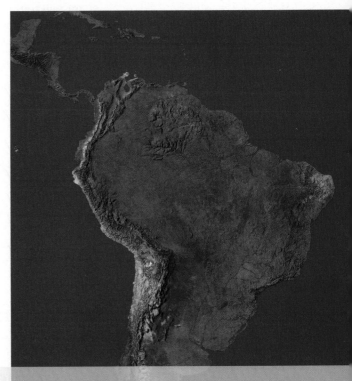

«Todavía falta que quince países más hagan lo
mismo **para que** entre en vigencia el protocolo.»*

*«A vender oxígeno», *Semana.* 26/11/01 p. 118

Adverbial conjunctions that require the indicative: Explaining facts

These clauses explain facts and their causes, often translated as *because* or *since* in English. The most common conjunction of this kind is **porque.**

[handwritten: all have to do with facts]

Juan no quiere ir **porque tiene** miedo.	*Juan doesn't want to go because he is afraid.*
Es importante reciclar, **puesto que** los recursos del planeta **son** limitados.	*It's important to recycle, given that the planet's resources are limited.*

Other conjunctions that require the indicative	
como	*given that*
puesto que	*since*
ya que	*due to the fact that*

[handwritten: porque — Because]

Adverbial conjunctions that require the subjunctive: Contingency, purpose, and actions that do not take place

[handwritten: these require all the time]

All the conjunctions in this group imply that the action in its clause has not occurred, because they express contingencies (**a menos que, con tal que**) or purpose (**para que, a fin de que**), or because the action cannot happen or will not happen before the action in the main clause (**antes de que, sin que**).

> Debemos cuidar el planeta **para que** nuestros nietos también lo **puedan** disfrutar.

[handwritten: Study/know these well]

Sin que	*without*
A fin de que	*in order to; so that*
Con tal que	*provided that*
A menos que	*unless*
Para que	*in order to; so that*
En caso de que	*in case*
Siempre y cuando	*as long as, provided that*
Antes de que	*before*

[handwritten: memorize these, they will always take subjunctive]

¡OJO!   You can try to memorize this list by remembering the nonsense word **SACAPESA,** made up of the first letters of all eight conjunctions in the list.

[handwritten: cause/effect]

Los países ricos deben ayudar a los pobres, a fin de que éstos puedan salir de la pobreza.	*Rich countries must help the poor ones so that the latter can overcome their poverty.*
Debemos cuidar el planeta para que nuestros nietos también lo puedan disfrutar.	*We must care for the planet so that our grandchildren can also enjoy it.*
Un poco de sol no es malo, siempre y cuando te protejas bien la piel.	*A little sun is not bad provided that you protect your skin well.*

[handwritten: are they going to do... contingency effect]

Same subject → preposition + infinitive

The infinitive is used after the preposition of a conjunction when the subject of the adverbial clause and the main clause coincide. The word **que** is not used in this case.

Cuidemos (nosotros) nuestro mundo para que las próximas generaciones también puedan vivir en él.

Let's take care of our world so that the next generations can also live in it.

Cuidemos (nosotros) nuestro mundo para disfrutarlo (nosotros) por más tiempo.

Let's take care of our world to enjoy it (so that we can enjoy it) longer.

Conjunctions that take the indicative and subjunctive: *When* and *how*

The conjunctions in this group take the indicative or subjunctive depending on whether the action in their clauses has taken place (indicative), is an action that takes place habitually (indicative), or is a pending action that has not occurred yet (subjunctive). In this case, the verb in the main clause expresses an action that will occur in the future.

Time conjunctions		Manner conjunctions	
✓ cuando	*when*	aunque	*although*
✓ después de (que)	*after*	como	*as*
✓ en cuanto	*as soon as*	de modo que	*in a way that*
✓ hasta que	*until*		
✓ mientras que	*while*		
✓ tan pronto como	*as soon as*		

- pending action → subjunctive

  Me llamará en cuanto llegue a casa.

  He'll call me as soon as he gets home.

- habitual action → indicative

  Me llama en cuanto llega a casa.

  He calls me as soon as he gets home.

- past action → indicative

  Mientras hubo qué comer, los invitados no se fueron.

  While there was food to eat, the guests didn't leave.

- pending action → subjunctive

  Debemos seguir luchando mientras haya problemas con respecto a la capa de ozono.

  We must continue to fight while there is a problem with the ozone layer.

Debemos seguir luchando **mientras haya** problemas con respecto a la capa de ozono.

■ ACTIVIDAD 1 Cambiemos el mundo sin cambiar el planeta

Completa las siguientes ideas con conjunciones de la lista. Puede haber más de una conjunción posible en algunos casos. **¡OJO!** Presta atención a las conjunciones que requieren subjuntivo o indicativo en cada contexto.

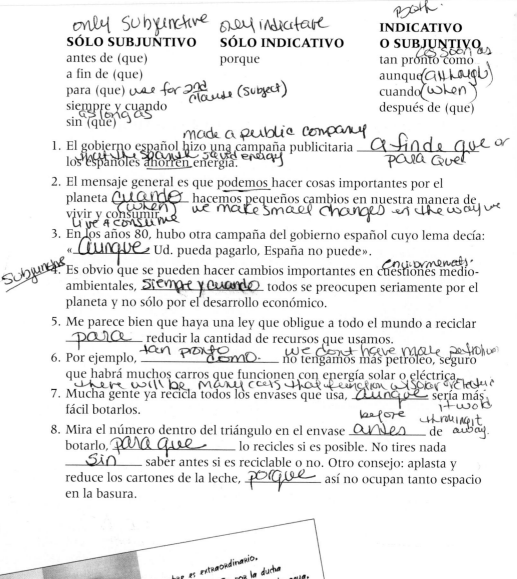

[handwritten: only subjunctive]

SÓLO SUBJUNTIVO
antes de (que)
a fin de (que)
para (que) *[handwritten: use for 2nd clause (subject)]*
siempre y cuando *[handwritten: as long as]*
sin (que)

[handwritten: only indicative]

SÓLO INDICATIVO
porque

[handwritten: both]

INDICATIVO O SUBJUNTIVO
tan pronto como *[handwritten: as soon as]*
aunque *[handwritten: (although)]*
cuando *[handwritten: (when)]*
después de (que)

1. El gobierno español hizo una campaña publicitaria _____ los españoles ahorren energía. *[handwritten: made a public company; that the Spanish saved energy; a fin de que or para que]*

2. El mensaje general es que podemos hacer cosas importantes por el planeta _____ hacemos pequeños cambios en nuestra manera de vivir y consumir. *[handwritten: cuando (when); we make small changes in the way we live a consume]*

3. En los años 80, hubo otra campaña del gobierno español cuyo lema decía: «_____ Ud. pueda pagarlo, España no puede». *[handwritten: Aunque]*

4. Es obvio que se pueden hacer cambios importantes en cuestiones medioambientales, _____ todos se preocupen seriamente por el planeta y no sólo por el desarrollo económico. *[handwritten: subjunctive; siempre y cuando; environments]*

5. Me parece bien que haya una ley que obligue a todo el mundo a reciclar _____ reducir la cantidad de recursos que usamos. *[handwritten: para]*

6. Por ejemplo, _____ no tengamos más petróleo, seguro que habrá muchos carros que funcionen con energía solar o eléctrica. *[handwritten: tan pronto como; we don't have more petroleum; there will be many cars that function w/solar electric]*

7. Mucha gente ya recicla todos los envases que usa, _____ sería más fácil botarlos. *[handwritten: aunque; it would]*

8. Mira el número dentro del triángulo en el envase _____ de botarlo, _____ lo recicles si es posible. No tires nada _____ saber antes si es reciclable o no. Otro consejo: aplasta y reduce los cartones de la leche, _____ así no ocupan tanto espacio en la basura. *[handwritten: antes / before throwing it away; para que; sin; porque]*

ACTIVIDAD 2 Cada oveja (*sheep*) con su pareja

Usa las frases para completar las siguientes oraciones de una manera lógica. No te olvides de conjugar los verbos de las frases en el subjuntivo o indicativo, según el caso.

1. Todos los días cuando llego a casa _____.

2. Sin embargo ayer tan pronto como llegué a casa _____.

3. Suelo ducharme con poca agua aunque _____.

4. Sé que todos los lunes llevas los envases a reciclar antes de que _____.

5. Pero la semana que viene los tendrás que llevar después de que _____.

6. Toda mi clase de biología piensa que los países deben llegar a acuerdos para proteger el medio ambiente mientras _____.

7. Mis profesores de economía confían en que los países en vías de desarrollo (*developing countries*) seguirán probando nuevas técnicas agrícolas hasta que _____.

8. Las generaciones posteriores pueden sufrir una gran escasez de recursos naturales puesto que _____.

9. Es esencial que ahorremos tantos recursos como _____.

a. ser posible

b. Manuel regresar, porque necesitas que te ayude

c. conseguir resolver los problemas sobre la alimentación de la población

d. gustar las duchas largas

e. echar una siesta porque estaba muy cansada

f. (nosotros) gastar demasiados recursos

g. Manuel llegar del trabajo

h. regar (*to water*) las plantas

i. el agujero negro ser una amenaza

Cultivo de maíz transgénico

ACTIVIDAD 3 El congreso (*conference*)

Completa el siguiente mensaje electrónico con la forma correcta en el subjuntivo o el indicativo de los verbos entre paréntesis.

¡Hola, Juan!

¿Cómo estás? Yo muy bien, aunque, como siempre, _tengo_ (I)¹ (tener) muchas cosas que hacer. Aquí en esta universidad, como sabes, todos los años el departamento de agricultura celebra un congreso cuando _comienza_ ² (comenzar) el semestre de primavera. Este año el tema del congreso es sobre productos transgénicos y se hará un poco antes, tan pronto como _volvamos_ (S) (volver: nosotros) de las vacaciones. Tenemos mucho que organizar antes de que los visitantes _lleguen_ (S) (llegar). El año pasado asistieron científicos de diversos estados y todos los estudiantes graduados trabajamos mucho mientras _tuvieron_ (pretérito) (tener) lugar las sesiones. Este año también trabajaremos hasta que todo _esté_ ⁶(S) (estar) listo. De hecho,ᵃ en cuanto _termine_⁷ (S)(terminar: yo) de escribir este mensaje, tengo una reunión con el fin de hacer nuestros horarios para el evento. Tenemos que organizarnos bien a fin de que todos nosotros _podamos_⁸ (poder) descansar. Lo mejor de estos congresos es que siempre después de que _termine_ ⁹ (terminar)(S) la última sesión hay una gran cena para todos los organizadores.

Te dejo. Te escribo otra vez tan pronto como _tenga_ ¹⁰ (S)(tener: yo) un rato libre.

David

ᵃDe... *In fact*

ACTIVIDAD 4 Tu opinión

En parejas, completen las siguientes ideas.

1. La destrucción de la Amazonia continuará a menos que...
2. Los países latinoamericanos ceden (*give*) derechos de explotación de sus recursos a compañías internacionales para (que)...
3. Los países menos desarrollados tendrán serias preocupaciones ecológicas a menos que...
4. Yo creo que es bueno explotar _____ (un recurso) siempre y cuando / con tal que...
5. Es fácil reciclar cuando...
6. Los países desarrollados usarán menos petróleo tan pronto como...

ACTIVIDAD 5 La ciudad del futuro

En un seminario se discutió cómo serán las ciudades del futuro: más verdes y con menos coches. En parejas, imagínense la ciudad ideal del futuro. ¿Cuándo será? ¿Cómo será? ¿Quiénes vivirán en ella? **¡OJO!** En muchos casos necesitarán usar conjunciones adverbiales para explicar sus ideas.

Ejemplo: La ciudad del futuro no tendrá tantos coches para que no haya tanta contaminación atmosférica.

Habrá menos coches para que no **haya** tanta contaminación.

La importancia de la economía sustentable

Los países latinoamericanos se enfrentan a un doble reto[a] de difícil solución. Por un lado, está la necesidad de explotar sus recursos naturales —petróleo, gas natural, bosques, minerales, etcétera— para avanzar en el camino de su desarrollo económico. Por otro lado, queda la necesidad imperiosa de preservar esos mismos recursos, no sólo por el bienestar actual de sus propias comunidades y los habitantes de todo el planeta, sino también porque son recursos que los países latinoamericanos necesitarán para seguir desarrollando sus economías en el futuro. Abusar de los recursos naturales puede suponer agotarlos, es decir, el equivalente a matar la gallina de los huevos de oro.[b]

La idea de economía sustentable (o sostenible, como se dice en algunos países) parte de la premisa de que los recursos deben ser utilizados de manera que no se agoten, es decir, de modo que puedan sostenerse o mantenerse los recursos, y por tanto la economía que depende de ellos. Esto, claro está, no es tan fácil de llevar a cabo, y casi siempre requiere el acuerdo y la participación activa de los países desarrollados que explotan los recursos en los países en vías de desarrollo.

Quizás el ejemplo más típico de la importancia y la necesidad de buscar una economía sustentable en los países en vías de desarrollo es el de la Amazonia. Esta área, compartida por ocho países (el Brasil, Colombia, Bolivia, el Perú, el Ecuador, Venezuela, Guyana y Surinam), es la selva más grande del mundo, donde habitan hasta un 30 por ciento de todas las especies vivas del planeta y donde se encuentra una quinta parte de toda el agua dulce del mundo. La Amazonia se está deforestando a pasos agigantados. Pero la pérdida de esta selva no sólo representa un problema para los ocho países latinoamericanos que la comparten, sino para absolutamente todas las personas que vivimos en la Tierra.

[a]*challenge*   [b]*gallina... the hen who laid the golden egg*

Tertulia El nivel de vida frente a los recursos naturales

- ¿Qué les parece más importante o eficiente a Uds.: explotar los recursos naturales ahora para mejorar el nivel de vida de un país o preservar esos recursos como sea necesario aunque muchas personas no vivan mejor ahora?

- ¿Es esta pregunta pertinente en su país? ¿Están Uds. de acuerdo con la posición de su gobierno sobre este tema?

- ¿Por qué es la selva amazónica tan importante para todos los habitantes del planeta?

- ¿De quién es la responsabilidad de proteger la Amazonia? ¿Por qué?

Reflexiones

El siguiente texto es parte de un artículo más largo publicado en la revista colombiana *Semana*.

■ ACTIVIDAD 1 Definiciones

Paso 1 ¿Qué palabras del **Vocabulario útil** corresponden a las siguientes definiciones?

1. Se pone en las bebidas para que se conserven frías.
2. Significa estar de acuerdo con una decisión.

Paso 2 Ahora crea definiciones para otras tres palabras del **Vocabulario útil.** Tus compañeros de clase tendrán que adivinar la palabra que defines.

vocabulario útil

la directriz	guideline
el esquema	outline; way of thinking
el hielo	ice
acoger	to accept
acogerse a	to participate voluntarily
firmar	to sign
ante	in the face of
ello	it

■ ACTIVIDAD 2 Oraciones incompletas

Completa el siguiente párrafo con la palabra del **Vocabulario útil** más apropiada. Cuando un verbo deba ser conjugado, usa el futuro.

Los presidentes de los dos países se reunieron para _____[1] el tratado que regulariza el uso de productos contaminantes. En un esfuerzo conjunto, ambas naciones _____[2] el proyecto de inversión en nuevos productos. _____[3] el éxito que se prevé, los demás estados de la región _____[4] también a este proyecto en un futuro próximo. Las _____[5] que estos países están siguiendo en este tratado corresponden con un _____[6] propuesto por expertos internacionales. _____,[7] sin duda, contribuirá a la mejoría de las condiciones de vida de todos.

Estrategia: El lenguaje no literario

El lenguaje de todo artículo científico o informativo debe estar supeditado (*subject*) a la información. La claridad de exposición es esencial y, por lo tanto, la organización del texto y las oraciones debe ser lo más directa y aparente posible. Un texto científico/informativo incluirá los siguientes elementos.

- un título explícito
- una tesis o un tema principal presentado al principio del texto
- una sucesión de argumentos en defensa de la tesis o el tema
- un párrafo de cierre que resuma (*summarizes*) la posición defendida en el artículo

¿Puedes encontrar todos esos elementos en el siguiente texto?

A VENDER OXÍGENO*

1 Colombia **se perfila** como un importante exportador de aire limpio y de
servicios ambientales.

aparece

   Limpiar el aire es un excelente negocio. Colombia está en capacidad
de recibir por ello 435 millones de dólares al año, una cifra similar a las
5 exportaciones de flores o banano, por **prestar** un servicio novedoso:

dar

limpiar la atmósfera de gases de efecto invernadero como el dióxido de
carbono (CO_2).

   Este gas es el principal causante de varios dolores de cabeza para
el mundo: la elevación de la temperatura en la Tierra, la aparición de
10 fenómenos climáticos como «El Niño» o «La Niña» y la disminución del
hielo de los glaciares.

   Ante este problema los 180 países de la Convención de Cambio
Climático crearon en 1997 el Protocolo de Kioto, un tratado que obliga
a las naciones desarrolladas a reducir sus emisiones de gases de
15 efecto invernadero, básicamente porque los países industrializados son
responsables del 55 por ciento de la contaminación mundial.

   De acuerdo con el protocolo, los países en vías de desarrollo, como
Colombia, no tienen que reducir la emisión de gases por tratarse de
lugares que no sólo emiten menos CO_2, sino que contribuyen a limpiar
20 la atmósfera al producir más oxígeno. Lo que sí pueden hacer es vender
servicios ambientales a través de los mecanismos de desarrollo limpio
para la reducción y absorción de los gases de efecto invernadero.

   Estos esquemas permiten el tráfico de aire limpio. Es decir, los países
con exceso de emisiones de gases pueden comprar cuotas a los países
25 que generan **emanaciones** por debajo de los límites establecidos.

emisiones

   Para ello se crearon los Certificados de Reducción de Emisiones
(CRE). Éstos son una especie de **bonos** que compran las naciones

vouchers

más contaminantes —las industrializadas— para ayudar a financiar
proyectos **encaminados** a la reducción o absorción de CO_2 en países

dirigidos

30 en vías de desarrollo.

   Y es que para los países industrializados es más económico financiar
proyectos de reducción de emisiones en otras partes que hacerlo en la
propia casa. Dejar de producir una tonelada de CO_2 cuesta 286 dólares en
los Estados Unidos, 582 dólares en Japón, 273 dólares en la Comunidad
35 Europea y en países del Tercer Mundo puede valer **apenas** 26 dólares.

merely

Expertos y entidades multilaterales estiman que los mecanismos de
desarrollo limpio tienen el potencial para generar inversiones en países en
desarrollo por 7.500 millones de dólares anuales cuando el Protocolo de
Kioto sea ratificado por las naciones que lo firmaron. A la fecha, cuarenta
40 de ellas —entre éstas Colombia— han reiterado su voluntad de acogerse al
protocolo. Todavía falta que quince países más hagan lo mismo para que
entre en vigencia.

to take effect

---

*From *Revista Semana*, Bogotá, Colombia, 2001

Así, el aire limpio podría convertirse en una especie de mercancía que
puede ser **transada** en lo que el Banco Mundial ha denominado el «mercado
mundial de carbono». Por ejemplo, si la *General Motors* necesita reducir sus
emisiones de carbono en un millón de toneladas al año para cumplir con los
límites fijados, puede comprar títulos CRE para financiar la forestación de
tantas hectáreas como sean necesarias en otro país para absorber el millón
de toneladas de CO_2 que necesita reducir.

comerciada

45

Potencial exportador

Mediante la Ley 629 de enero de 2001 el gobierno colombiano acogió las
directrices del Protocolo de Kioto, con lo que abrió la posibilidad para que
el país **incursione** en la venta de servicios ambientales.

Un estudio del Banco Mundial, el gobierno **suizo** y diferentes
organismos colombianos estima que el país estaría en capacidad de
absorber hasta 23 millones de toneladas de CO_2 al año. En ese sentido
el potencial de recursos para el país derivado de la venta de los CRE
es inmenso.

A un precio conservador de 10 dólares por tonelada métrica de
carbono que se absorba o deje de emitir se generarían 435 millones de
dólares anuales en divisas. Si los Estados Unidos entran en el protocolo el
precio de la tonelada de carbono podría aumentar a 19 dólares.
Una de las formas para conseguir CO_2 es reforestando y creando nuevos
sitios de bosque pues los árboles tienen la capacidad de absorber este gas.
Un nuevo proyecto forestal en Colombia, en **promedio**, puede absorber al
año dieciocho toneladas por hectárea de CO_2 y, al mismo tiempo, producir
doce toneladas de oxígeno.

Los bosques de Colombia crecen dos veces más rápido de lo
que lo hacen las plantaciones forestales de Chile, donde la industria
de servicios ambientales tiene un peso importante dentro de la
economía. «Aquí tenemos una clara ventaja comparativa en términos
de productividad ambiental», asegura el presidente de la Reforestadora
el Guásimo S.A. (Sindicato Antioqueño).

El Foro francés para el medio ambiente mundial (Ffem) ofreció a
Colombia 2.300 millones de pesos para que identifique la cantidad de
CO_2 que sería capaz de obtener el proyecto ambiental que une a los
dos parques naturales de Puracé y Cueva de los Guácharos, al sur del
departamento del Huila. «Es importante emitir certificados de captura
de carbono (CRE) que permitan conseguir recursos para conservar la
diversidad biológica de esta área, que se está deforestando», afirma
Eduardo Patarroyo, director general de la Corporación Autónoma Regional
del Alto Magdalena.

De otro lado, estos proyectos traen beneficios sociales y ambientales.
Por cada 1.000 hectáreas reforestadas de bosques se generan setenta y
cuatro empleos permanentes. Esta misma área en **ganadería** genera sólo
dieciséis puestos de trabajo. Así, la relación es de cuatro a uno entre la
actividad de reforestación y ganadería.

se introduzca
Swiss

50

55

average

60

65

70

75

80

cattle raising

85

Además de la reforestación y conservación de bosques se han identificado en el país diferentes proyectos potencialmente **mercadeables** por ser de desarrollo limpio. **Se destacan** procesos de reconversión industrial —particularmente de los sectores **panelero y cementero** —y energéticos— producción de carbón verde.

marketable
Stand out
cane-sugar and cement

Comprensión y discusión

■ ACTIVIDAD 3 ¿Está claro?

Según la lectura, ¿cuáles de las siguientes ideas son ciertas y cuáles son falsas? Busca la información falsa y corrígela.

1. Colombia puede ganar dinero limpiando la selva.
2. El dióxido de carbono es un gas bueno para la salud.
3. El Protocolo de Kioto es un acuerdo entre los países ricos para proteger la atmósfera.
4. Por el Protocolo de Kioto los países menos desarrollados pueden fabricar aire limpio y exportarlo a otros países.
5. Para los países desarrollados es más barato pagar las sanciones del Protocolo de Kioto que reducir las emisiones de CO_2.
6. El mercado de aire limpio en Colombia podría destruir sus espacios forestales.
7. «Mercado de desarrollo limpio» significa que es un negocio que deja grandes beneficios «limpios» de impuestos.
8. El negocio de mercado de desarrollo limpio será un desastre para otros sectores colombianos.

■ ACTIVIDAD 4 ¿Qué piensas ahora?

Busca las siguientes ideas en el artículo e indica si te parecen apropiadas para un artículo informativo como éste. En varios casos sólo es necesario identificar el párrafo donde aparece la información.

Título:
Tema o tesis:
Planteamiento de un problema:
Ideas que apoyan el tema o la tesis:
Resumen final:

Tertulia ¿Recursos de todos?

¿Cuál es la opinión de Uds. sobre lo que pretende el Protocolo de Kioto? ¿Les parece justo o importante que los países desarrollados firmen este acuerdo? ¿Por qué?

Colombia puede limpiar el aire.

90

Una carta al periódico

Tema

La ciudad donde tú vives está pensando cortar el programa de reciclaje. Escribe una carta al periódico local expresando tu opinión sobre esta decisión.

Prepárate

Haz un borrador con todos los puntos a favor o en contra del plan. No te preocupes ahora del orden ni de la gramática, pero piensa y escribe en español. Si hay alguna palabra que no conozcas, deja un espacio en blanco o haz un símbolo.

¡Escríbelo!

- Ordena las ideas de tu borrador.
- Organiza tu carta apropiadamente como texto que pretende expresar una opinión.
  - ❏ primer párrafo: tesis o idea principal, resumiendo tu argumento a favor o en contra
  - ❏ uno o dos párrafos que apoyen tu tesis
  - ❏ párrafo final con un breve resumen de tu posición o sugerencias sobre cómo se puede solucionar el problema
- Busca en el diccionario y en tu libro de español aquellas palabras y expresiones sobre las que tengas dudas.

¿Y ahora?

- Repasa los siguientes puntos.
  - ❏ el uso del pretérito y el imperfecto
  - ❏ el uso de **ser** y **estar**
  - ❏ la concordancia entre sujeto y verbo
  - ❏ la concordancia de género y número entre sustantivos, adjetivos y pronombres
  - ❏ la ortografía y los acentos
  - ❏ el uso de un vocabulario variado y correcto: evita las repeticiones
  - ❏ el orden y el contenido: párrafos claros, principio y final
- Finalmente, prepara tu versión para entregar.

No te olvides de mirar el Apéndice I, **¡No te equivoques!,** para evitar errores típicos de los estudiantes de español. Para esta actividad de escritura, se recomienda que prestes atención a **Maneras de expresar *to support*** (página A-5).

Consulta el *Cuaderno de práctica* para encontrar más ideas y sugerencias que te ayuden a escribir la composición.

Gramática en acción: La explotación petrolera y los indígenas del Ecuador

Completa el siguiente texto conjugando los verbos, según sea necesario. Los verbos pueden estar en el presente de subjuntivo o indicativo, el futuro o el infinitivo.

La Amazonia, aunque _____[1] (ser) un área de valor esencial para la vida de nuestro planeta, está sufriendo una tremenda explotación de todo tipo que la pone en peligro. En ella viven numerosos pueblos indígenas, que también se ven terriblemente afectados por la destrucción de su hábitat. Los pueblos indígenas ecuatorianos (como los shuar, achuar, quichuas, záparos, etcétera), que viven en una zona de intensa explotación petrolera, han formado la Confederación de Pueblos Indígenas de la Cuenca Amazónica (COICA). La COICA trabaja para _____[2] (frenar[a]) dicha explotación, que el gobierno del Ecuador fomenta,[b] y que los dirigentes ecuatorianos y las empresas petroleras realizan sin _____[3] (tener) en cuenta las necesidades de estos pueblos.

Los pueblos de COICA temen por su futuro, pues a menos que las cosas _____[4] (cambiar) rápida y drásticamente, los lugares ancestrales de sus pueblos _____[5] (deteriorarse) tanto que las próximas generaciones no _____[6] (poder) vivir de forma tradicional. Si la situación no se mejora pronto, sus aguas contaminadas no _____[7] (tener) suficientes peces[c] para que ellos puedan subsistir y _____[8] (matar) de cáncer a un serio porcentaje de la población. Los más jóvenes _____[9] (verse) obligados a emigrar a los centros urbanos, aunque ello _____[10] (significar) la pérdida de sus tradiciones.

[a]*to stop*   [b]*supports*   [c]*fish*

Los quichuas viven en la Amazonia.

Proyectos en tu comunidad

Investiga uno de estos dos temas. Luego prepara un panfleto informativo de estos servicios para la comunidad hispana de tu ciudad. (Si encuentras panfletos sobre estos dos temas, podrías analizarlos y ver si te parecen bien o si podrían ser más informativos.)

- los servicios de que dispone tu ciudad para mantener limpio el medio ambiente y cómo pueden colaborar los ciudadanos
- los problemas medioambientales más urgentes en tu estado/provincia o área geográfica y cómo afectan a los habitantes

Tertulia final Organizaciones ambientales

¿Qué organizaciones conocen Uds. que luchen por conservar en buen estado el ambiente de nuestro planeta? ¿En qué consisten sus esfuerzos? ¿Existe alguno de estos grupos en tu universidad o ciudad? ¿Has tomado parte de alguna forma en lo que hacen? ¿Por qué?

«Hoy por ti,
mañana por mí.»

En busca de la igualdad

Minilectura

Reflexiones Setenta y cinco años en defensa de la mujer

En tu opinión, ¿cuáles son algunos de los «temas de mujeres»? ¿y los problemas más serios con los que se enfrentan las mujeres? ¿Qué mujeres han contribuido al avance social de la mujer en la sociedad?

SETENTA Y CINCO AÑOS, EN DEFENSA DE LA MUJER, *JANELLE CONAWAY*

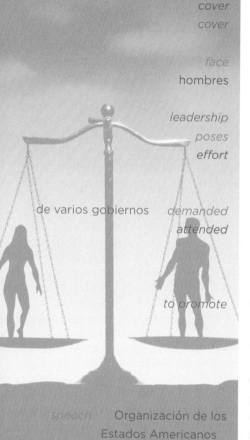

cover
cover

face
hombres

leadership
poses
effort

de varios gobiernos *demanded*
attended

to promote

speech Organización de los Estados Americanos

Mucha gente cree que los «temas de mujeres» son los que se tratan en revistas que muestran modelos en la **portada**. Para la Comisión Interamericana de Mujeres (CIM), estos temas **abarcan** la gama completa de aspectos hemisféricos: el comercio, la globalización, la paz, la seguridad.

¿Tiene la pobreza **rostro** de mujer? ¿Cómo afecta la guerra a las mujeres? ¿Tienen las niñas las mismas oportunidades que los **varones**? ¿Reacciona el sistema judicial ante las víctimas de la violencia doméstica? ¿Cómo pueden las mujeres participar más plenamente en el **liderazgo** democrático? Este tipo de preguntas **se plantea** la CIM todos los días en su **esfuerzo** por mejorar la vida de las mujeres en las Américas.

Es una tarea intimidante, que empezó hace setenta y cinco años cuando un grupo de mujeres, cansadas de verse excluidas de las grandes reuniones **intergubernamentales** hemisféricas, **exigieron** ocupar un lugar en la mesa de negociaciones y **acudieron** a la sexta Conferencia Internacional de los Estados Americanos que se celebró en La Habana, Cuba. Entre los veintiún países representados en esta conferencia de la Unión Panamericana, todos los delegados eran hombres. Acudieron mujeres de todas las Américas, no sólo para **promover** su participación, sino para lograr la adopción del Tratado de Igualdad de Derechos, proyecto presentado por Alice Paul, del Partido Nacional de las Mujeres de los Estados Unidos.

No lograron la firma del tratado, pero finalmente pudieron hacerse oír en la conferencia, y con la creación de la CIM, consiguieron una voz permanente en defensa de los derechos civiles y políticos de la mujer. En un **discurso** pronunciado a principios de este año en la **OEA**, Yadira Henríquez, Secretaria de Estado de la Mujer de la República Dominicana y actual presidenta de la CIM, reconoció los esfuerzos de esas mujeres.

Ponte a prueba

¿Cierto o falso? Corrige las oraciones falsas.

1. CIM significa «Comisión Internacional de Mujeres».
2. Para la CIM, los temas de mujeres se encuentran en revistas como *Elle*.
3. La tarea de la CIM comenzó hace menos de 50 años.
4. Las mujeres que asistieron a la sexta Conferencia Internacional de los Estados Americanos no consiguieron nada.

Reflexiones Feng shui

1. ¿Conoces a alguna persona físicamente discapacitada (*handicapped*)? ¿Qué tipo de discapacidad tiene? ¿Qué tipo de limitaciones tiene en su vida por causa de la discapacidad?
2. ¿De qué colores están pintadas las paredes de los siguientes cuartos de tu casa/apartamento? La cocina, el baño, el comedor, tu alcoba/dormitorio/ habitación. ¿Te gustan? ¿Por qué?
3. ¿Cuál es tu color favorito? ¿Por qué? Describe brevemente cómo te hace sentir ese color.

Ponte a prueba

¿Cierto o falso? Indica si las siguientes ideas son ciertas (C) o falsas (F), según el video. Si puedes, corrige las oraciones falsas.

1. La biblioteca está organizada alfabéticamente.
2. Según la protagonista, las personas ciegas no pueden tener feng shui.
3. El último color que puede ver la protagonista es el azul.

Comprensión Contesta las preguntas según lo que viste en el cortometraje.

4. ¿Qué dice la protagonista acerca de los colores? ¿Por qué son importantes?
5. ¿Por qué se detiene la protagonista a ver al perro? ¿Por qué lo observa?

C E N T R O
Your media center for languages

Para ver *Feng shui* otra vez y realizar más actividades relacionadas con el cortometraje, visita la página de Centro: **www.mhcentro.com.**

vocabulario útil

la acroma-topsia	*enfermedad por la que sólo pueden distinguirse los colores blanco y negro*
el/la oftal-mólogo/a	eye doctor
ciego/a	blind
marrón	brown

Palabras

DE REPASO

la diversidad
el estereotipo
el feminismo
el machismo
la manifestación
la oportunidad
el rechazo
la sociedad
el tema
la violencia

estar a favor / en contra

El individuo

el esfuerzo	effort
la hembra	female
el varón	male

Cognados: **el homosexual, la lesbiana**

esforzarse	to make an effort
ciego/a	blind
discapacitado/a (físicamente o mentalmente)	(physically/mentally) handicapped
mudo/a	mute
sordo/a	deaf

Cognado: **individual**

Para hablar de temas sociales

el analfabetismo	illiteracy
la asistencia social/pública	social work / welfare
los derechos civiles	civil rights
la discriminación de género	gender/sexual discrimination
la discriminación positiva	affirmative action
la igualdad	equality
la ley	law
la libertad	liberty; freedom
la lucha	struggle
el modelo	model; pattern
el/la modelo	(fashion) model
la ONG (organización no gubernamental)	NGO (non-governmental organization)
el/la preso/a	inmate; prisoner
el principio	principle; beginning
la prisión	prison; jail

Cognados: **el abuso, la actitud, la discriminación social/sexual/racial/religiosa, la legalización, el privilegio**

El Ángel de la Independencia; México, D.F.

Repaso: **el rechazo** *to reject*

condenar	to condemn; to convict
exigir (j)	to demand
mejorar	to improve
oponerse (*irreg.*) **a**	to oppose
plantear(se) *reflexive*	to consider; to pose (a question)
promover (ue)	to promote

Cognados: **incluir (y), integrar, legalizar (c)**
Repaso: **rechazar (c)**

analfabeto/a	illiterate
marginado/a	marginalized; alienated

Cognado: **(in)justo/a** *justice*

Para expresar opiniones

la cuestión	issue
la posición / la postura	position; opinion
el tema	issue; topic
la voz	voice

Cognado: **la protesta** *protest*

con respecto a...	with respect to . . .
en cuanto a...	regarding . . .
sobre (el tema de)...	about . . .
acerca de...	*about...*

■ ACTIVIDAD 1 Asociaciones

¿Qué palabras del vocabulario asocias con las siguientes ideas?

1. hablar *la voz*
2. votar en contra de algo *oponerse*
3. hacer pública una idea, por ejemplo, en los medios de comunicación *el tema / la posición*
4. la acción afirmativa *la cuestión*
5. pensar *mentalmente*
6. la mujer / el hombre *la hembre/el varón*
7. no respetar los derechos de una persona *condenar*
8. las drogas *la prisión*
9. un comportamiento correcto/incorrecto *behavior*

■ ACTIVIDAD 2 Definiciones

Paso 1 Da la palabra correspondiente a cada definición.

1. Describe a una persona que no sabe leer ni escribir.
2. Hacer que una cosa se vuelva (*becomes*) mejor.
3. Es pedir con determinación algo a lo que se tiene derecho.
4. Es un adjetivo para describir a una persona que siempre considera las necesidades de los demás antes de tomar una decisión.
5. Es una persona a quien la sociedad rechaza.

Paso 2 Ahora te toca a ti definir dos palabras del vocabulario para que tu compañero/a dé la palabra correcta.

■ ACTIVIDAD 3 Martin Luther King, Jr.

Completa el párrafo con las palabras de la lista.

| ~~diversidad~~ | ~~exigir~~ | ~~igualdad~~ | ~~lucha~~ |
| ~~marginados~~ | ~~mejorar~~ | ~~modelo~~ | ~~voz~~ |

Yo creo que Martin Luther King, Jr. es un *modelo*[1] para todos, sin importar nuestro origen o etnicidad. Él luchó por *mejorar*[2] la situación de los africanoamericanos, pero al mismo tiempo les dio *exigir voz*[3] a todos aquellos que se sentían *marginados*[4]. Su *lucha*[5] pacífica es un ejemplo de cómo *exigir*[6] la *igualdad*[7] sin violencia. Gracias a él hemos dado un paso gigante hacia la aceptación de la *diversidad*[8] de nuestra sociedad.

ACTIVIDAD 4 Palabras relacionadas y derivadas

En parejas, piensen en verbos, adjetivos o participios pasados relacionados con cada sustantivo de la siguiente lista. Luego, escriban una oración que ilustre el significado de cada uno de los verbos.

Ejemplo: ley → legalizar, legal
Muchas personas están a favor de que se legalice el matrimonio entre homosexuales.

1. el abuso
2. el modelo
3. la libertad
4. la igualdad
5. la lucha
6. la discriminación
7. la condena
8. el estereotipo

ACTIVIDAD 5 Una manifestación

Paso 1 ¿Qué se ve en esta escena? ¿Por qué están allí esas personas? En parejas, describan lo que se ve. Usen su imaginación para crear un contexto para esta escena, usando las palabras del vocabulario.

huelga
(strike)
manifestación
(protest)

(work equality
for all.)

Paso 2 Ahora van a hacer sus propios carteles para esta manifestación. Si lo prefieren, pueden buscar otra causa que tenga que ver con la igualdad.

ACTIVIDAD 6 ¿A favor o en contra?

¿Cuál es tu posición con respecto a la política de discriminación positiva? ¿Por qué la defiendes o la atacas? Repasa el vocabulario sobre cómo expresar opiniones antes de comunicar tus ideas al resto de tu grupo.

Cultura

El machismo

El *Diccionario de la Lengua Española de la Real Academia* define la palabra «machismo» como «actitud de prepotencia de los varones respecto a las mujeres». Prepotente es aquella persona que se considera con más poder que los otros. La palabra «machismo» se deriva de la palabra «macho», que significa animal del sexo masculino.

El machismo, que predomina en muchas sociedades, no sólo en las latinas, contribuye en gran medida[a] a los problemas de desigualdad social, laboral y educacional entre hombres y mujeres. La mujer en estas sociedades es considerada como un ser inferior al hombre e incapaz, por ejemplo, de tomar decisiones importantes con respecto a su vida o a la de su familia, o de ejercer[b] profesiones y ocupar puestos de importancia política y social. Si bien[c] se asocia la actitud machista con los hombres, hay que tener en cuenta que muchas mujeres transmiten y apoyan esta ideología. El machismo no sólo es responsable de las diferencias entre hombres y mujeres en el entorno[d] social, laboral y educacional, sino también de problemas muy serios como es la violencia doméstica.

Afortunadamente, la sociedad hispana está experimentando cambios, y hoy en día empiezan a condenarse comportamientos[e] machistas que hasta ahora habían sido considerados normales. Este cambio de actitud viene acompañado de cambios en la legislación, los cuales son esenciales para asegurar la igualdad femenina en todos los campos de la vida social.

[a]*extent*   [b]*practicing*   [c]*Si... although*   [d]*environment*   [e]*behavior*

Michelle Bachelet es presidenta de Chile desde 2006. También fue la primera ministra de Defensa de un país latinoamericano.

María Teresa Fernández de la Vega es vicepresidenta del gobierno español.

Reverse prejudice

Tertulia El sexismo

- ¿Ven Uds. actitudes sexistas en su comunidad y en su país? ¿En qué aspectos de la vida? Den ejemplos concretos.

- ¿Cómo creen Uds. que es posible que una mujer defienda una actitud machista? ¿Qué pensarían que implica el hecho de que una mujer tenga una actitud machista?

- ¿Cuáles son, en su opinión, los *changes* cambios legales más importantes en su país que favorecen la igualdad de la mujer?

- ¿Creen que hay casos en que se discrimina al hombre?

Cristina Fernández de Kirchner es presidenta de Argentina desde 2007. Anteriormente fue senadora de la nación.

21 Presente perfecto de subjuntivo

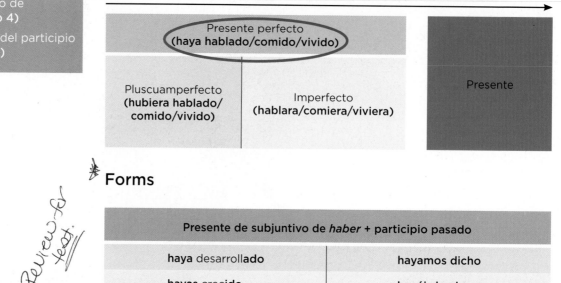

Presente perfecto (haya hablado/comido/vivido)		Presente
Pluscuamperfecto (hubiera hablado/ comido/vivido)	Imperfecto (hablara/comiera/viviera)	

Forms

Presente de subjuntivo de *haber* + participio pasado	
haya desarroll**ado**	**hayamos** dic**ho**
hayas crec**ido** **hayás** crec**ido**	**hayáis** hec**ho**
haya consum**ido**	**hayan** vis**to**

The present perfect subjunctive for the expression **hay** (*there is/are*) is **haya habido.**

Uses

The present perfect subjunctive is used in contexts where the present perfect tense and the subjunctive mood are required.

Nominal clauses

> Es importante que las mujeres hayan conseguido representación en la OEA.

It's important that women have achieved representation in the OAS.

Adjectival clauses

> ¿Hay alguien en la clase que alguna vez se haya sentido discriminado/a?

Is there anyone in class who has ever felt discriminated against?

Adverbial clauses

> Aunque ya hayamos avanzado mucho en la lucha por la igualdad, queda mucho por hacer.

Although we may have advanced a lot in the struggle for equality, there is much left to do.

> Hace tres días que falta la chica sin que se haya dado cuenta nadie.

The girl has been missing for three days without anyone having noticed.

«Es increíble que nos **hayamos acostumbrado** a tanta desigualdad.»

■ ACTIVIDAD 1 La nueva mujer

Paso 1 Este cuadro fue pintado en la década de los 70, cuando se empiezan a producir muchos cambios en la manera en que la mujer se ve a sí misma. ¿Crees que las siguientes ideas están bien representadas en el cuadro? Escribe la forma correspondiente de cada verbo en el presente perfecto de indicativo.

Present perfect Indicative 104/105

La nueva generación de mujeres…

1. _se ha negado_ (negarse) a ser comparada con la Virgen María.
2. _ha rechazado_ (rechazar) la imagen angelical como ideal de la mujer.
3. _se ha opuesto_ (oponerse) a la humildad como característica definidora de la mujer.
4. _se ha incorporado_ (incorporarse) con fuerza al mundo profesional y deportivo.
5. _se ha vuelto_ (volverse) menos recatada (*modest*) en su forma de vestir.
6. _ha visto_ (ver) su cuerpo no como algo débil, sino lleno de fuerza.
7. _ha negado_ (negarse) a representar la imagen de tentadora y culpable de todo mal. *has refused.*
8. _ha mirado_ (mirar) hacia el futuro con optimismo y sin temor.
9. _se ha sentido_ (sentirse) independiente y segura.

Retrato de la artista como la Virgen de Guadalupe *(1978)*, *de la artista chicana Yolanda López*

Present perfect Subjunctive

Paso 2 Ahora usa la forma del presente perfecto de subjuntivo para completar las oraciones con el verbo que está entre paréntesis. Luego di si estás de acuerdo con las siguientes afirmaciones de esta feminista latina.

It's good + change in subject

1. Es bueno que este cuadro _se haya hecho_ (hacerse) famoso.
2. Me parece *or es* interesante que Yolanda López _haya usado_ (usar) la serpiente de esa manera.
3. No creo que nosotros _hayamos visto_ (ver) un cuadro que represente mejor el cambio de actitud de las mujeres del siglo XX. *irregular*
4. Ella expresa un mensaje muy importante, sin que el mérito artístico de la obra _haya sufrido_ (sufrir). *conjunction*
5. Cuando las mujeres _hayan conseguido_ (conseguir) igualdad completa, este cuadro todavía representará la época de cambio.

pending actions

■ ACTIVIDAD 2 Hacia el reconocimiento de la voz indígena

Completa el siguiente párrafo con la forma correcta del presente perfecto de subjuntivo o indicativo de cada verbo entre paréntesis, según sea necesario.

No hay muchos indígenas que _____[1] (recibir) tanta atención como la activista guatemalteca Rigoberta Menchú, desde que recibió el Premio Nobel de la Paz en 1992. Su fama

_____[2] (poner) el problema de los indígenas en la mente de todos. Obviamente, es bueno para los pueblos indígenas latinoamericanos que Menchú _____[3] (hacerse) una persona tan famosa y respetada.

Otra persona que _____[4] (llegar) a ser un portavoz reconocido de los indígenas es el Subcomandante Marcos, líder del Movimiento Zapatista originado en los pueblos de Chiapas, México. Desde los años 90, este movimiento _____[5] (ser) fundamental para que la legislación mexicana _____[6] (empezar) a tomar en serio la situación de los indígenas.

En las universidades estadounidenses, desde los años 70 _____[7] (existir) programas de estudios relacionados específicamente con las minorías o con grupos históricamente desprivilegiados, como estudios africanoamericanos, chicanos, de las mujeres, etcétera. Es posible que esta tendencia también _____[8] (surgir) en Latinoamérica. Por ejemplo, es interesante que en la facultad de Derecho de la Universidad de Buenos Aires ya se _____[9] (crear) una cátedra[a] de Derecho de los Pueblos Indígenas.

[a]departamento

■ ACTIVIDAD 3 Encuesta: Lo que han hecho y no han hecho los estudiantes de la clase

Paso 1 Prepara cinco preguntas para encuestar (*to poll*) a tus compañeros de clase sobre cosas inusuales que hayan hecho. Como no sabes si lo han hecho o no, deberás usar la forma del presente perfecto de subjuntivo.

Ejemplo: ¿Hay alguien que haya ganado un premio de lotería?

Paso 2 Prepara un pequeño informe con los resultados de tu encuesta.

Ejemplo: En la clase hay dos personas que han ganado premios de lotería, pero no hay nadie que haya ganado un premio de más de 2.000 dólares.

ACTIVIDAD 4 Reacciones

¿Cómo reaccionas a las siguientes noticias?

Ejemplo: «Hemos descubierto una medicina que cura cualquier cáncer», afirma un equipo de investigadores. →
Es fantástico que hayan descubierto una cura para todos los tipos de cáncer.

1. «Hemos descubierto una medicina que cura cualquier tipo de cáncer», afirma un equipo de investigadores.
2. «Se ha firmado un tratado de paz en el Medio Oriente. Tanto los israelíes como los palestinos han expresado su completa y profunda alegría.»
3. «Un informe del gobierno ha publicado los resultados de un estudio sobre la diferencia entre los sueldos de las mujeres y los hombres: los sueldos de las mujeres latinoamericanas están por arriba de los de sus compañeros varones.»
4. «El matrimonio entre homosexuales se ha convertido en una realidad indiscutible en nuestra sociedad.»

22 Los pronombres relativos

A relative pronoun (**pronombre relativo**) is a word or phrase that introduces an adjective clause. They make our speech more efficient by referring to an antecedent (**antecedente**)—a word or phrase that has already been expressed—without having to repeat it. The antecedents are underscored in the following examples.

RECORDATORIO

Cláusulas que funcionan como adjetivo: El indicato y el subjuntivo en cláusulas adjetivales (Capítulo 7).

El hombre es Manuel. El hombre está sentado a la izquierda de la presidenta. →
El hombre que está sentado a la izquierda de la presidenta es Manuel.

    antecedente   pronombre relativo

Es una tarea intimidante. Esta tarea empezó hace 75 años. →
Es una tarea intimidante que empezó hace 75 años.

    antecedente   pronombre relativo

¡OJO! Relative pronouns can never be omitted in Spanish, as they are sometimes in English: *Américas* es la revista **que** recibimos mensualmente. (*Américas is the magazine (that) we receive monthly.*)

Spanish has a rich system of relative pronouns.

que	*that; which; who*
quien(es)	*(he / she / the one) who*
el/la/los/las que	*that; (he / she / the one) which/who*
el/la/los/las cual(es)	*that, which, who*
cuyo/a(s)	*whose*
donde	*where; in which*
lo que	*what; which*
lo cual	*what; which*

«Mucha gente cree que los «temas de mujeres» son **los que** se tratan en revistas.»*

---

*«Setenta y cinco años en defensa de la mujer», Janelle Conaway, *Américas*, agosto del 2003

Las personas **que** hablan más de una lengua tienen una gran ventaja.

Que

The most commonly used relative pronoun in Spanish is **que. Que** is used to refer to things and people.

Las personas que hablan más de una lengua tienen una gran ventaja.

People who speak more than one language have a great advantage.

Los idiomas que no se estudian en la escuela son difíciles de conservar.

Languages that are not studied at school are difficult to maintain.

Quien(es)

- **Quien(es)** refers exclusively to people. It is required after a preposition.

Las personas con quienes trabajo son de muchos grupos étnicos diferentes.

The people with whom I work are from many different ethnic groups.

- When not following a preposition, **quien(es)** can only be used in nonrestrictive clauses, which are clauses that offer information that is not essential to identify the antecedent. A comma always precedes these clauses.

La mujer de Manuel, quien me había prometido que me ayudaría, nunca vino a la reunión.

Manuel's wife, who had promised to help me, never came to the meeting.

¡OJO! The use of **quien(es)** in this context is restricted to formal spoken or written language, and cannot be used unless there is a comma (,) or a preposition.

RECORDATORIO

In Spanish, unlike English, a preposition must always precede the noun or phrase to which it is related.

Éstas son las personas **con quienes** trabajo.

*These are the people **with whom** I work. / These are the people I work **with**.*

¿**Para qué** es esto?

What is this for?

El/La/Los/Las cual(es)

- These relative pronoun forms must agree in gender and number with the antecedent.

- These forms are a more formal option for **que** and **quien(es)** in nonrestrictive clauses.

Las Torres Gemelas, las cuales (que) fueron destruidas en un ataque terrorista, son ahora un símbolo de sufrimiento y perseverancia.

The Twin Towers, which were destroyed in a terrorist attack, are now a symbol of suffering and perseverance.

Quien bien te quiere te hará sufrir.

El/La/Los/Las que

- These relative pronoun forms must agree in gender and number with the antecedent.

- They are interchangeable with **el/la/los/las cual(es), que,** and **quien** after a preposition.

Ésta es la guía turística con la que (que / la cual) he viajado por toda Guatemala.

This is the guide with which I have traveled through all of Guatemala.

Lo que / lo cual

These relative pronouns express ideas or actions (which are not masculine or feminine). **Lo cual** requires an antecedent, but **lo que** does not.

Lo que más me gusta es estar rodeada de mi familia.
Su marido tuvo que emigrar a España, por lo que / lo cual está criando sola a sus cuatro hijos.

What I like most is to be surrounded by my family.
Her husband had to emigrate to Spain, due to which she is raising their four children alone.

Cuyo/a(s)

Cuyo/a(s) is a possessive relative adjective. Like all adjectives, it must agree with the noun it modifies, while it relates to the owner.

Rigoberta Menchú es de Guatemala. El grupo étnico de Rigoberta Menchú es maya quiché. → Rigoberta Menchú, cuyo grupo étnico es maya quiché, es de Guatemala.
de Rigoberta Menchú

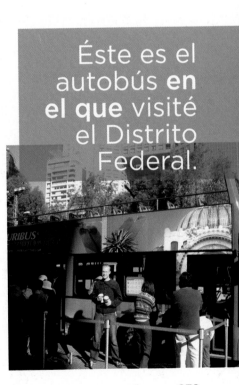

Éste es el autobús **en el que** visité el Distrito Federal.

Guatemala es un país. La población de Guatemala es predominantemente indígena. → Guatemala es un país cuya población es predominantemente indígena.
de Guatemala

Donde

This pronoun expresses the idea *in (the place) which* or simply *where*.

Te espero **donde** (en el lugar en que) nos reunimos siempre.
Fuimos al pueblo **donde** nació el abuelo.

I'll wait for you (at the place) where we always meet.
We went to the town where Grandpa was born.

- **Conjunción** *that* **(Capítulos 5, 6 y 8)**
  Introduces nominal or adverbial subordinate clauses. The equivalent (*that*) is not always used in English.

Espero **que** vuelvas pronto.	*I hope (that) you come back soon.*
Creo **que** eso es justo.	*I think (that) that is fair.*

- **Pronombre relativo** *that/which/who* **(Capítulo 9)**
  Introduces adjective subordinate clauses.

El hombre **que** canta es mi novio.	*The man who is singing is my boyfriend.*
Es el libro con el **que** aprendí a leer.	*It's the book with which I learned to read.*

- **Interrogativo** *what? which?*
  Forms questions. It has a stress mark.

¿**Qué** es esto?	*What is this?*
¿**Qué** asiento prefieres?	*Which seat do you prefer?*

- **Comparativo** *than* **(Capítulo 1)**
  Forms part of the comparative construction of inequality.

Te quiero más **que** a mi vida.	*I love you more than my life.*
En Canadá hace más frío que en México.	*It's colder in Canada than it is in Mexico.*

- **Exclamativo** *What . . . !/ How . . . !*
  Introduces emphatic expressions. It has a stress mark.

¡**Qué** bonito!	*How nice!*
¡**Qué** maravilla de casa!	*What a wonderful house!*

■ ACTIVIDAD 1 ¿Cuál falta?

Completa las siguientes oraciones con los pronombres relativos necesarios, según las opciones que se ofrecen.

¿Que o quien(es)?

1. El machismo es una actitud _____ perjudica el avance social de las mujeres.

2. Igualdad y libertad son los principios en _____ se basan los derechos humanos.

3. Martin Luther King, Jr. y Malcolm X son los líderes afroamericanos _____ más influenciaron los años 60 en los Estados Unidos.

4. El héroe de mi padre es César Chávez, a _____ tuvo el honor de conocer en su juventud.

5. Fernanda y Octavio son los muchachos con _____ trabajé en la ONG en Malawi.

¿Que o el/la que?

6. Fernanda y Octavio son los muchachos _____ trabajan en Malawi, y Médicos Sin Fronteras es la ONG para _____ trabajan.

7. Ésa es la razón por _____ no nos vemos frecuentemente.

El héroe de
mi padre es
César Chávez.

¿Cuyo(s), donde o lo que / lo cual?

8. _____ más me molesta es que me digan que las cosas son así porque sí (*just because*).

9. Me gusta mucho la aventura de conocer otras culturas, por _____ me entusiasma la idea de pasar dos años en el Cuerpo de Paz (*Peace Corps*).

10. Trabajaré _____ me necesiten; no me importa el lugar.

11. El presidente de la universidad, _____ esfuerzos por reclutar a minorías son admirables, hablará en nuestra escuela mañana.

12. La universidad admitió un 4 por ciento más de estudiantes hispanos este año, _____ ha alegrado a toda la comunidad.

■ ACTIVIDAD 2 Unión de ideas

Une las siguientes ideas en una sola oración por medio de los pronombres relativos. En este ejercicio usa sólo los pronombres **que** y **quien(es).**

> *Ejemplo:* Pepe es mi amigo. Te hablé de Pepe ayer. → Pepe es el amigo de quien te hablé ayer.

1. Pepe y Tina son hermanos. Los conocí en el aeropuerto.

2. Pepe trabaja en una agencia de viajes. Su agencia de viajes se especializa en viajes a Sudamérica y Centroamérica.

3. La madre de Pepe es la dueña de la agencia. Ella es vecina de mi tía Camila.

4. Tina tiene su propia agencia. Su agencia se llama *Splendid Tours*.

5. Mi hermano fue a Buenos Aires el año pasado. Compró los boletos en una agencia. La agencia se llama *Splendid Tours*.

■ ACTIVIDAD 3 Es obvio que aún queda mucho por cambiar

El siguiente párrafo está basado en este anuncio. Complétalo con los pronombres apropiados (puede haber más de una posibilidad).

Es obvio que aún queda mucho por cambiar. Esto es _____[1] pensé cuando vi este anuncio en el periódico _____[2] recibimos en casa: un anuncio para las mujeres _____[3] maridos son economistas u hombres de empresa. _____[4] más me duele es que sé que muchas mujeres pensarán que es una idea magnífica y que esta revista es el regalo _____[5] sus maridos necesitan. Y tampoco creo que haya muchos hombres _____[6] se paren a pensar que el anuncio es abiertamente sexista. Voy a guardar el anuncio para mis hijas, para _____[7] deseo un mundo mucho menos machista. Espero que ellas lleguen a conocer un país _____[8] los anuncios de este tipo no tengan sentido.

■ ACTIVIDAD 4 Información personal

Completa las siguientes oraciones de manera lógica y con información personal.

> *Ejemplo:* Mi mejor amigo/a es una/la persona a quien puedo contarle mis problemas…

1. Mi mejor amigo/a es una/la persona…
2. Mi profesor(a) de español es una/la persona…
3. Mis padres son unas/las personas…
4. Mi compañero/a de cuarto/casa es una/la persona…
5. Lo que más me gusta / odio de esta universidad es…
6. Mi lugar ideal para vivir es donde… (**¡OJO!** Recuerda usar el subjuntivo si es un lugar imaginario.)

■ ACTIVIDAD 5 Opinión y expresión

En parejas, escriban un párrafo que explique lo que se ve y su interpretación de esta foto. **¡OJO!** Eviten las oraciones de una sola idea, para lo cual necesitarán usar los pronombres relativos.

Unos suben y otros bajan (*circa 1940*), *de la fotógrafa mexicana Lola Álvarez Bravo*

Exclusión social: Causas y consecuencias*

En Latinoamérica y el Caribe ser indígena, negro, mujer o discapacitado aumenta las posibilidades de pertenecer al grupo de los excluidos socialmente. La exclusión social se define como una escasez[a] crónica de oportunidades y de acceso a servicios básicos de calidad, a los mercados laborales y de crédito, a una infraestructura adecuada y al sistema de justicia.

Durante mucho tiempo, la pobreza y la degradación social que resultan de la exclusión social se consideraron problemas meramente económicos. Sólo en los últimos años se le ha dado mayor atención y análisis a una compleja serie de prácticas sociales, económicas y culturales que tienen como resultado la exclusión social y el acceso limitado a los beneficios del desarrollo para ciertos grupos de la población con base en su raza, etnia, género o capacidades físicas. Irónicamente, en Latinoamérica y el Caribe los excluidos no son una parte minoritaria de la población. En varios países los indígenas y grupos de ascendencia africana constituyen la mayoría. Estos últimos son considerados como los más invisibles de los invisibles: están ausentes en materia de liderazgo[b] político, económico y educativo. A pesar de su invisibilidad, se estima que constituyen cerca del 30 por ciento de la población de la región. El Brasil, Colombia, Venezuela y Haití tienen las concentraciones más numerosas de personas de raza negra.

La población indígena también tiene una gran presencia en Latinoamérica. Cerca de 40 millones de indígenas viven en Latinoamérica y el Caribe y constituyen el 10 por ciento de la población de la región, pero también el 25 por ciento del total de pobres. En el Brasil, el Perú, Bolivia y Guatemala, los grupos étnicos (afro-descendientes e indígenas) constituyen la mayoría de la población y el 60 por ciento de la población que vive en condiciones de pobreza.

[a]*shortage*   [b]*leadership*

¿Qué evoca este cartel del Ejército Zapatista de Liberación Nacional?

Tertulia La discriminación

¿Qué grupos creen Uds. que son discriminados en su país? ¿A qué se debe esa discriminación? Además de factores sociales, ¿influyen los hechos históricos en la discriminación de algunos grupos?

*Del *Informe del Banco Internacional de Desarrollo,* 2003

Convocación de palabras

vocabulario útil

el deseo	desire
la fe	faith
la huella	mark, footprint
la ofrenda	offering
la vergüenza	shame
la voluntad	will
deshacer	to undo
equivocar	to confuse, to mistake
rescatar	to rescue
inagotable- mente	inexhaustibly

Reflexiones

El autor del poema «Convocación de palabras» es Tino Villanueva (San Marcos, Texas 1941–), considerado por la crítica como uno de los mejores poetas chicanos. Es autor de varios libros de poemas, entre los que se encuentran *Hay otra voz* (1972), *Shaking off the Dark* (1984), y *Scene from the movie* Giant (1993). «Convocación de palabras» pertenece a *Crónicas de mis años peores* (1987), libro autobiográfico en el que el poeta habla de los cambios en su educación gracias al esfuerzo personal.

■ ACTIVIDAD 1 Definiciones

Empareja las siguientes definiciones con una palabra de la lista de **Vocabulario útil.**

1. fuerte creencia en algo
2. de una manera sin límite
3. sentimiento de humillación que una persona siente por un fallo (*failure*) propio o de alguien relacionado
4. intención y deseo de hacer una cosa
5. ganas
6. revertir la acción de hacer
7. salvar de una situación difícil o de pérdida (*loss*)
8. marca que dejan los pies de un animal u otra cosa
9. confundir
10. algo que se da como un acto religioso

■ ACTIVIDAD 2 Lo que nos hace sentir completos

En «Convocación de palabras» se expresa la sensación de estar completo y de satisfacción que la voz poética adquiere al ser capaz de comprender y usar una segunda lengua. ¿Y a ti, qué cosas en la vida te hacen sentir completo/a o satisfecho/a?

Marca todas las categorías que te parezcan apropriados.

_____ tu educación

_____ tu(s) lengua(s)

_____ tu nombre

_____ tu familia y amigos

_____ tus posesiones

_____ tu tierra

_____ otras cosas (especifica)

Estrategia: El uso del bilingüismo en la literatura hispana de los Estados Unidos

El poema «Convocación de palabras» está escrito en español, pero contiene algunas palabras en inglés. El uso del español y el inglés en un mismo texto es una de las características de la literatura de los escritores latinos en los Estados Unidos. Algunas veces en las obras de estos autores ocurre lo contrario que en el poema de Villanueva, es decir, el texto está escrito en inglés con algunas palabras en español. Otras veces, ambos idiomas aparecen sin que uno predomine sobre el otro. El uso del bilingüismo es una manera de reconocer la importancia de ambos idiomas y culturas en su identidad personal y artística.

En algunas ocasiones los autores eligen la lengua de acuerdo a sus personajes, en otras, pretenden expresar sentimientos o ideas que el autor asocia con uno u otro idioma. En el caso de «Convocación de palabras», el bilingüismo nos ayuda a comprender la importancia del inglés para el poeta. Mientras lees el poema, fíjate en los términos del inglés que Tino Villanueva incorpora en su texto. ¿A qué uso o usos del inglés pertenecen (familiar, formal, académico, literario)? ¿Qué parte de la identidad y del desarrollo personal del poeta representan estas palabras?

CONVOCACIÓN DE PALABRAS,
TINO VILLANUEVA

1   Yo no era mío todavía.
        Era 1960...
        y lo recuerdo bien
        porque equivocaba **a diario**   diariamente
5   el sentido de los párrafos;   *sense   paragraphs*
        en la umbría de una tarde   *shade*
        enmugrecida con aire desvalido   *grimy, stale-aired*
        asistía a la vergüenza
        de no entender del todo
10   lo que el televisor
        estaba resonando en blanquinegro *chattering in black and white*
        Desharás, me dije,
        las sanciones **en tu contra**.   *against you*
        Irresoluto adolescente,   *Indecisive*
15   recién graduado   *just*
        y **tardío** para todo,   *late*
        disciplinado a no aprender nada, *taught*
        harás por ti
        lo que no pudo el salón de clase.
20   Ésta será tu fe:

Infraction
bedlam
ambiguous.
Las convoqué
25   en el altar de mi deseo,
llevándolas por necesidad
a la memoria.
En la fecundidad de un instante
me fui multiplicando:
30   *affable*
prerogative
egregious.
Cada vez tras otra   *One time after another*
asimilé su historia,
35   lo que equivale a rescatar
lo que era mío:
priggish
eschew
impecunious.
40   Porque las hice doctrina
repetida horariamente,
de súbito   *suddenly*
yo ya no era el mismo de antes:
assiduous
45   *faux pas*
suffragette.
Ahora desciendo inagotablemente
de ellas; son
mi hereditaria ofrenda,
50   huellas de sangre vivida
sobre el papel constante:
exhume
querimonious
kibitzer.
55   Tenaz oficio   *Tenacious*
el de crearme en mi propia imagen
cada vez con cada una al pronunciarla:
postprandial
Subsequently
60   y de escribir por fin con voluntad
las catorce letras de mi nombre
y por encima
la palabra
libertad.

Comprensión y discusión

◼ ACTIVIDAD 3 Ideas y versos

Escribe delante de cada una de las siguientes ideas los números de los versos donde aparecen. Si la idea se reparte durante varios versos, escribe el número de cada uno de ellos separados por una coma.

> *Ejemplo:* ___1, 2___ No empezó a sentirse libre hasta 1960.

a. _____ El inglés también era su lengua.

b. _____ No entendía bien los medios de comunicación.

c. _____ Saber inglés lo cambió.

d. _____ No se sentía educado para aprender.

e. _____ Decidió aprender por sí solo.

f. _____ Aprender inglés lo hizo libre.

g. _____ Decidió aprender vocabulario en inglés.

h. _____ Aprender inglés lo hizo poeta.

◼ ACTIVIDAD 4 ¿Qué piensas ahora?

Vuelve a leer las palabras en inglés que aparecen en el poema.

1. ¿A qué uso de la lengua pertenecen?

2. ¿Por qué crees que Villanueva seleccionó estas palabras y no otras de uso más común?

3. ¿Crees que el conocer bien un idioma tiene relación con el grado de educación y capacidad para expresarse de una persona?

4. ¿Es importante conocer bien la lengua en que uno necesita expresarse para todas las profesiones? ¿Y para la que Tino Villanueva eligió?

◼ ACTIVIDAD 5 Interpretación

¿Cómo interpretas los siguientes versos del poema? Explica por qué crees que el poeta eligió esas palabras específicas y qué efecto espera provocar en los lectores.

a. «recién graduado y tardío para todo»

b. «Ésta será tu fe»

c. «Desharás… las sanciones en tu contra»

d. «En la fecundidad de un instante me fui multiplicando»

e. «rescatar lo que era mío»

f. «mi hereditaria ofrenda»

Tertulia final «Harás por ti lo que no pudo el salón de clase.»

En este verso, Villanueva nos da a conocer cómo algunas veces el sistema educativo no responde a las necesidades de todas las personas. En grupos, discutan los efectos que una educación inadecuada puede tener en una persona. A continuación se encuentran algunas preguntas que pueden servirles como punto de partida para su conversación.

- ¿Qué factores pueden influir en la educación que una persona recibe?

- ¿Qué efectos puede tener en la vida de una persona el no recibir la educación adecuada?

- ¿De qué manera puede una persona educarse a sí misma, es decir, fuera del salón de clase?

Redacción

Cuatro estrellas:
Escribir una reseña cinematográfica

Tema

Trabajas en la sección de ocio de tu periódico local. Hoy vas a escribir una reseña (*review*) sobre alguna de las películas existentes que circulan en el mercado que tratan el tema de la lucha por la igualdad ya sea racial, de género, etcétera.

Prepárate

Haz un borrador con todos los aspectos positivos y negativos de la película. No te preocupes ahora del orden ni de la gramática, pero piensa y escribe en español. Si hay alguna palabra que no sepas, deja un espacio o haz un símbolo.

¡Escríbelo!

- Ordena las ideas de tu borrador.
- No hay una forma fija de escribir una reseña, aunque como siempre tienes que pensar en tu posible lector e intentar contestar las preguntas que éste pueda tener sobre la película. **¡OJO!** No les cuentes a tus lectores todo lo que ocurre. Sin embargo, piensa en la música, calidad de los actores, fotografía, interés del tema, etcétera.
- Busca en el diccionario y en tu libro de español aquellas palabras y expresiones sobre las que tengas dudas.

¿Y ahora?

- Repasa los siguientes puntos.
  - ❏ el uso del pretérito y el imperfecto
  - ❏ el uso de **ser** y **estar**
  - ❏ la concordancia entre sujeto y verbo
  - ❏ la concordancia de género y número entre sustantivos, adjetivos y pronombres
  - ❏ la ortografía y los acentos
  - ❏ el uso de un vocabulario variado y correcto: evita las repeticiones
  - ❏ el orden y el contenido: párrafos claros, principio y final
    - Finalmente, prepara tu versión para entregar.

Consulta tu *Cuaderno de práctica* para encontrar más ideas y sugerencias que te ayuden a escribir tu redacción.

RECORDATORIO

el borrador   *draft*

No te olvides de mirar el Apéndice I, **¡No te equivoques!**, para evitar errores típicos de los estudiantes de español. Para esta actividad de escritura, se recomienda que prestes atención a *Historia, cuento* y *cuenta* (página A-5).

Reflexiones

Gramática en acción: Aires de cambios

Completa el siguiente texto conjugando los verbos que están entre paréntesis en la forma apropiada del presente simple o del presente perfecto de subjuntivo o indicativo, según sea necesario. En los espacios en blanco que no estén seguidos de un infinitivo entre paréntesis, es necesario poner un pronombre relativo.

Varias escuelas secundarias españolas _____[1] (comenzar) a impartir (*teach*) clases de labores (*chores*) domésticas para que los adolescentes, especialmente los varones, _____[2] (aprender) a hacer las tareas de la casa, _____[3] tradicionalmente _____[4] (ser) hechas por las madres. Esto es necesario porque las mujeres, _____[5] ahora trabajan fuera del hogar mucho más que antes, _____[6] (dejar) de tener tiempo para hacer todas las cosas, mientras que los hombres, _____[7] trabajo nunca fue dentro de la casa, todavía no _____[8] (empezar) a hacer su parte. Las clases son absolutamente prácticas, según una de las profesoras, _____[9] dice que este aprendizaje son «habilidades para la vida». Además, este aprendizaje puede ayudar a la relación entre jóvenes parejas en una generación en _____[10] las mujeres ya _____[11] (asistir) masivamente a la universidad. Un informe del Ministerio de Trabajo de 2001 muestra que las mujeres todavía dedican una media de casi cuatro horas diarias al trabajo doméstico, mientras los hombres no llegan a cuarenta y cinco minutos. Es posible que _____[12] (empezar) la hora de repartir ese tiempo, ¿no?

Proyectos en tu comunidad

Haz una pequeña investigación en tu comunidad sobre los distintos recursos que hay disponibles para una persona que se sienta discriminada por razones de género, raza, minusvalía, etcétera. ¿Hay algunos lugares específicos para las personas que no hablan inglés? No olvides explicar cómo supiste de estos recursos.

Tertulia final Las formas de discriminación

En este capítulo hemos hablado de algunos aspectos sobre la marginación y discriminación. Sin embargo, hay otros aspectos que no hemos comentado todavía, por ejemplo, la reacción de la sociedad ante los matrimonios interraciales o la adopción de niños por personas de una raza diferente. También, ¿creen Uds. que en nuestra sociedad se discrimina por razones religiosas? ¿Hay discriminación contra la gente obesa? ¿contra los no agraciados físicamente?

«Yo quiero que a mí
me entierren como a mis
antepasados, en el vientre[a]
oscuro y fresco de
una vasija de barro[b].»*

*De la canción «Vasija de barro» (1950), de los ecuatorianos Jorge Carrera Andrade,
Hugo Alemán, Jaime Valencia, Gonzalo Benítez y Víctor Valencia

[a]belly   [b]vasija... clay pot

10

Los tiempos precolombinos

Reflexiones Popol Vuh, Libro del Consejo o de lo Común

El Popol Vuh es el libro sagrado de los quichés. De autor desconocido, fue compuesto en el siglo XVI y traducido al español en el siglo XVIII. En este libro se cuentan la historia y tradiciones de los mayas quiché. ¿Qué cuenta la tradición judeocristiana sobre la creación del mundo? ¿Crees que hay otras civilizaciones con tradiciones similares?

POPOL VUH (FRAGMENTO),

VERSIÓN DE *FRAY FRANCISCO XIMÉNEZ*

II *Donde se declara cómo todo era un caos y suspensión sin moverse cosa alguna antes de la creación y cuando estaba el cielo despoblado*

Lo primero que se nos ofrece tratar es que antes de la creación, no había todavía ni hombres ni animales, pájaros, pescados, **cangrejos, palos, piedras, hoyos, barrancos, paja ni mecate,** y ni se manifestaba la **haz** de la tierra; el mar estaba en suspenso, el cielo estaba sin haber cosa alguna que **hiciera** ruido, no había cosa en orden, cosa que **tuviese ser,** sino es el mar y el agua que estaba en calma y así todo estaba en silencio y oscuridad, como noche, solamente estaba el Señor y Creador **Culebra** fuerte, Madre y Padre de todo lo que hay en el agua, estaba en una **suma** claridad adornado y oculto entre **plumas** verdes (que son las de los quetzales de que usaban los señores por **majestad y grandeza**) y así se llama Qucumatz, Culebra fuerte y **sabia** por su grande **sabiduría y entendimiento,** y se llama **aqueste** dios: Corazón del cielo, porque está en él y en él reside.

crabs, trees, stones, holes, ravines, hay, nor maguey rope
superficie
made   had life

Snake
supreme
feathers
majesty and grandeur

wise   wisdom and
understanding   este

Ponte a prueba

Identifica las siguientes ideas en el texto.

1. Al principio no había ninguna cosa viva.
2. No había luz.
3. El dios supremo es femenino y masculino.
4. El señor creador vive en la luz y está cubierto por un adorno verde.
5. Su nombre significa «corazón del cielo».

Reflexiones El último viaje del Almirante

1. ¿Cómo se llaman algunas de las civilizaciones que habitaban lo que hoy es México, Centroamérica y Sudamérica antes de la llegada de los españoles?
2. ¿Cómo eran las civilizaciones de América en comparación con las de Europa?
3. En tu opinión, ¿hubo injusticias durante la Conquista (*Conquest*) de América? ¿Por qué sí o por qué no?

vocabulario útil

el almirante	admiral
el crucifijo	crucifix
el Santo Oficio	Inquisition
el virrey	viceroy

Ponte a prueba

Comprensión Contesta las preguntas según lo que viste en el cortometraje.

1. ¿Cómo se llama el personaje histórico que está muriendo?
2. ¿Cómo se llaman los hijos del Almirante?
3. ¿Qué le dice Hernando a la gente que le pregunta por su padre?
4. ¿Cuál es el «último viaje» del Almirante?
5. ¿Quién es la persona que lleva esperando varios días para ver al Almirante?

CENTRO
Your media center for languages

Para ver *El último viaje del Almirante* otra vez y realizar más actividades relacionadas con el cortometraje, visita la página de Centro: **www.mhcentro.com**.

Palabras

DE REPASO

el/la azteca
la civilización
la cultura
el/la inca
el latín
el/la maya
el pueblo
la raza

mestizo/a

Mesoamérica es una región cultural prehispánica que comprende el centro y sur de México, Guatemala, El Salvador, el oeste de Honduras y Belice.

México
Belice
Honduras
Guatemala
Nicaragua
El Salvador
Costa Rica
Panamá

Mesoamérica

el ancestro	ancestor
el asentamiento	settlement
la conquista	conquest
el/la conquistador(a)	conqueror
Cristóbal Colón	Christopher Columbus
el/la defensor(a)	defender
el desarrollo	development
el descubrimiento	discovery
la etnia	ethnicity
el/la indígena	indigenous man/woman
el emperador / la emperatriz	emperor/empress
el establecimiento	establishment
la fundación	foundation (such as a city)
el imperio	empire
la reina	queen
el reino	kingdom
el rey	king

Cognados: **la arqueología, el/la arqueólogo/a, la defensa, el/la indio/a, la invasión, el/la invasor(a), la pirámide, las ruinas, el territorio**

asentarse (ie)	to settle
conquistar	to conquer
desarrollar	to develop

descubrir	to discover
dominar	to dominate; to rule
establecer (zc)	to establish
fundar	to found
invadir	to invade
reinar	to reign

Cognado: **defender (ie)**

Cognado: **ancestral**

El paso del tiempo

la época	epoch; times
la fecha	date
el siglo*	century

Cognados: **la era, el milenio**

antes de Cristo (a. C.)	BC
después de Cristo (d. C.)	AD

Calendario azteca

---

*Los siglos en español se expresan con números romanos: siglo XX = *20th century*.

ACTIVIDAD 1 Campos del saber (*Fields of knowledge*)

¿Con qué disciplinas o campos del saber relacionas las siguientes palabras? Puede haber más de una asociación.

la ciencia ficción   el gobierno   la religión
la economía   la historia   el urbanismo

Ejemplo: el desarrollo → la economía: desarrollo económico

1. el desarrollo
2. la invasión
3. el descubrimiento
4. Mesoamérica

5. la pirámide
6. el siglo
7. el indígena
8. la guerra

ACTIVIDAD 2 Personas, lugares y situaciones

¿Qué palabra del vocabulario asocias con las siguientes situaciones, personas y lugares?

1. Juan Carlos I de España
2. Alguien entra en tu casa y se instala en ella contra tu voluntad.
3. Tus padres no te permiten hacer nada de lo que tú quieres y exigen que hagas sólo lo que ellos desean.
4. un portero (*goalie*) de un equipo de fútbol
5. unos monumentos famosísimos de Egipto
6. los años 80 (del siglo XX) o los años después de la Segunda Guerra Mundial
7. el tiempo de los dinosaurios o el tiempo después de Cristo
8. los mayas y los mochicas, entre otros
9. el día exacto de tu examen final de español

ACTIVIDAD 3 Creatividad

En parejas, escriban una frase utilizando por lo menos cuatro de las palabras del vocabulario. Luego compártanla con el resto de la clase. ¿Cuáles son las frases más originales?

ACTIVIDAD 4 Verdades históricas

Forma oraciones sobre la historia de los pueblos indígenas de Latinoamérica, de España o de tu país usando los siguientes verbos. Si quieres, puedes sustituir palabras derivadas de los verbos.

Ejemplos: defender →
Los mapuches fueron buenos estrategas y **defendieron** su tierra con valor.
Para los mapuches fue importante la **defensa** de su territorio.

1. defender
2. conquistar

3. desarrollar
4. dominar

5. descubrir
6. invadir

7. reinar
8. fundar

■ ACTIVIDAD 5 ¡Peligro! (*Jeopardy!*): Concurso (*Game*) entre equipos

Paso 1 ¿Conoces el concurso televisivo «*Jeopardy!*»? Pues ¡a jugar! En equipos, piensen en una categoría y escriban cinco oraciones que sirvan de pistas (*clues*), asignando valores de 1, 2, 3, 4 ó 5 puntos a cada pista. Cada oración o su pregunta correspondiente debe incluir una palabra del vocabulario.

Ejemplos:
    PISTA: Este <u>pueblo</u> no africano construyó <u>pirámides</u>.
    RESPUESTA: ¿Quiénes son los <u>mayas</u>?
    PISTA: Son unas <u>ruinas</u> muy famosas en la península de Yucatán.
    RESPUESTA: ¿Qué es Chichén Itzá?

Paso 2 Por turno, cada equipo lee sus pistas para que los otros equipos den las respuestas/preguntas. Gana el equipo que consiga más puntos.

■ ACTIVIDAD 6 La historia de tu estado o país

En parejas, hablen de la historia de sus respectivos estados, provincias o países. Si son del mismo lugar, pueden hacerse preguntas para ver quién de los/las dos sabe más. Pueden usar las siguientes ideas para empezar.

- primeros pobladores y civilizaciones posteriores
- invasiones/colonizaciones
- personajes históricos importantes
- fundación de las ciudades más importantes

Ejemplo: México, D.F. → La ciudad de México, también llamada «Distrito Federal» (o «el D.F.») es un territorio que ha tenido ocupación humana desde hace más de 7.000 años. Primero era una zona de influencia olmeca, la civilización más antigua de Mesoamérica. Después se desarrolló en esa zona la cultura de Teotihuacán. Finalmente, hacia el siglo XIV, llegaron los mexicas o aztecas, quienes fundaron su capital en lo que hoy es el D.F., llamándola Tenochtitlán.

    Cuando Hernán Cortés conquistó el territorio mexica de Moctezuma quiso que la gran ciudad imperial siguiera siendo esta ciudad central, pero le cambió el nombre al de México.

    México es una ciudad que conserva claramente la marca del paso del tiempo: sus pobladores originales, el tiempo colonial y su etapa más reciente como capital de México.

La Plaza de las Tres Culturas en México, D.F. es una plaza dedicada a la compleja historia mexicana: un pasado indígena, una colonización española y, finalmente, una era moderna que es resultado de las anteriores.

El mapa muestra las áreas de asentamiento de varios grandes grupos en Centro y Sudamérica.

Es posible que todo el mundo haya oído hablar de los aztecas, mayas e incas. Pero éstas son sólo algunas de las civilizaciones que habían amalgamado a otros pueblos y etnias cuando los españoles llegaron a América. Por ejemplo, los aztecas y mayas heredaron aspectos culturales primero de los olmecas y más tarde de los zapotecas y los toltecas, entre otros. De igual manera, los incas formaron un pueblo que tomó fuerza ya en el siglo XV de nuestra era, y con ellos culminaron civilizaciones previas como las de los nazca y los mochica. Esto no es sorprendente, pues hoy se cree que ha habido habitantes en América por más de 30.000 años.

La lengua española ha sido enriquecida por su contacto con las culturas y lenguas indígenas de América. La lista que sigue muestra algunos de los ejemplos más conocidos que también son semejantes en inglés.

náhuatl (de los aztecas) y lenguas mexicanas

aguacate	chacal	tomate
chocolate	coyote	

arahuaco / taíno

banana	huracán	manatí
barbacoa	iguana	tabaco
caimán	maíz	yuca
canoa		

quechua (de los incas)

cóndor	mate
llama	pampa

tupí-guaraní

jaguar	petunia	tapir
maraca	tapioca	

Tertulia Intercambio léxico

- Las palabras originarias del continente americano que aparecen en la lista no están traducidas, porque son fáciles de entender. ¿Cuántas han pasado al inglés con pocos cambios?

- ¿Qué otras palabras de idiomas indígenas americanos conocen Uds. en inglés o en español? ¿Vienen algunas de lenguas indígenas norteamericanas de su país?

- ¿Creen que las culturas indígenas americanas han dejado una clara marca en las sociedades y países americanos actuales? ¿En qué países más y en cuáles menos? Intenten justificar sus respuestas.

Estructuras

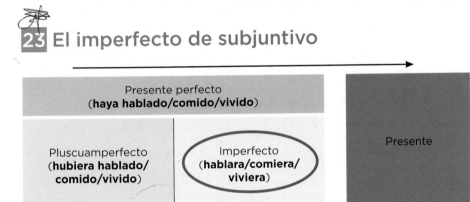

«… el mar estaba en suspenso, el cielo estaba sin haber cosa alguna que **hiciera** ruido, no había cosa en orden, cosa que **tuviese** ser… »*

23 El imperfecto de subjuntivo

Presente perfecto (**haya hablado/comido/vivido**)	
Pluscuamperfecto (**hubiera hablado/ comido/vivido**) · Imperfecto (**hablara/comiera/ viviera**)	Presente

REPASO

Formas del pretérito de indicativo (**Capítulo 3**)

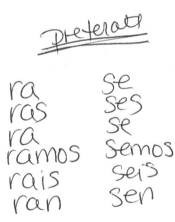

Forms

The imperfect subjunctive is formed by dropping the **-ron** ending from the third-person plural (**ellos/as, Uds.**) of the preterite of indicative and adding these endings:

pagar: pagaron → paga- + *ending*		beber: bebieron → bebie- + *ending*		vivir: vivieron → vivie- + *ending*	
pagara	pagáramos	bebiera	bebiéramos	viviera	viviéramos
pagaras	pagarais	bebieras	bebierais	vivieras	vivierais
pagara	pagaran	bebiera	bebieran	viviera	vivieran

Popol Vuh, versión de Fray Francisco Ximénez

hacer → hiciera / hiciese

ir → fuera / fuese

poder → pudiera / pudiese

poner → pusiera / pusiese

querer → quisiera / quisiese

ser → fuera / fuese

tener → tuviera / tuviese

venir → viniera / viniese

There is another set of endings for the imperfect subjunctive, widely used in Spain but less so in most parts of Latin America, where it tends to be used only in formal speech or writing.

pagar		beber		vivir	
pagase	pagásemos	bebiese	bebiésemos	viviese	viviésemos
pagases	pagaseis	bebieses	bebieseis	vivieses	vivieseis
pagase	pagasen	bebiese	bebiesen	viviese	viviesen

Uses

- The imperfect subjunctive appears in contexts that require the subjunctive and a past tense. In other words, the subordinate clause needs to be in the subjunctive and refers to the past. Compare the examples in present and past tenses in each of the three types of clauses.

In noun clauses: Expressions of influence, doubt, judgment, and emotion.

Present subjunctive
past subjunctive

El jefe dice que vayas a su oficina. — *The boss says (for you) to go to his office.*
El jefe dijo que fueras a su oficina. — *The boss said (for you) to go to his office.*

In adjective clauses: Clauses that function like adjectives.

Busco a alguien que pueda ayudarme. — *I'm looking for someone who can help me.*
Buscaba a alguien que pudiera ayudarme. — *I was looking for someone who could help me.*

In adverbial clauses: Clauses that function like adverbs.

No haré nada hasta que tú me des el visto bueno. — *I won't do anything until you give me the go-ahead.*
No iba a hacer nada hasta que tú me dieras el visto bueno. — *I wasn't going to do anything until you gave me the go-ahead.*

Although it is common for the imperfect subjunctive to appear in sentences where the main verb is in the past (preterite or imperfect), this is not always the case. It is the context of the situation and the meaning of the main verb that determine the use of the imperfect (versus the present or another subjunctive tense).

Lamento que no te estés divirtiendo mucho esta noche. — *I regret that you are not having much fun tonight.*
Lamento que no te divirtieras mucho anoche. — *I regret you didn't have much fun last night.*
Busco a alguien que estuviera allí cuando ocurrió el accidente. (La búsqueda ocurre ahora.) — *I am looking for someone who was there when the accident happened.*
Buscaba a alguien que estuviera allí cuando ocurrió el accidente. (La búsqueda ocurrió ayer.) — *I was looking for someone who was there when the accident happened.*

Lamento que no te **estés divirtiendo** mucho.

★ • **Como si + imperfect subjunctive**   **Como si** (*as if*) is always followed by the imperfect subjunctive (or pluperfect subjunctive*).

John habla español como si fuera nativo.

John speaks Spanish as if he were a native speaker.

¡No me trates como si no me conocieras!

Don't treat me as if you didn't know me!

Nota lingüística Otros usos del imperfecto de subjuntivo

- **Courtesy**   With the verbs **querer, poder,** and **deber,** the imperfect subjunctive is often used as the main verb to soften requests and advice. In English, this is expressed with *would, could,* and *should,* depending on each case.

Quisiera hablar con Ud. un momento.

I would like to speak to you for a moment.

¿Pudiera decirme la hora?

Could you tell me the time?

Debieras tomarte unas vacaciones.

You should take a vacation.

- **Wishes**   The imperfect subjunctive is used in wishing expressions for things that are unlikely or impossible.

Ojalá + imperfecto de subjuntivo

I wish

Ojalá que pudieras venir esta noche.

I wish you could come tonight.

¡Quién + imperfecto de subjuntivo... !

I wish

¡Quién pudiera volar!

I wish I (someone) could fly!

¡Quién supiera lo que va a pasar en el futuro!

I wish I knew what's going to happen in the future!

Debieras tomarte unas vacaciones

■ **ACTIVIDAD 1** La leyenda de Aztlán

Completa el siguiente párrafo con la forma apropiada del imperfecto de subjuntivo o del presente de subjuntivo de los verbos entre paréntesis.

«¿Hay alguien en la clase que _____¹ (saber) qué es Aztlán?», nos preguntó la profesora. Todos nos alegramos de que Jaime _____² (levantar) la mano y _____³ (saber) la respuesta. Explicó que Aztlán es el lugar de donde partieron los mexicas, también conocidos como aztecas. El dios Huitzlopotchtli les había dicho que _____⁴ (buscar: ellos) un lugar en el cual _____⁵ (ver: ellos) un águila devorando una serpiente. Insistió en que en ese lugar _____⁶ (fundar: ellos) la ciudad de Tenochtitlán para que _____⁷ (establecerse) y _____⁸ (dominar) el mundo.

«Muy bien, Jaime», dijo la profesora. «Actualmente nadie sabe donde está el lugar que los mexicas llamaban Aztlán y no creo que nunca se _____⁹ (encontrar). Según algunos expertos, es probable que _____¹⁰ (estar) en lo que hoy llamamos Alta California, pero otros piensan que es posible que sólo _____¹¹ (ser) un lugar mítico y que nunca _____¹² (existir) en realidad», explicó la profesora.

RECORDATORIO

Ojalá + presente de subjuntivo = *I hope*

Ojalá que **puedas** venir esta noche.   *I hope you can come tonight.*

*You will study this tense in **Capítulo 11**.

La España precolombina

El Acueducto de Segovia

Hasta el momento de la llegada de los españoles a América y durante la época de las grandes civilizaciones precolombinas en América, España también vivió un largo proceso de evolución marcado por la llegada de diversas culturas a su territorio. Habitada originalmente por los íberos, de los que poco se sabe, España fue invadida por muchos pueblos de toda Europa, entre ellos los celtas, los vikingos y los griegos. Pero son los romanos en el siglo III a. C. los que definitivamente dejan su marca en la península, especialmente su lengua, el latín, que sería la base del español. El nombre España se deriva de *Hispania*, el nombre latino de la región. Tras la caída del imperio romano, un pueblo germánico, los godos,[a] se asentó en lo que hoy es España, y en el año 711 una invasión árabe llegó desde el sur, dando comienzo a ocho siglos de dominación musulmana, lo que también dejó una profunda huella[b] en la península.

[a]*Goths*   [b]*mark*

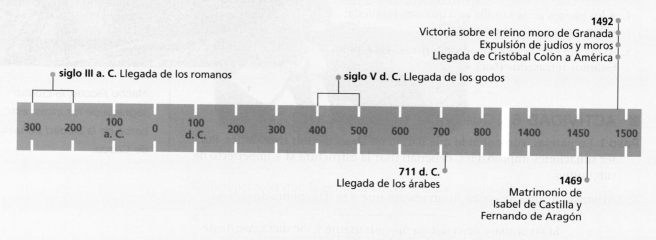

siglo III a. C. Llegada de los romanos

siglo V d. C. Llegada de los godos

1492
Victoria sobre el reino moro de Granada
Expulsión de judíos y moros
Llegada de Cristóbal Colón a América

| 300 | 200 | 100 a. C. | 0 | 100 d. C. | 200 | 300 | 400 | 500 | 600 | 700 | 800 | | 1400 | 1450 | 1500 |

711 d. C.
Llegada de los árabes

1469
Matrimonio de
Isabel de Castilla y
Fernando de Aragón

Antes de 1492, curiosamente el año en que Cristóbal Colón llegó a América, España no era un país como el que hoy conocemos. En ese año, los Reyes Católicos Isabel y Fernando ganaron la batalla contra el último reino árabe que quedaba en España: el reino de Granada. Con esa victoria, Isabel y Fernando, quienes habían unido con su matrimonio los dos poderosos reinos de Castilla y Aragón, empezaban a ver realizado su proyecto de unificar todos los reinos de la península bajo su poder. Ese mismo año decidieron unificar religiosamente el país y decretaron[c] la expulsión de todas las personas que no fueran católicas, es decir, los judíos y musulmanes que no quisieran convertirse a la religión católica. Se puede decir que el año 1492 fue un año crucial en la historia de América y de España.

[c]*decreed*

Tertulia Un poco de historia

- ¿Ven diferencias o semejanzas entre los comienzos históricos de España y los de su país?

- En su opinión, ¿cuáles han sido los años cruciales en la historia de su país?

Mi tierra

Reflexiones

Rigoberta Menchú Tum (Guatemala, 1959 –) es una activista maya-quiché que ganó el Premio Nobel de la Paz en 1992 por su labor en defensa de los indígenas de su país. Es autora, junto con Elizabeth Burgos-Debray, del libro testimonial *Me llamo Rigoberta Menchú y así me nació la conciencia*, donde se recoge la triste y difícil historia de muchos indígenas guatemaltecos durante los largos años de violencia contra ellos.

El poema «Mi tierra» apareció en un libro que reúne escritos de diversos tipos de varios autores titulado *1492–1992: La interminable conquista* (1992). En este libro se critica la desgraciada situación de los pueblos indígenas de Latinoamérica; su publicación coincidió precisamente con el 500 aniversario del llamado «encuentro» entre España y América.

Rigoberta Menchú

■ **ACTIVIDAD 1** Práctica de vocabulario

Completa el párrafo con las palabras adecuadas de la lista.

acariciadas	enterrados	lágrimas	regatear
antepasados	enterrar	lejano	reposan
ardiente	huesos	ombligo	

El verano pasado mi madre y yo visitamos el lugar donde están _____ mis _____ maternos. Está en un sitio _____, a muchos kilómetros de la capital. Sus _____ ahora _____ en una verde colina _____ por la brisa y la suave lluvia. Mi madre me contó que en su tierra existe la tradición de _____ el _____ de los recién nacidos. Antes de llegar al lugar, mi madre había comprado unas flores: las compró sin _____, aunque ella siempre regatea cuando hace compras en su país. Frente a la tumba de sus familiares muertos mi madre no pudo evitar las _____ y me dijo que era su _____ deseo que yo aprendiera bien la lengua de su familia.

vocabulario útil

el antepasado	ancestor
el hueso	bone
la lágrima	tear
el ombligo	umbilical cord
ardiente	ardent
lejano/a	*distante*
acariciar	to caress
enterrar	to bury
regatear	to bargain
reposar	to rest

■ **ACTIVIDAD 2** ¿Qué crees tú?

¿Qué tipo de ideas esperarías ver en un poema sobre tu tierra?

Marca todas las categorías que te parezcan apropiadas.

_____ datos históricos
_____ descripción del paisaje
_____ mención al nacimiento del país
_____ cosas cotidianas
_____ expresiones de afecto
_____ una visión local de «tierra», como lugar donde una persona creció

Estrategia: La repetición

En los textos literarios, como en éste de Rigoberta Menchú, es normal encontrar el recurso estilístico de la repetición. La repetición se produce cuando una palabra o sonido se usa varias veces en el texto con la intención de destacarlos y producir algún tipo de efecto; por ejemplo, la repetición de la palabra «hueso» en «hueso tras hueso» nos comunica un proceso constante que se extiende a través de las generaciones. Las palabras repetidas pueden aparecer en diferentes posiciones: al principio y al final de una oración, al principio de cada oración o verso, etcétera. Fíjate en la repetición de ciertas palabras en el poema de Menchú. ¿Por qué crees que elige la poeta repetir esas palabras?

Un ayote

se... formaron una montaña

muchachas *fertilized* *cassava*
malangas... *pumpkins,*
types of squash

bunches

lodging

Un chilacayote

MI TIERRA

Madre tierra, madre patria,   1
aquí reposan los huesos y
memorias de mis antepasados
en tus espaldas se enterraron
los abuelos, los nietos y los hijos.   5

Aquí **se amontaron** huesos tras huesos
de los tuyos, los huesos de las
lindas **patojas** de esta tierra, **abonaron** el maíz, las **yucas**,
las **malangas**, los **chilacayotes**,
los **ayotes**, los **güicoyes** y los **güisquiles**.   10
Aquí se formaron mis huesos,
aquí me enterraron el ombligo
y por eso me quedaré aquí
años tras años
generaciones tras generaciones.   15

Tierra mía, tierra de mis abuelos
tus **manojos** de lluvias,
tus ríos transparentes
tu aire libre y cariñoso
tus verdes montañas y   20
el calor ardiente de tu Sol
hicieron crecer y multiplicar
el sagrado maíz y formó los
huesos de esta nieta.

Tierra mía, tierra de mis abuelos   25
quisiera acariciar tu belleza
contemplar tu serenidad y
acompañar tu silencio,
quisiera calmar tu dolor
llorar tu lágrima al ver   30
tus hijos dispersos por el mundo
regateando **posada** en tierras
lejanas sin alegría, sin paz,
sin madre, sin nada.

Comprensión y discusión

■ ACTIVIDAD 3 ¿Está claro?

Clasifica las estrofas del poema de acuerdo con el tema principal de cada una.

_____ La tristeza de la tierra por sus hijos emigrados o exiliados.

_____ _____ La tierra como lugar de su familia.

_____ _____ El ciclo natural de vida y muerte entre la tierra y la gente.

■ ACTIVIDAD 4 La respuesta correcta

Elige la respuesta correcta.

1. En la tierra están enterrados los restos de...
   a. las frutas.
   b. los familiares de la poeta.

2. La poeta se quedará en su tierra...
   a. unos cuantos años.
   b. para siempre.

3. Los alimentos y las personas del país de la poeta deben su existencia a...
   a. los elementos de la naturaleza.
   b. los esfuerzos de los hombres.

4. En este poema **tierra** es sinónimo de...
   a. hija.
   b. madre.

■ ACTIVIDAD 5 ¿Qué piensas ahora?

Haz una lista con todas las palabras que se repiten y luego discute con tus compañeros el significado que tienen en el poema. También discutan el efecto que se consigue con la repetición de estas palabras.

Tertulia Tradiciones

Como han podido leer en el poema de Rigoberta Menchú, el enterrar el ombligo de una persona que acaba de nacer es una tradición entre algunos pueblos indígenas de Latinoamérica. Se hace porque se piensa que así la persona nunca se olvidará del lugar donde nació y, aunque se vaya de allí, siempre volverá. ¿Qué tradiciones existen en tu comunidad o en tu familia cuando nace un bebé? ¿y cuando una persona se va de viaje o se casa?

Redacción

Tema

La preparación de un borrador para un ensayo

Prepárate

- En esta última unidad vas a escribir un trabajo de investigación, en el cual podrás repasar las técnicas de escritura practicadas en capítulos anteriores, esta vez aplicadas a un texto un poco más extenso. Tu profesor(a) decidirá la extensión que debe tener tu trabajo y las opciones de tema.

- Para este capítulo, vas a preparar el borrador de tu ensayo, siguiendo las sugerencias a continuación. Un borrador es la primera versión de un escrito y es un paso importantísimo para cualquier tipo de escritura, especialmente para un trabajo de investigación. (En el **Capítulo 11,** tendrás la oportunidad de trabajar sobre la segunda versión.)

- Escoge un tema y haz la investigación necesaria. Es importante centrarse bien en ese tema.

- Decide a qué tipo de posibles lectores estará orientado el texto y cuál es su propósito: ¿informar? ¿convencer?

RECORDATORIO

el borrador	*draft*
el ensayo	*essay*
la ortografía	*spelling*

¡Escríbelo!

- Crea un primer esqueleto del texto, aunque éste puede cambiar en la siguiente versión. Utiliza una o más de las técnicas de pre-escritura: la lluvia de ideas, la escritura automática o el esquema.

- El borrador debe ser pensado y escrito en español, aunque no sepas expresar perfectamente todas las ideas o cometas errores gramaticales y ortográficos: lo importante es poner en el papel las ideas que se te van ocurriendo.

- Es importante incorporar en el borrador todos los aspectos del tema que podrías tratar, aunque luego decidas sólo centrarte en algunos.

- Finalmente, es aconsejable hacer una lista de palabras útiles relacionadas con el tema, aunque algunas estén al principio en inglés: la segunda versión del borrador será el momento de buscarlas en el diccionario.

No te olvides de mirar el Apéndice I, **¡No te equivoques!,** para evitar errores típicos de los estudiantes de español. Para esta actividad de escritura, se recomienda que prestes atención a **Cómo se expresa *to ask*** (página A-6).

¿Y ahora?

Guarda el borrador con los apuntes y las listas de palabras. Lo vas a necesitar en el **Capítulo 11.**

Consulta tu ***Cuaderno de práctica*** para encontrar más ideas y sugerencias que te ayuden a escribir el borrador.

Gramática en acción: Las consecuencias de la llegada de los españoles a América para los indígenas

Completa los siguientes párrafos con la forma correcta de los verbos que están entre paréntesis. Puedes usar el pretérito o imperfecto de indicativo, imperfecto de subjuntivo o condicional.

No hay duda de que la población indígena _____[1] (sufrir) después de la llegada de los españoles y los otros europeos a América. Es cierto que los diferentes imperios precolombinos también _____[2] (hacer) guerras y _____[3] (causar) destrucción y muerte entre los pueblos vecinos antes de que _____[4] (llegar) los españoles. Pero no es posible que las consecuencias de esas guerras _____[5] (ser) comparables con el daño físico, emocional y cultural causado por los españoles y otros pueblos europeos posteriormente. Hoy día _____[6] (poder) existir en Latinoamérica una población indígena mucho mayor.

Los españoles _____[7] (traer) guerra, esclavitud y trabajo forzado a los indígenas americanos. Como si todo esto _____[8] (ser) poco, es probable que lo peor que les _____[9] (dejar) los españoles _____[10] (ser) en realidad sus enfermedades. Enfermedades tan comunes para los europeos como la influenza y la varicela[a] _____[11] (ser) desconocidas para los indígenas y fueron mortales para ellos, porque _____[12] (acabar) con millones de vidas en pocas décadas.

[a]*chicken pox*

Proyectos en tu comunidad: La presencia indígena en el continente americano

Para efectos de este capítulo tu comunidad abarca todo el actual territorio de tu país. Investiga una de las palabras y culturas de la siguiente lista. El objetivo es averiguar (*to find out*) qué relación tienen con tu país y los países latinoamericanos.

Aztlán   arahuacos   taínos   indios pueblo   inuit   metis

Tertulia final Los pueblos indígenas en los Estados Unidos y el Canadá

En este capítulo Uds. han leído un poco sobre el pasado y el presente de los pueblos indígenas en países latinoamericanos. ¿Cómo se comparan su civilización y su historia a la de los pueblos indígenas de su país? ¿Cómo es la situación actual de estos pueblos? ¿Tienen una presencia importante en su estado o provincia? Deben intercambiar la información que sepan y buscar algunos hechos de los que no estén seguros.

«Vale un Perú.»*
«Esto es Jauja.»†

*Una expresión para referirse a algo muy rico o costoso: el Perú tiene importantes minas de plata.
†Jauja, la primera capital del Perú, por su riqueza y clima agradable se convirtió en sinónimo de vivir muy bien.

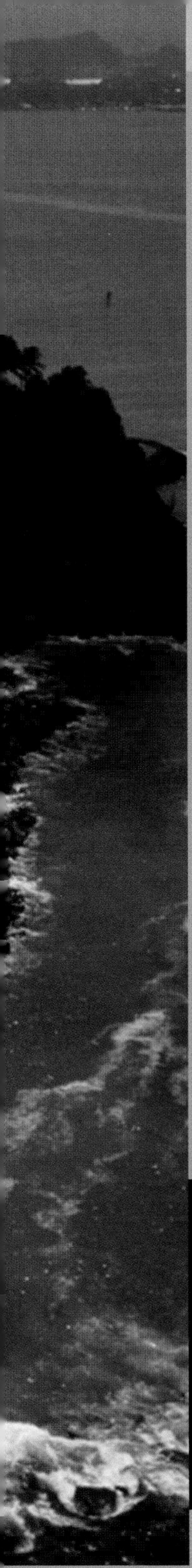

11

La fortaleza de San Felipe del Morro, en San Juan de Puerto Rico, domina la entrada a la bahía de San Juan. Fue construida en el siglo XVI, y es uno de los varios puestos de defensa que se construyeron para proteger la isla de los ataques extranjeros.

Los tiempos coloniales: Después del encuentro entre España y América

EN ESTE CAPÍTULO

Palabras
- La vida en la colonia
- El arte y el urbanismo
- Expresiones útiles para explicar ideas

Estructuras
25. El pasado perfecto o pluscuamperfecto de subjuntivo

26. El condicional perfecto

Cultura
- El barroco
- Simón Bolívar

Lectura
- «El eclipse»

De entrada

Reflexiones En busca del Nuevo Mundo

El autor del siguiente artículo es el político y escritor venezolano Arturo Uslar Pietri (1906–2001). Uslar Pietri defiende la idea de que América es un continente mestizo y que ésta es la verdadera razón para llamarlo «Nuevo Mundo». ¿Crees que los Estados Unidos y el Canadá también encajan (*fit*) en esa descripción? ¿Por qué?

EN BUSCA DEL NUEVO MUNDO,
ARTURO USLAR PIETRI

Garcilaso de la Vega, el Inca, (1539–1616) —escritor peruano, hijo de noble español y princesa inca— escribió Comentarios reales, *sobre la historia y las instituciones del imperio inca, y la* Historia general del Perú, *sobre la conquista de esas tierras por los españoles y las guerras civiles.*

Lo que vino a realizarse en América no fue ni la permanencia del mundo indígena, ni la prolongación de Europa. Lo que ocurrió fue otra cosa y por eso fue Nuevo Mundo desde el comienzo. El **mestizaje** empezó de inmediato por la lengua, por la cocina, por las costumbres. Entraron las nuevas palabras, los nuevos alimentos, los nuevos usos. Podría ser ejemplo de esa viva confluencia creadora aquella casa del capitán Garcilaso de la Vega en el Cuzco recién conquistado. En un **ala** de la edificación estaba el capitán con sus compañeros, con sus **frailes** y sus **escribanos**, metido en el viejo y **apretado pellejo** de lo hispánico, y en la otra, opuesta, estaba la **ñusta** Isabel, con sus parientes incaicos, comentando en quechua el perdido esplendor de los viejos tiempos. El niño que iba a ser el Inca Garcilaso iba y venía de una a otra ala como la **devanadera que tejía la tela** del nuevo destino.

miscegenation (mixing of races)

wing

friars
scribes
tight skin
princesa

spool that wove the fabric

Ponte a prueba

Decide si las siguientes oraciones son ciertas o falsas, y corrige las falsas según el texto.

1. Para Uslar Pietri el «Nuevo Mundo» lo fue porque antes era desconocido en Europa.
2. El mestizaje sólo es una cuestión de raza.
3. La familia del Inca Garcilaso tenía que vivir en dos casas diferentes.
4. El mestizaje en América implica creación y novedad.

Reflexiones El amor a las cuatro de la tarde

1. ¿Qué crees que queremos expresar cuando decimos en español que una persona tiene una «vida de telenovela»?
2. ¿Cómo son las relaciones entre la gente rica y sus empleados en las telenovelas?
3. En tu opinión, ¿qué tipo de personas ven las telenovelas? ¿Por qué les gustan las telenovelas?

Ponte a prueba

Elementos Señala el elemento que no sea parte de la historia.
1. el teléfono móvil   la videocasetera   la televisión   la impresora
2. el arquitecto   el piloto   la criada   el cura

Comprensión Contesta las preguntas según lo que viste en el cortometraje.
3. ¿Sobre qué están hablando las señoras cuando empieza la película?
4. Describe la relación entre la señora y Nelma, la criada.
5. ¿Por qué echa la señora a Nelma?

CENTRO
Your media center for languages

Para ver *El amor a las cuatro de la tarde* otra vez y realizar más actividades relacionadas con el cortometraje, visita la página de Centro: **www.mhcentro.com.**

vocabulario útil

el cianuro	cyanide
la criada	maid
el cura	priest
la telenovela	soap opera
echar	to fire
(a alguien)	(someone)
grabar	to record
sonar	to ring
(el timbre)	(the door-bell)

Palabras

DE REPASO

la arquitectura

el arte → las artes

el comercio

la conquista

la escultura

el gobierno

la iglesia

la pintura

conquistar

mestizo/a

*Altar mayor de la Iglesia
de la Compañía de Jesús,
Quito, Ecuador*

La vida en la colonia

el alcalde / la alcaldesa	mayor
el colono	settler
el/la criollo/a*	Creole
la esclavitud	slavery
el/la esclavo/a	slave
el/la gobernador(a)	governor
el mestizaje *(mixed race)*	miscegenation; mixing (of race/culture)
la mina de oro/plata	gold/silver mine
la plantación de cacao / caña de azúcar	cocoa/sugar-cane plantation

Cognados: **el comercio marítimo, la provincia**

Repaso: **el emperador, la emperatriz, la reina, el rey** *King Queen*

*Una plantación
de caña de azúcar*

El arte y el urbanismo: Los edificios

el ayuntamiento	town hall
el castillo	castle
la catedral	cathedral
el fuerte	fort
la oficina de correos	post office

Cognados: **el convento, la hacienda, el monasterio, el palacio**

El arte y el urbanismo: Las partes de un edificio

la bóveda	vault
el campanario	bell tower
la cúpula	dome
la escalera	stair
la fachada	façade
el piso	floor/story
la torre	tower

Cognados: **el altar, la columna**

---

*En Latinoamérica originalmente, **criollo/a** era una persona de ascendencia española pero nacida en el Nuevo Mundo. En la actualidad, el adjetivo **criollo/a** también se refiere a algo que es nativo de América, en contraste con lo extranjero.

El arte y el urbanismo: Los estilos artísticos

el Renacimiento	Renaissance (*rebirth*)
bello/a	beautiful, pretty
hermoso/a	beautiful, pretty
recargado/a	con exceso de ornamentación
renacentista	Renaissance (*adj.*)

Cognados: **abstracto/a, barroco/a, colonial, impresionista, neoclásico/a, surrealista**

Expresiones útiles para explicar ideas

de hecho	in fact / de facto
o sea	that is
por (lo) tanto	therefore

Arco de la Oficina de Correos en la ciudad de Guatemala.

■ ACTIVIDAD 1 Asociaciones

Paso 1 ¿Qué palabras del vocabulario asocias con las siguientes cosas y personas? ¿Por qué?

[handwritten: Coaco] 1. la comida de Nueva Orleáns *[handwritten: el criollo]* 6. un servicio religioso *[handwritten: la catedral]*

[handwritten: la mina de emperador oro rey/reina] 2. Napoleón Bonaparte y Josefina *[handwritten: la reina]* 7. el mar *[handwritten: el colono]*

3. una corona *[handwritten: el rey la reina.]* 8. el azúcar *[handwritten: la plantación azúcar]*

4. un cartero *[handwritten: la oficina de correos.]* 9. una misión de California *[handwritten: Monasterio]*

5. un monje (*monk*) *[handwritten: la catedral Monasterio]*

Paso 2 Di cuál de las palabras no pertenece a cada grupo y por qué.

1. la emperatriz	la reina	la gobernadora
2. la iglesia	el convento	el castillo
3. barroco	abstracto	surrealista
4. la torre	el piso	la bóveda
5. el criollo	mestizo	el conquistador
6. la plantación	la provincia	la hacienda

■ ACTIVIDAD 2 Tabú

Define los siguientes términos, pero sin usar las palabras entre paréntesis.

Ejemplo: la oficina de correos (las cartas, los sellos) →
Es un lugar donde el público recibe y envía paquetes y mensajes para ser entregados a domicilio.

1. el ayuntamiento (el alcalde, el gobierno)
2. la catedral (la iglesia, grande)
3. el esclavo (África, la raza)
4. el monasterio (la iglesia, la religión)
5. la columna (la arquitectura, el Partenón)
6. el palacio (la casa, rico)
7. la provincia (el gobierno, la región)
8. la hacienda (la finca, la agricultura)

■ ACTIVIDAD 3 Arquitectura

¿Qué elementos arquitectónicos se ven en estos edificios?

ACTIVIDAD 4 Estilos artísticos

Relaciona cada uno de los siguientes artistas con
los diferentes estilos artísticos que aparecen en el
vocabulario. ¿Conoces a otros artistas del mismo estilo?

1. Dalí
2. Van Gogh
3. Da Vinci
4. Velázquez
5. Miró

Escultura de Joan Miró

ACTIVIDAD 5 La catedral de México

Completa este párrafo usando las siguientes palabras del vocabulario.

barroco	**fachada**
bóveda	**iglesias**
catedral	**por (lo) tanto**
de hecho	**torres**

La _____[1] de México
se empezó a construir en 1535
y se terminó dos siglos después;
_____,[2] en su
construcción participaron varios
arquitectos diferentes. Uno diseñó
sus altas _____,[3] otro,
la _____.[4] La estupenda
_____[5] exterior muestra
elementos del neoclasicismo, el
plateresco y de la ornamentación
recargada del _____.[6]
Es un edificio muy bello,
_____[7] está considerado
como una de las _____[8]
más hermosas del Nuevo Mundo.

La Catedral de México, D.F.

ACTIVIDAD 6 Edificios famosos

Averigua cuál de los edificios que conoce le gusta más a uno/a de tus
compañeros/as de clase. Éstas son algunas de las preguntas que le puedes
hacer.

¿Cuándo fue construido?   ¿Cómo es?   ¿Para qué sirve?
¿Dónde se encuentra?   ¿A qué estilo pertenece?

ACTIVIDAD 7 Lo esencial en una ciudad

En parejas, comenten cuáles son los edificios esenciales en una ciudad o
pueblo grande. ¿Por qué son tan importantes esos edificios? ¿Existen en
la ciudad de origen de Uds.? ¿Son especiales en cuanto a su arquitectura?
¿Creen Uds. que hay diferencias entre la arquitectura de una ciudad hispánica
y la de una ciudad de su país?

«El barroco, asimismo, abre un espacio donde el pueblo conquistado puede enmascarar su antigua fe y manifestarla en la forma y el color, ambos abundantes, de un altar de ángeles morenos y diablos blancos.»*

El barroco es un movimiento artístico que comienza en Europa en el siglo XVII y dura más o menos un siglo. En España es el movimiento preponderante en lo que se llama el Siglo de Oro de las artes. Es un estilo muy dramático que en arquitectura demuestra un gusto por el exceso de ornamentación. El barroco coincide con una época de gran actividad religiosa por toda Europa y, por consiguiente, en España. A las reformas propugnadas por Martín Lutero, la Iglesia Católica responde con una «Contrarreforma», es decir, con una defensa extrema de los valores tradicionales católicos. Esta actitud se refleja en las artes visuales, donde se producen obras que quieren enseñar e inspirar respeto: nada más provocador de piedad y miedo por la vida eterna que un Cristo sangrante[a] y moribundo, un mártir en sus últimos momentos de dolor o la imagen de la Virgen María como madre resignada[b] y sufriente. Estos símbolos fueron poderosísimos en la cristianización de los nuevos pueblos.

Aunque el barroco llega a América un poco más tarde, lo hace en un momento de gran expansión colonial y se convierte en un vehículo extraordinario de expresión artística en las nuevas colonias. Muchas iglesias bellísimas del Nuevo Mundo se hacen en esta época. La importancia del barroco en América se debe a que es capaz de incorporar las estructuras europeas con detalles pertenecientes al acervo[c] cultural indígena, lo cual da lugar a una estética mestiza. De esa manera, los artistas indígenas, entrenados por los españoles, podían con frecuencia dejar su marca, como lo muestra el escritor Carlos Fuentes en la cita que abre esta sección.

La iglesia de Santa María de Tonanzintla, en Cholula, Puebla, México: un ejemplo del barroco mexicano

[a]*bleeding*   [b]*defeated*   [c]*wealth*

Tertulia Arte y espíritu

- ¿Qué tendencias espirituales piensan Uds. que forman la base de su país? ¿Les parece una situación similar a la de los países hispanoamericanos?

- ¿Qué movimientos estéticos asocian más con su país o con su estado o provincia de origen? ¿Qué edificios o espacios públicos?

Los cinco soles de México. Memoria de un milenio, Carlos Fuentes, Seix Barral, 2000

Estructuras

25 El pasado perfecto o pluscuamperfecto de subjuntivo

REPASO

El imperfecto de subjuntivo (Capítulo 10)

El participio (Capítulo 4)

Forms

The pluperfect subjunctive is formed with the imperfect subjunctive of **haber** followed by a past participle.

imperfecto de subjuntivo de *haber* + participio pasado	
hubiera hablado	hubiéramos hablado
hubieras hablado	hubierais hablado
hubiera hablado	hubieran hablado

Uses

- The pluperfect subjunctive appears in contexts that require the subjunctive and a pluperfect tense. Look at the examples for each type of clause.

  In noun clauses: Expressions of influence, doubt, judgement, and emotion.

  Los criollos se quejaban de que el gobierno no les **hubiera otorgado** todos sus derechos.
  The Creoles complained that the government had not granted them all of their rights.

  In adjective clauses: Clauses that function like adjectives.

  En su opinión no había ningún país que **hubiera hecho** lo suficiente para preservar sus culturas indígenas.
  In his opinion there was no country that had done enough to preserve its indigenous cultures.

  In adverbial clauses: Clauses that function like adverbs.

  El profesor se fue sin que yo le **hubiera dado** el examen.
  The professor left without my having given him the exam.
  Aunque sus antepasados **hubieran nacido** en España, los criollos se sentían americanos.
  Although their ancestors would have been born in Spain, the Creoles felt American.

RECORDATORIO

The form of the imperfect subjunctive ending in **-ese** can also be used for the pluperfect subjunctive, but is less common.

yo **hubiese** consumido
ellos **hubiesen** ganado

Si no **hubieran venido** los conquistadores, la historia de este continente sería muy distinta.

✳ • **Si-clauses in the past** These clauses represent circumstances that cannot be changed because the time of the action has passed. They are followed or preceded by a conditional clause. (See also **Estructuras 26** in this chapter.)

Habría estudiado más si **hubiera tenido** más tiempo. | *I would have studied more if I had had more time.*

Habría estudiado más si **hubiera tenido** más tiempo.

Si-clauses in the past
Si + pluperfect indicative, perfect conditional (or vice versa)

• **Como si + pluperfect subjunctive** **Como si** can be followed by the pluperfect subjunctive or imperfect subjunctive. As in English, these actions are not real past actions, but actions that are contrary to the actual situation in the present.

John habla español como si **fuera** nativo. | *John speaks Spanish as if he were a native speaker.*
John habla español como si **hubiera crecido** en la Argentina. | *John speaks Spanish as if he had grown up in Argentina.*

• **Ojalá + pluperfect subjunctive** Followed by the pluperfect subjunctive **ojalá** expresses a wish for the past that is impossible because the time of the action has passed.

Ojalá **hubiera estudiado** más para el examen. | *I wish I had studied harder for the exam.*
Ojalá la conquista de América **no hubiera costado** tantas vidas indígenas. | *I wish the conquest of America had not cost so many indigenous lives.*

Nota lingüística Resumen de los contextos con ojalá

The expression **ojalá** (which is *not* a verb) combines with all tenses in the *subjunctive* to express the speaker's hopes and wishes.

Ojalá **+ present subjunctive** = *I hope* + present
Ojalá que no haga mucho frío hoy. | *I hope it doesn't get too cold today (and it may not).*

Ojalá **+ present perfect** = *I hope* + present perfect
Ojalá que haya ganado mi equipo. | *I hope my team has won. (They have played, but I don't know the results yet.)*

Ojalá **+ imperfect subjunctive** = *I wish* + past
Ojalá que no hiciera tanto frío. | *I wish it weren't so cold (but it is).*
Ojalá que pudiéramos terminar con el hambre. | *I wish we could stop hunger.*

Ojalá **+ pluperfect subjunctive** = *I wish* + pluperfect
Ojalá que no hubiera hecho tanto frío ayer. | *I wish it had not been so cold yesterday (but it was).*

■ ACTIVIDAD 1 Reflexiones sobre la historia

Completa las siguientes oraciones con la forma adecuada del pluscuamperfecto de subjuntivo o de indicativo, según sea necesario. Explica por qué en cada caso.

Los aztecas nunca **habían visto** un caballo.

1. Los aztecas pensaron que Cortés era un dios porque nunca _____ (ver) una persona pelirroja y a caballo.

2. Más tarde, los aztecas desearon que los españoles nunca _____ (llegar).

3. En el siglo XVIII muchos criollos decían que ya _____ (pagar) demasiados impuestos a España.

4. Al principio del siglo XIX los criollos estaban horrorizados de que Francia _____ (ocupar) España, pues eso les afectaba directamente.

5. Los españoles se sentían como si gran parte de América siempre _____ (ser) suya.

6. En el siglo XIX, los españoles lamentaban que se _____ (perder) sus colonias.

7. En el siglo XX, los lingüistas buscaban gente que _____ (oír) las lenguas indígenas de niños.

8. A los lingüistas les dio lástima que tan pocos niños _____ (aprender) la lengua de sus antepasados.

9. Los lingüistas habrían estudiado los libros tan pronto como los _____ (encontrar), pero no había muchos.

■ ACTIVIDAD 2 Otra historia

Combina las ideas de las columnas A y B. Adapta el contenido de las oraciones de la columna B como se muestra en el ejemplo (debes usarlo en forma negativa).

Ejemplo: El inglés no se hablaría en Estados Unidos si... / los separatistas ingleses *fundaron* una colonia en los Estados Unidos →
El inglés no se hablaría en los Estados Unidos si los separatistas ingleses **no hubieran fundado** una colonia en los Estados Unidos.

Columna A

1. La mayoría de los latinoamericanos no hablaría español si...

2. Es posible que Hernán Cortés no hubiera tenido éxito en la conquista de México si...

3. No habría habido tanto mestizaje en Latinoamérica si...

4. No hablaríamos ahora del barroco si...

Columna B

a. durante el siglo XVI y XVII España *defendió* el catolicismo y esto *influyó* en su arte.

b. algunos pueblos indígenas *ayudaron* a los españoles a derrotar a los aztecas.

c. Colón *llegó* a América en una expedición financiada por los Reyes Católicos.

d. los españoles *tuvieron* hijos con mujeres indígenas.

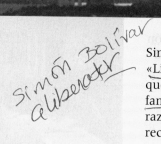

Simón Bolívar (1783–1830) es conocido en toda Latinoamérica como el «Libertador». Esto se debe a su papel de líder en las guerras de independencia que tuvieron lugar en América del Sur en el siglo XIX. Pertenecía a una familia criolla privilegiada tanto social como económicamente. Por esta razón, aunque sus padres murieron cuando Bolívar era un niño, éste pudo recibir una excelente educación tanto en Venezuela como en Europa, donde aprendió sobre los ideales de la Revolución Francesa y la Ilustración. Fue en Europa también donde, delante de Simón Rodríguez, su influyente tutor, hizo con estas palabras el célebre juramento de liberar a su patria: «Juro ante usted; juro por el Dios de mis padres; juro por ellos; juro por mi honor y juro por mi patria que no daré descanso a mi brazo ni reposo a mi alma hasta que haya roto las cadenas que nos oprimen por voluntad del poder español».

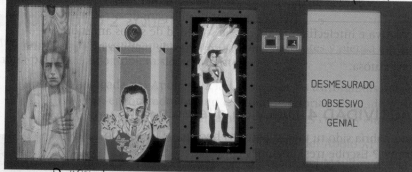

Así es cómo representa a Bolívar el pintor hiperralista boliviano Roberto Valcárcel (1994). ¿Qué crees que representa cada una de las imágenes?

Bolívar cumplió su promesa. A pesar de no contar con un gran ejército, consiguió la independencia de lo que hoy conocemos como Colombia, Venezuela, Ecuador, Perú y Bolivia. Para ello fueron muy importantes su astucia (*astuteness*) y la colaboración de otros héroes de la independencia como Antonio José de Sucre. Simón Bolívar soñaba con constituir una gran federación con los nuevos países liberados, similar a los entonces recién nacidos Estados Unidos y a la actual Unión Europea. Pero, a pesar de sus esfuerzos por mantener la paz, pronto hubo conflictos internos y guerras civiles, por lo que Bolívar decidió abandonar la política. La tuberculosis acabó con su vida cuando sólo tenía 47 años y veía cómo su gran sueño difícilmente se haría realidad.

Aunque murió prácticamente solo, el Libertador es hoy una figura muy querida y admirada en toda Latinoamérica, ya que representa el ideal de libertad e independencia que los países latinoamericanos han buscado y siguen buscando hasta el momento actual. Bolívar reflexionó sobre la historia, la sociedad y el futuro de Latinoamérica en varios escritos, entre los que se encuentran «Carta desde Jamaica» (1815) y «Mensaje al Congreso Constituyente de la República de Colombia» (1830).

Tertulia

- ¿Con qué figura histórica de tu país se puede comparar a Bolívar? ¿En qué son comparables y en qué no lo son?

- A pesar de las guerras del pasado, hoy en día las relaciones entre España y los países latinoamericanos son muy buenas y existe gran colaboración en proyectos sociales y económicos. ¿Cómo son las relaciones políticas y culturales entre tu país y Europa?

El eclipse

Reflexiones

El autor del relato «El eclipse» es Augusto Monterroso (1921–2003), quien es considerado por la crítica como el cuentista guatemalteco más importante del siglo XX. Monterroso es además el mayor representante del microrrelato en la literatura hispánica. Su cuento «El dinosaurio», que sólo tiene ocho palabras, es el más breve en la literatura en español. «El eclipse» pertenece a su colección de relatos *Obras completas y otros relatos* (1959).

■ ACTIVIDAD 1 Ideas contrarias

Usa las palabras del **Vocabulario útil** para dar ideas contrarias a las siguientes. Algunas ideas pueden ser metafóricas.

1. Que no es muy útil o interesante.
2. Que se mueve.
3. Al salir.
4. Hacerse de día.
5. No tener idea de lo que va a pasar.
6. No tener ganas de prepararse para hacer algo.
7. Decaer o empezar a morir.
8. Actuar honestamente.
9. Sentir seguridad.

■ ACTIVIDAD 2 Los agentes de la historia: Conquistadores y conquistados

En grupos pequeños, hagan una lista de adjetivos y frases descriptivas que asocian con los españoles y las personas indígenas de la época antes de la independencia de los países americanos, considerando diferentes aspectos como educación, religión, estatus social, etcétera.

Conquistadores	Conquistados
_____	_____
_____	_____
_____	_____
_____	_____

Estrategia: Referentes culturales

En el relato «El eclipse» se ponen en contacto dos culturas, por lo tanto el texto menciona referentes culturales de ambas. No cabe duda que conocer el significado y la historia detrás de estos referentes culturales nos ayuda a comprender mejor el texto. Por ejemplo, en el poema de la sección de **Lectura** del capítulo anterior, «Mi tierra», entendemos la relevancia que tiene el verso «aquí me enterraron el ombligo» cuando conocemos lo que simboliza enterrar el cordón umbilical en algunas culturas.

En la primera mitad del cuento «El eclipse» se han subrayado varios referentes culturales importantes. Al leer, piensa qué otras palabras o frases pueden ser consideradas referentes culturales.

vocabulario útil

engañar	to trick, to lie
florecer	to bloom
oscurecer	to get dark
prever	to foresee
el temor	fear
fijo/a	fixed, fixated
valioso/a	precious
al + *infinitivo*	upon + gerund (verb + -ing)
disponerse a + *infinitivo*	to get ready to

EL ECLIPSE

Cuando <u>fray</u> Bartolomé Arrazola se sintió perdido aceptó que ya nada
podría salvarlo. La <u>selva poderosa de Guatemala</u> lo había **apresado**,
implacable y definitiva. Ante su ignorancia topográfica se sentó
con tranquilidad a esperar la muerte. Quiso morir allí, sin ninguna
esperanza, aislado, con el pensamiento fijo en la España distante,
particularmente en el convento de Los Abrojos, donde <u>Carlos Quinto</u>
condescendiera una vez a bajar de su **eminencia** para decirle que
confiaba en el **celo** religioso de su labor **redentora**.

Al despertar se encontró rodeado por un grupo de indígenas de
rostro impasible que se disponían a <u>sacrificarlo ante un altar</u>, un altar
que a Bartolomé le pareció como el **lecho** en que descansaría, al fin,
de sus temores, de su destino, de sí mismo.

Tres años en el país le habían conferido un mediano **dominio** de
las lenguas nativas. Intentó algo. Dijo algunas palabras que fueron
comprendidas.

Entonces floreció en él una idea que **tuvo por digna de su talento**
y de su cultura universal y de su **arduo** conocimiento de Aristóteles.
Recordó que para ese día se esperaba un eclipse total de sol. Y
dispuso, en lo más íntimo, **valerse de** aquel conocimiento para
engañar a sus opresores y salvar la vida.

—Si me matáis —les dijo— puedo hacer que el sol se oscurezca
en su altura.

Los indígenas lo miraron fijamente y Bartolomé sorprendió la
incredulidad en sus ojos. Vio que se produjo un pequeño **consejo**, y
esperó confiado, no sin **cierto desdén**.

Dos horas después el corazón de fray Bartolomé Arrazola
chorreaba su sangre, vehemente sobre la piedra de los sacrificios
(brillante bajo la opaca luz de un sol eclipsado), mientras uno de
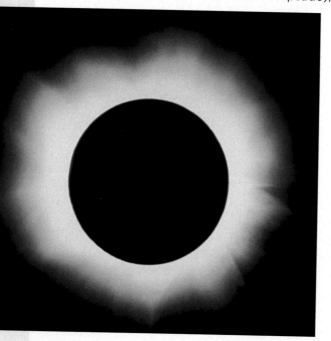
los indígenas
recitaba sin ningu-
na inflexión de voz,
sin prisa, una por
una, las infinitas
fechas en que
se producirían
eclipses solares
y lunares, que los
astrónomos de la
comunidad maya
habían previsto
y anotado en sus
códices sin la
valiosa ayuda de
Aristóteles.

Marginal glosses:
- trapped
- condescended · elevated status · zeal · redeeming
- bed
- control
- he had worthy of his intellect hard-earned and complex
- resolved · to use
- in its heights
- council
- some disdain
- dripped

Line numbers: 1, 5, 10, 15, 20, 25, 30, 35, 40

Comprensión y discusión

■ ACTIVIDAD 3 ¿Está claro?

Paso 1 Contesta las siguientes preguntas citando el texto para justificar tus respuestas.

1. ¿Dónde estaba Fray Bartolomé?
2. ¿En qué momento de su vida estaba?
3. ¿Estaba nervioso?
4. ¿Era un hombre instruido (*learned*)?
5. ¿En qué cosas encontraba consuelo (*comfort*) Fray Bartolomé?
6. ¿Cómo murió Fray Bartolomé?

Paso 2 Las siguientes preguntas te harán inferir, pero intenta justificar tus ideas usando el texto.

1. ¿Por qué estaría Fray Bartolomé en América?
2. ¿Por qué estaría solo en el momento del cuento?
3. ¿Qué tipo de hombre sería? ¿Cuáles serían sus creencias y valores personales?
4. ¿Cuánto entendimiento demuestra de los indígenas y su cultura?
5. ¿De qué hablarían los nativos antes del final?
6. ¿Por qué muere Fray Bartolomé de esa manera?

■ ACTIVIDAD 4 Referentes culturales

¿Qué referentes culturales puedes encontrar en el cuento, además de los ya subrayados? Una vez que hayas encontrado términos u oraciones que te parezcan referencias culturales, comparte el resultado con tus compañeros de clase.

■ ACTIVIDAD 5 Tema y mensaje

En grupos pequeños discutan las siguientes preguntas.

1. ¿Cuál es el tema de este cuento? (Quizá haya más de uno.)
2. ¿Hay un mensaje? ¿Cuál podría ser?
3. Si creen que hay un mensaje, ¿es un mensaje con validez para la actualidad? ¿Por qué?

Tertulia ¿Justicia poética?

¿Qué sentimiento les produce el final del cuento y por qué? ¿Se merece (*deserves*) Fray Bartolomé ese final? ¿Creen que habría podido hacer algo diferente para salvar su vida? ¿Qué habrían hecho Uds.?

Un ensayo (Paso 2)

Tema

Ahora es el momento de preparar una segunda versión del ensayo cuyo borrador escribiste en el **Capítulo 10.**

Prepárate

Decide si tu ensayo será argumentativo o un análisis donde utilices las técnicas de comparación y contraste, o causa y efecto.

¡Escríbelo!

- Organiza tu ensayo: Introducción, cuerpo y conclusión.
  - ❑ Introducción: Expresa cuál es tu tema y tu tesis.
  - ❑ Cuerpo: Escribe varios párrafos que apoyen tu tesis. Recuerda el uso de las citas directas entre comillas y no olvides indicar cuáles son tus fuentes.
  - ❑ Conclusión: Haz un pequeño resumen de las ideas más importantes.
- Busca en el diccionario y en tu libro de español aquellas palabras y expresiones sobre las que tengas dudas.
- Piensa en un título para tu ensayo que resuma el contenido del mismo. Sé creativo/a.

¿Y ahora?

Espera un par de días antes de revisar de nuevo tu ensayo y empezar a trabajar en la versión final, usando las sugerencias del **Capítulo 12.**

- Repasa los siguientes puntos.
  - ❑ el uso de los tiempos verbales
  - ❑ el uso de **ser** y **estar**
  - ❑ la concordancia entre sujeto y verbo
  - ❑ la concordancia de género y número entre sustantivos, adjetivos y pronombres
  - ❑ la ortografía y los acentos
  - ❑ el uso de un vocabulario variado y correcto: evita las repeticiones
  - ❑ el orden y el contenido: párrafos claros; principio y final
    - Finalmente, prepara tu versión para entregar.

No te olvides de mirar el Apéndice I, **¡No te equivoques!,** para evitar errores típicos de los estudiantes de español. Para esta actividad de escritura, se recomienda que prestes atención a **Significados de la palabra** *time* (página A-6).

Consulta el *Cuaderno de práctica* para encontrar más ideas y sugerencias que te ayuden a escribir el ensayo.

Reflexiones

Gramática en acción: Bolívar el héroe

Completa el siguiente texto conjugando los verbos entre paréntesis en el tiempo y modo apropiados, que pueden ser el subjuntivo (presente, imperfecto o pluscuamperfecto) o el indicativo (pretérito, imperfecto, pluscuamperfecto o condicional perfecto). Cuando hay dos espacios consecutivos en blanco significa que es un tiempo compuesto.

En enero de 2004 se _____[1] (estrenar[a]) la primera película animada[b] hecha en Colombia: *Bolívar el héroe*. El diseñador del protagonista, Nixon Aguilera, y su equipo ya _____[2] (tener) experiencia en animación con la serie *Blanca y pura*. Pero *Bolívar el héroe* es totalmente diferente, pues es un personaje del tipo del manga japonés. «Si _____ _____[3] (nosotros: hacer) los personajes de *Bolívar el héroe* similares a los de *Blanca y pura*, creo que no _____ _____[4] (tener) tanta acogida», afirma Aguilera.

«Quería que a la vez se _____[5] (ver) implacable con sus enemigos y amable con la gente», dice Aguilera de su nuevo Bolívar de largos cabellos color violeta. Y como no se puede hacer una película manga sin que _____[6] (haber) un malvado,[c] el equipo de Aguilera _____[7] (inventar) a Tiránico, representante de la opresión española.

«Yo _____ _____[8] (ser) más pulido[d] y más consecuente con la historia, y también más fluido con la narración», dijo un crítico, que también admitió que Aguilera _____ _____[9] (hacer) un trabajo muy interesante, a pesar de todo.

[a]*to release/premiere*   [b]película... *animated film*   [c]*villain*   [d]*polished*

Proyectos en tu comunidad

¿Hay recuerdos de la época colonial en tu estado, provincia o país? Haz una pequeña investigación para determinar qué edificios, costumbres y/o maneras de hablar de los tiempos coloniales se conservan, es decir, antes de que los Estados Unidos y el Canadá fueran países independientes.

Tertulia final La conquista y la cultura

- Como hemos visto, la conquista de América puso en contacto varias culturas. ¿Qué opinan Uds. del contacto cultural? ¿Hasta qué punto es bueno o malo? ¿En qué se basan para dar su opinión?

- ¿Ha habido contacto cultural intenso en su país? ¿Es similar al que ha habido en Latinoamérica?

O DE MEXICO S.A.

PAGARA

«Sigan Uds. sabiendo que, mucho más temprano que tarde, de nuevo se abrirán las grandes alamedas por donde pase el hombre libre, para construir una sociedad mejor.»*

*Salvador Allende, presidente de Chile (1908–1973)

12

Independencia y democracia en Latinoamérica

EN ESTE CAPÍTULO

Palabras
- El gobierno y el proceso democrático
- La economía internacional
- Expresiones útiles

Estructuras
27. La voz pasiva
28. El subjuntivo en cláusulas independientes

Cultura
- El realismo mágico
- El presente y el futuro de Latinoamérica

Lectura
- «Los astros y vos»

Reflexiones El espejo enterrado

El siguiente texto es parte de la introducción del libro *El espejo enterrado*, en el que Carlos Fuentes explora la importancia de la mezcla de culturas que une al mundo hispano. Este libro fue publicado en 1992, coincidiendo con el Quinto Centenario de la llegada de Colón a América. ¿Cómo celebrarían el Quinto Centenario los diferentes grupos étnicos y culturales latinoamericanos?

EL ESPEJO ENTERRADO (FRAGMENTO),
CARLOS FUENTES (MÉXICO, 1928–)

made us poor

Cape Horn

heir

suffering

graffiti

strait

La crisis que **nos empobreció** también puso en nuestras manos la riqueza de la cultura, y nos obligó a darnos cuenta de que no existe un solo latinoamericano, desde el Río Bravo hasta el **Cabo de Hornos**, que no sea **heredero** legítimo de todos y cada uno de los aspectos de nuestra tradición cultural. Es esto lo que deseo explorar en este libro. Esa tradición que se extiende de las piedras de Chichén Itzá y Machu Picchu a las modernas influencias indígenas en la pintura y la arquitectura. Del barroco de la era colonial a la literatura contemporánea de Jorge Luis Borges y Gabriel García Márquez. Y de la múltiple presencia europea en el hemisferio —ibérica, y a través de Iberia, mediterránea, romana, griega y también árabe y judía— a la singular y **sufriente** presencia negra africana. De las cuevas de Altamira a los **grafitos** de Los Ángeles. Y de los primerísimos inmigrantes a través del **estrecho** de Bering, al más reciente trabajador indocumentado que anoche cruzó la frontera entre México y los Estados Unidos.

Ponte a prueba

Corrige las siguientes preguntas según el texto.

1. En su libro, Fuentes analiza las grandes diferencias culturales en el continente americano.
2. Fuentes cree que los latinoamericanos no deben prestar atención a la cultura, sólo a la economía.
3. Para este escritor, la cultura latinoamericana excluye a España y los Estados Unidos.
4. Cada país debe establecer su propia identidad cultural, independiente de los otros países.

Reflexiones La última página

1. ¿Te gustan las historias de amor? ¿Por qué sí o por qué no?
2. ¿Te gustan los finales felices? ¿tristes? ¿ambiguos? Explica tu respuesta.
3. ¿Cómo te sientes cuando terminas un curso? ¿Qué emociones sientes ahora que ya casi llegas a la última página de este libro?

vocabulario útil

el buzón de voz	voicemail
colgar (el teléfono)	to hang up (the phone)
contestar (el teléfono)	to pick up (the phone)
«sacarse las dudas de encima»	to find out once and for all
«darle vueltas al coco»	to think in circles

Ponte a prueba

¿Cierto o falso? Indica si las siguientes ideas son ciertas (C) o falsas (F), según el video. Si puedes, corrige las oraciones falsas.

1. Al principio de la historia, Ernesto espera una llamada de Elena. *(falso)*
2. Elena está convencida de que lo mejor es terminar la relación. *(falso)*
3. Elena cree que Ernesto confunde la realidad con las historias que lee. *(cierto)*

Comprensión Contesta las preguntas según lo que viste en el cortometraje.

4. En tu opinión, ¿por qué se llama el cortometraje *La última página*?
5. ¿Cómo interpretas las escenas que incluyen animación en el cortometraje? *what's in his head.*

 CENTRO Your media center for languages

Para ver *La última página* otra vez y realizar más actividades relacionadas con el cortometraje, visita la página de Centro: **www.mhcentro.com.**

El gobierno y el proceso democrático

DE REPASO

la democracia

la dictadura

el/la gobernador(a)

la independencia

la libertad

la patria

el presidente / la presidenta

los recursos

el tratado

el afiche/cartel	poster
el golpe de estado	coup d'etat
el ministerio	ministry/department (as in Department of Agriculture)
el/la ministro/a	minister/secretary (in U.S. government, as in Secretary of Agriculture)
el plebiscito	plebiscite
el senado	senate
la sublevación	revolt; uprising

Cognados: **el candidato, la constitución, la elección, el referéndum, la represión, el/la senador(a)**

beneficiar	to benefit
elegir (j)	to elect
perjudicar (qu)	to harm

Cognado: **gobernar (ie)**

Cognados: **electoral, represivo/a**

La economía internacional

el compromiso	commitment
la conferencia	conference; lecture
la cumbre	summit
el impuesto (sobre)	tax (on)
la mano de obra	labor; manpower
el TLC (Tratado de Libre Comercio)	NAFTA (North American Free Trade Agreement)
firmar	to sign

Expresiones útiles

a pesar de	despite
en conclusión	to conclude
finalmente / para terminar	finally
por fin	at last
sin embargo *nevertheless*	however

■ **ACTIVIDAD 1** Identificaciones

En parejas, traten de identificar lo siguiente.

1. nombre de un candidato que perdió la ultima elección nacional
2. nombre de un ministro actual y su ministerio
3. nombre de un gobierno represivo en la actualidad
4. nombre de los senadores de tu estado/provincia (o del estado / la provincia donde se encuentra tu universidad)
5. porcentaje de impuestos que se paga en tu estado/provincia sobre las compras
6. un tratado importante para tu país
7. una cumbre o conferencia internacional reciente

■ **ACTIVIDAD 2** Definiciones

Paso 1 Éstas son las definiciones que el *Diccionario de la Real Academia de la Lengua Española* ofrece de algunas de las palabras del vocabulario. ¿Cuáles crees tú que son esas palabras?

1. ley fundamental de la organización de un Estado *Constitution.*
2. reunión de máximos dignatarios nacionales o internacionales, para tratar asuntos de especial importancia
3. emisión de votos para elegir cargos políticos *election*
4. obligación contraída, palabra dada, fe empeñada
5. papel en que hay inscripciones o figuras y que se exhibe con fines noticieros, de anuncio, propaganda, etcétera *cartel*
6. hacer bien *beneficio*
7. mandar con autoridad o regir una cosa
8. violación deliberada de las normas constitucionales de un país y sustitución de su gobierno, generalmente por fuerzas militares *golpe de estado.*

Paso 2 Ahora te toca a ti inventar las definiciones de las siguientes palabras.

1. la mano de obra
2. el tratado
3. firmar

4. la sublevación
5. perjudicar
6. la represión

■ **ACTIVIDAD 3** Palabras derivadas

Explica el significado de las palabras subrayadas, las cuales están relacionadas con algunas de las palabras del vocabulario.

1. Es <u>perjudicial</u> para las democracias que los ciudadanos no voten.
2. Mantenerse informado en cuestiones políticas tiene muchos <u>beneficios</u>.
3. No puedo <u>comprometerme</u> a organizar esa reunión.
4. En la pared había un cartel con el nombre de todos los <u>conferenciantes</u>.
5. Los <u>sublevados</u> fueron detenidos por la policía.
6. El <u>gobernador</u> del estado aprobó la ley.

■ ACTIVIDAD 4 El debate

Completa el siguiente párrafo con las palabras de la lista.

~~a pesar de~~   ~~en conclusión~~   ~~finalmente~~   ~~por fin~~   ~~sin embargo~~

Ayer todos los candidatos participaron amigablemente en el debate,
a pesar de [1] las diferencias políticas que los separan. Creí que me iba
a aburrir mucho oyéndolos; _sin embargo_,[2] encontré muy interesantes
sus comentarios. Primero discutieron sobre el problema del desempleo,
luego hablaron sobre el terrorismo, y _finalmente_,[3] de la reforma
universitaria. Fue un diálogo que me aclaró muchas ideas, además
de hacerme reflexionar sobre cosas en las que nunca había pensado.
en conclusión,[4] el debate me ayudó a entender mejor las diferencias entre
los partidos políticos de mi país. Ahora, _por fin_,[5] creo que estoy
preparado para participar en las próximas elecciones.

■ ACTIVIDAD 5 Asociaciones

¿Qué palabras asocias con este anuncio de Amnistía Internacional? Explica
cada asociación.

> *Ejemplo:* Asocio este anuncio con la palabra dictadura porque con
> frecuencia los dictadores son militares, como el hombre sin cara
> del dibujo.

■ ACTIVIDAD 6 Encuesta

Haz una encuesta entre cinco compañeros/as de clase para averiguar lo
que saben sobre los procesos electorales y su participación en ellos. Luego
presenta a la clase tus resultados.

> *Ejemplo:* si tiene edad para votar → ¿Tienes edad para votar?

1. si tiene edad para votar
2. en qué elecciones votó por primera vez
3. si sabe cuándo serán las próximas elecciones estatales/provinciales/
   nacionales
4. si vota asiduamente en las elecciones universitarias
5. si sabe el nombre de algunos de los representantes estudiantiles en la universidad
6. si sabe cuál es la diferencia entre una elección y un referéndum
7. si ha participado alguna vez en una campaña electoral: en cuál y de qué
   forma participó en esa campaña
8. ¿?

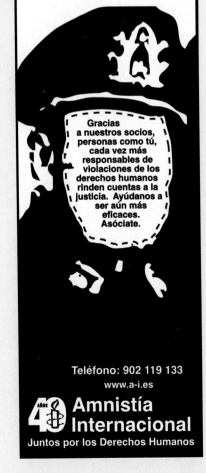

El realismo mágico

«Lo real maravilloso se encuentra a cada paso en la historia del continente.»*

El realismo mágico es un estilo literario que se asocia con la literatura latinoamericana contemporánea, y refleja la forma en que algunos escritores expresan su creencia de que la realidad americana tiene un carácter distinto de la europea. El realismo mágico transforma la realidad en un mundo mágico sin deformarla: escenas y detalles de gran realismo se insertan en situaciones completamente inverosímiles, ante las que los personajes no reaccionan con extrañeza. Según el crítico Luis Leal, el realismo mágico trata de captar el misterio que se oculta tras la realidad, sin cambiarla.

El término realismo mágico tiene su origen en Europa a principios del siglo XX . Se utilizó entonces para definir los trabajos imaginarios, fantásticos e irreales de los pintores alemanes de la posguerra. El novelista cubano Alejo Carpentier empezó a usar el término realismo mágico para definir la literatura latinoamericana a finales de los años cuarenta.

Otros escritores a cuya obra se aplica el término realismo mágico son, además de Carpentier, Gabriel García Márquez e Isabel Allende. Isabel Allende (Chile, 1942–), sobrina del ex presidente Allende, es una escritora de fama mundial, cuyas novelas y cuentos son claros exponentes del realismo mágico. Entre sus libros más famosos destacan *La casa de los espíritus*, *Los cuentos de Eva Luna* y *Paula*.

Isabel Allende

Barrabás llegó a la familia por vía marítima, anotó la niña Clara con su delicada caligrafía. Ya entonces tenía el hábito de escribir las cosas importantes y más tarde, cuando se quedó muda, también las trivialidades, sin sospechar que cincuenta años después, sus cuadernos me servirían para rescatar la memoria y para sobrevivir a mi propio espanto.†

Tertulia El realismo mágico

* ¿Han leído alguna novela de los autores que se mencionan en la sección **Cultura?** ¿Podrían dar un ejemplo de realismo mágico que Uds. recuerden?

* ¿Conocen alguna novela o película que no sea latinoamericana que asocien con el realismo mágico? Descríbanla para el resto del grupo.

---

*El reino de este mundo, Alejo Carpentier
†Primeras líneas de La casa de los espíritus (1982), Isabel Allende

Estructuras

27 La voz pasiva

Both in English and Spanish, the emphasis of a sentence is sometimes on the object, the consequence of someone's action. In these cases, the real agent/doer of the action (usually the subject) seems to lose its importance in the sentence. This is called the passive voice (**la voz pasiva**). Compare the two sentences below.

> Los presidentes latinoamericanos firmaron un acuerdo.
>   *subject*   *verb*   *direct object*

The Latin American presidents signed an agreement.

Passive voice: object = subject of verb

> Un acuerdo fue firmado por los presidentes latinoamericanos
> *subject*   *verb*   *agent*

An agreement was signed by the Latin American presidents.

Although both sentences have the same meaning, each puts emphasis on a different part of the message—the first one on the presidents as signers, and the latter on the treaty being signed.

Forms

Similar to English, the passive voice is formed by a conjugated form of **ser** followed by the past participle of another verb, which behaves as an adjective, that is, it takes the ending of the subject.

The passive voice can occur with any tense and mood, as needed by the context.

Sujeto	ser + participio pasado	(*por* + agente)
Un tratado	será firmado	(por los países latinoamericanos).
A treaty	*will be signed*	*(by the Latin American countries).*
Varios tratados	fueron firmados	(por los países).
Several treaties	*were signed*	*(by the countries).*
El metro	es utilizado a diario	(por miles de personas).
The metro	*is used daily*	*(by thousands of people).*
Me sorprendió que el presidente	fuera abucheado tanto	(por el público).
I was surprised that the president	*was booed so much*	*(by the audience).*

*Discurso del Presidente de Costa Rica, Óscar Arias, para la Confederación Parlamentaria de las Américas COPA, Quebec,1997

REPASO

Se accidental (**Capítulo 4**); **se** impersonal (**Capítulo 6**)

«El mundo del siglo XXI no podrá ser gobernado con la ética del siglo XX.»*

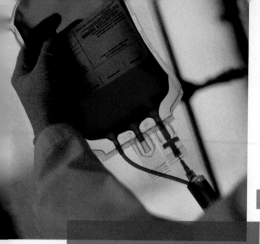

Piden que se done sangre.

Uses

The passive voice with **ser** + *past participle* is used less frequently in Spanish than it is in English—its use is restricted to formal and written contexts in Spanish. The **ser** + *past participle* construction is used when the agent (doer) of the action is known, even if it is not mentioned.

Alternatives to the passive construction with *ser* + past participle

- ***Se* construction:** This is much more commonly used, whether or not the agent is known. (See **Capítulos 4** and **6**.)

¡OJO! The agent is not mentioned in this construction.

Se firmó un acuerdo de cooperación entre todos los países durante la cumbre boliviana.	*A cooperation treaty was signed by all countries during the Bolivian summit.*
Se han invitado a todos los países a la cumbre.	*All countries have been invited to the summit.*

- **Active verb in the third-person plural form:** This construction is also used in English.

Hoy **dijeron** en la radio que hubo muchos problemas durante la votación.	*They said on the radio today that there were many problems during the election.*
Piden que se done sangre habitualmente.	*They ask that blood be donated regularly.*

Nota lingüística **Resumen de los usos de** *se*

Se **variable: pronombre de objeto**

- **Verbos reflexivos (Capítulo 2)**
  Verbos cuya acción afecta al sujeto, como objeto directo o indirecto

objeto directo: Yo me acosté a las 8:00, pero Julio no **se** acostó hasta las 11:00.	*I went to bed at 8:00, but Julio didn't go to bed until 11:00.*
objeto indirecto: Yo me rompí un brazo el año pasado, y ahora mi hijo **se** rompió un brazo.	*I broke my arm last year, and now my son broke his arm.*

  Verbos que requieren pronombres reflexivos para completar su significación

Yo me reí un poco pero ellos **se** rieron muchísimo.	*I laughed a little, but they laughed a great deal.*

- **Verbos recíprocos (Capítulo 2)**
  Estas formas siempre son plurales. Tienen las mismas funciones que los reflexivos.

objeto directo: Tú y yo nos vemos tanto como **se** ven José y María.	*We see each other as much as José and María see each other.*
objeto indirecto: Nosotras nos dimos un abrazo, pero ellos ni siquiera **se** dieron la mano.	*We hugged each other, but they didn't even shake hands.*

- **«Falso» *se* (Capítulo 2)**
  Los pronombres de objeto indirecto **le/les** se convierten en **se** delante de **lo(s)/la(s)**.

  —¿<u>Le</u> diste el libro <u>a Mario</u>?　　　—*Did you give Mario the book?*
  —Sí, **se** lo di esta mañana.　　　　　　—*Yes, I gave it to him this morning.*

Se invariable: substituto de la voz pasiva

- **Impersonal / pasivo (Capítulo 6)**
  Para hacer generalizaciones

  　Se habla español.　　　　　　　　*Spanish is spoken.*

  Para evitar nombrar a la(s) persona(s) que hace(n) la acción

  　Se firmó un nuevo tratado.　　　　*A new contract was signed.*

  Para dar instrucciones, como en recetas

  　Se cortan las patatas.　　　　　　*Cut the potatoes.*

- **Accidental (Capítulo 4)**
  Un sustantivo inanimado parece convertirse en sujeto de la acción, como una acción reflexiva.

  　La puerta **se** abrió.　　　　　　　*The door opened.*
  　Las puertas **se** abrieron.　　　　　*The doors opened.*

  Esta construcción puede admitir un objeto indirecto.

  　Se me perdió la cartera.　　　　　*I lost my wallet.*
  　Se nos murió el pez.　　　　　　　*Our goldfish died.*

Se cortan las patatas.

■ **ACTIVIDAD 1** Oraciones lógicas

Forma oraciones completas combinando un elemento de cada columna y usando el verbo en la voz pasiva (**ser** + *participio pasado*). Conjuga el verbo en el presente o en el pasado, según sea necesario.

　Ejemplo: la vacuna contra la polio / descubrir / en el siglo XX →
　　　　　La vacuna contra la polio **fue descubierta** en el siglo XX.

A	B	C
la vacuna contra la polio	colonizar	democráticamente
el Tratado de Libre Comercio	organizar	por los organizadores
gran parte de América	contratar	**en el siglo XX**
el presidente de México	**descubrir**	por los españoles
las leyes en los Estados Unidos	gobernar	por los senadores
muchos documentos	aprobar	por los presidentes de México y los Estados Unidos
las conferencias	firmar	por correo urgente
la mano de obra	elegir	con mano de hierro
el país	enviar	(*iron fist*) por el dictador
		en el extranjero

■ ACTIVIDAD 2 De activa a pasiva

Las siguientes oraciones están en la voz activa. Cámbialas a la voz pasiva.
¡OJO! No olvides respetar el tiempo del verbo.

> *Ejemplo:* Los presidentes de Argentina y Chile <u>firmarán</u> (futuro) los
> tratados. →
> Los tratados **serán** (futuro) **firmados** por los presidentes
> de Argentina y Chile.

1. Los gobiernos de los países andinos ratificaron el plan de ayuda.
2. Los estudiantes van a poner los carteles en las paredes mañana.
3. El nuevo gobierno hará enmiendas (*amendments*) en la constitución.
4. Los senadores están considerando la propuesta ahora mismo.
5. Mañana los ciudadanos ya habrán elegido a un nuevo presidente.
6. Dudo que los ciudadanos acepten la represión política.

La propuesta de ley fue aprobada por el Senado.

■ ACTIVIDAD 3 ¿Recuerdas los usos de *se*?

Di qué tipo de **se** (variable o invariable) es el que se encuentra en las
siguientes oraciones y explica por qué.

> *Ejemplo:* Se habla español. → **se** invariable, expresa generalización

1. A la senadora se le olvidaron los datos.
2. ¿Los afiches? Se los di a Pilar ayer.
3. Los partidarios del referéndum no se cansan de pedirle al gobierno que lo convoque.
4. Primero se escucha con atención a los candidatos, luego se vota.
5. Los ministros de economía y política exterior se hablan por teléfono todos los días.

ACTIVIDAD 4 Traducción

Traduce las siguientes oraciones usando una de las opciones para expresar la voz pasiva en español. Puede haber más de una posibilidad.

1. *What was said at the conference?*
2. *The tax on the property* (la propiedad) *is paid by the buyer.*
3. *The president is elected every four years.*
4. *My favorite candidate has been elected president.*
5. *Manpower is not always well paid.*
6. *Nobody doubts that the coup d'etat was organized from outside of the country.*
7. *December 8 will be proclaimed Constitution Day by the government.*

ACTIVIDAD 5 Otra manera de decirlo

Las siguientes oraciones suenan muy formales en español. Conviértelas en oraciones con **se** o con el verbo en tercera persona plural (3ª persona).

> *Ejemplo:* Los documentos fueron enviados por el personal de la oficina.
> (**se** o/y 3a persona)→
> Se enviaron los documentos. / Enviaron los documentos.

1. Me fue recomendado que volviera a hablar con mi consejera. (3ª persona)
2. Los anuncios fueron publicados en el periódico. (**se** o/y 3ª persona)
3. Los estudiantes de la manifestación fueron arrestados. (3ª persona)
4. Las senadoras fueron contactadas por sus ayudantes inmediatamente. (3ª persona)
5. La verdad fue dicha finalmente. (**se** o/y 3ª persona)

¡Que **siga** la fiesta!

28 El subjuntivo en cláusulas independientes

Until this chapter, you have studied the subjunctive in complex sentences where the subjunctive is the verb in the subordinate clause.

Quiero que vengas a mi fiesta.	*I want you to come to my party.*
Espero que te sientas mejor.	*I hope that you feel better.*
Siento que no haya ganado el candidato del PPR.	*I'm sorry that the PPR candidate didn't win.*

But the present subjunctive sometimes appears in expressions without a main clause. In these contexts, one can easily infer that it is not necessary to say *I hope* or *I wish you* or *I command*.

¡Que tengas buen viaje!	*Have a good trip!*
¡Que no hagan nada hasta mañana!	*Make sure (I hope) that they don't do anything until tomorrow.*

The complete thought is **Te deseo / Espero / Ojalá / Quiero / Ordeno,** and so on, followed by the examples above, but, as in English, the first part of the idea is unnecessary.

We know these expressions are not regular commands because they start with **que,** which is a signal of a subordinate clause. Commands are main independent verbs.

¡Que te **vaya** bien!

Uses

- **Some common expressions of leave-taking and good wishes**

These are some of the most commonly heard expressions of this kind.

¡Que te diviertas! ¡Que se divierta(n)!	*Have fun!*
¡Que lo pases bien! ¡Que lo pase(n) bien!	*Have a good time!*
¡Que te mejores! ¡Que se mejore(n)!	*Feel better!*
¡Que te/le(s) vaya bien!	*Good luck with everything!*
¡Que Dios te/le(s) bendiga!	*May God bless you.*
¡Que en paz descanse!	*May he/she rest in peace.*

- **Indirect commands (mandatos indirectos)**

The present subjunctive appears in sentences that express commands or directions, either to people who are not present or to people you are talking to. In fact, like the well-wishing expressions above, they also are subordinate clauses whose main clauses have been dropped.

¡Que Jaime diga lo que quiera!	*Let Jaime say whatever he wants.*
¡Que te vayas de vacaciones!	*[I'm telling you] Take a vacation!*
¡Que se haga la luz!	*Let there be light!*

Nota lingüística Otros casos del subjuntivo en cláusulas independientes

- Following **quizá(s), acaso, tal vez** = *maybe*

  These expressions may take both indicative and subjunctive, the latter adding more uncertainty to the event.

Tal vez pueda ir a Chile el próximo semestre, pero no voy a saberlo hasta el próximo mes.	*Maybe I can go to Chile next semester, but I won't know it until next month.*

- Courtesy: with **deber, poder,** and **querer** in imperfect subjunctive → **debiera, pudiera, quisiera (Capítulo 10)**

No **debieras** trabajar tanto.	*You shouldn't work so hard.*
Quisiera poder ayudarte más.	*I would like to be able to help you more.*

- **¡Quién** + *imperfect subjunctive*! (*I wish I could . . . !*) (**Capítulo 10**)

¡Quién **pudiera** ser totalmente libre!	*I wish I could be completely free!*

ACTIVIDAD 1 Situaciones

¿Qué se diría en las siguientes situaciones? Empareja cada una de las situaciones con la frase correspondiente.

1. _C_ Un abuelo se despide de su nieta.

2. _B_ Un compañero de cuarto se queda estudiando mientras sus amigos salen a una fiesta.

3. _D_ La directora de una compañía ha entregado todos los pedidos tarde esta semana.

4. _C_ Un director de seguridad es informado de hay peligro en una sala de baile.

5. _A_ Una persona habla con otra que está enferma.

a. ¡Que te mejores! *feel better*
b. ¡Que se diviertan! *have fun*
c. ¡Que salgan todos inmediatamente! *go immediately*
d. ¡Que todo el mundo haga su trabajo a tiempo y nada de excusas! *Everyday may x m go to work on time w/no excuses*
e. ¡Que Dios te bendiga! *may God bless y ou*

¡Que te **mejores**!

ACTIVIDAD 2 «Que te vaya bonito», de José Alfredo Jiménez

José Alfredo Jiménez (1926–1973) es un famoso compositor y cantante mexicano.

Completa esta famosa canción mexicana, que usa varias expresiones de **que** + *subjuntivo*. Fíjate que la expresión se alterna con el uso de **ojalá**.

Ojalá que te _vaya_ [1] (ir) bonito.[a]
Ojalá que _se acaban_ [2] (acabarse) tus penas.
Que te _ _ [3] (decir) que yo ya no existo
y _ _ [4] (conocer) personas más buenas.
Que te _den_ [5] (dar) lo que no pude darte
Aunque yo te haya dado de todo.
Nunca más volveré a molestarte
te adoré, te perdí, ya ni modo.[b]
¡Cuántas cosas quedaron prendidas[c]
hasta dentro del fondo de mi alma!
¡Cuántas luces dejaste encendidas
yo no sé cómo voy a apagarlas!
Ojalá que mi amor no te _ _ [6] (doler) *duela*
y te _olvides_ [7] (olvidar) de mí para siempre.
Que _se llenen_ [8] (llenarse) de vida tus venas
y te vista la vida de suerte.
Yo no sé si tu ausencia me mate
aunque tengo mi pecho de acero.[d]
Pero que nadie me _llame_ [9] (llamar) cobarde
sin saber hasta donde la quiero.[e]

Conoscas *present subjunctive*

[a]que... *that life goes well*   [b]ya... *what does it matter now*   [c]caught
[d]tengo... *my chest has turned to steel*   [e]hasta... *the extent to which I love you*

it is worth

Quizá valga la pena aclarar que el nombre del pueblo no era —ni es— Rosales. Aquí se lo adopta sólo por razones de seguridad. En el Uruguay de hoy no sólo las personas, los grupos políticos o los sindicatos, han ido pasando a la ilegalidad; también hay barrios y pueblos y villas, que se han vuelto clandestinos. 40

Es a partir del golpe del '73 que el comisario Oliva sufre una radical transformación. El primer cambio visible fue en su aspecto externo: antes no usaba casi nunca el uniforme, y en verano se le veía a menudo en *sleeves* mangas de camisa. Ahora el uniforme y él eran inseparables. Y ello había 45 *cara* dado a su rostro, a su postura, a su paso, a sus órdenes, una rigidez y un autoritarismo que un año atrás habrían sido absolutamente inverosímiles. Además había engordado (según los rosaleros, se había «achanchado») rápida e inconteniblemente.

Al principio, Arroyo miraba aquel cambio con cierta incredulidad, 50 como si creyera que el comisario estaba simplemente desarrollando un *show* gran simulacro. Pero la noche en que mandó detener a los tres borrachitos *humiliation* *modesty* de rigor por «desórdenes y vejámenes al pudor», cuando la verdad era que habían cantado y contado como siempre, esa noche Arroyo comprendió *was for real* que la transformación iba en serio. Y al día siguiente las columnas de «Los 55 *dark* astros y vos» comenzaron a expresar un pronóstico sombrío para el futuro cercano y rosalero.

high school *strike* El único liceo del pueblo tuvo por primera vez un paro estudiantil. Al igual que en otras localidades del interior, asistían al liceo jóvenes de muy *uneven* desparejas edades: unos eran casi niños y otros eran casi hombres. 60 En este paro inaugural, los muchachos protestaron contra el golpe, contra *closing* *closing* el cierre del parlamento, contra la clausura de sindicatos, contra las *unprepared* torturas. Totalmente desprevenidos con respecto al cambio operado en *paraded* *banners* Oliva, desfilaron con pancartas alrededor de la plaza, y antes de concluir la segunda vuelta, ya fueron detenidos. Todavía los policías les 65 *apologized* *troublemakers* pidieron disculpas (algunos eran tíos o padrinos de los «revoltosos»), *adding* *rumor* agregando a nivel de susurro, entre crítico y temeroso, que eran «cosas de Oliva». De los sesenta detenidos, antes de las veinticuatro horas el comisario soltó a cincuenta, no sin antes propinarles una larga filípica, **en** *let go* *telling them* *tirade* el curso de la cual dijo, entre otras cosas, que no iba a tolerar «que ningún 70 *during which* mocoso lo llamara fascista». A los diez restantes (los únicos mayores *snotnose* de edad) los retuvo en la comisaría, incomunicados. A la madrugada se *kept* oyeron claramente quejidos, pedidos de auxilio, gritos desgarradores. A *moans* *yells* *heartbreaking* los padres (y sobre todo a las madres) les costó convencerse de que en la comisaría estaban torturando a sus muchachos. Pero se convencieron. 75

Al día siguiente, Arroyo se puso aún más sombrío en su anuncio astrológico. Soltó frases como éstas: «Alguien acudirá a siniestras formas *let go* represivas destinadas a arruinar la vida de Rosales, y eso costará sangre, pero a la larga fracasará.» En el pueblo sólo había un abogado que ejercía su profesión, y los padres acudieron a él para que defendiera a los diez 80 *threw himself* *search* *judge* jóvenes, pero cuando el doctor Borja se lanzó a la búsqueda del juez, se *in prison* encontró con que éste también estaba preso. Era ridículo, pero además era *he plucked up courage* cierto. Entonces se armó de valor y se presentó en la comisaría, pero no

bien mencionó palabras como *habeas corpus*, derecho de huelga, etc., el
comisario lo hizo expulsar del **recinto** policial. El abogado decidió entonces

85

viajar a la capital; **no obstante**, y a fin de que los padres no concibieran
demasiadas esperanzas, les **adelantó** que lo más probable era que en
Montevideo **apoyaran** a Oliva. Por supuesto, el doctor Borja no regresó,
y varios meses después los vecinos de Rosales empezaron a enviarle

90

cigarrillos al **penal** de Punta Carretas. Arroyo pronosticó: «Se acerca la
hora de la **sinrazón**. El odio comenzará a **incubarse** en las almas buenas.»

    Sobrevino entonces el episodio del baile, algo fuera de serie en los
anales del pueblo. Una de las fábricas había construido un Centro Social
para uso de sus obreros y empleados. Lo había hecho con el secreto fin

95

de neutralizar las eventuales **rebeldías** laborales, pero hay que reconocer
que el Centro Social era usado por todo Rosales.

    Los sábados de noche la juventud, y también la gente madura,
concurrían allí para charlar y bailar. Los bailes de los sábados eran
probablemente el hecho comunitario más importante. En el Centro

100

Social **se ponían al día** los **chismes** de la semana, **arrancaban** allí los
futuros **noviazgos**, se organizaban los bautizos, se formalizaban las
bodas, **se ajustaba** la **nómina** de enfermos y convalecientes. En la
época anterior al golpe, Oliva había concurrido con asiduidad. Todos lo
consideraban un vecino más. Y en realidad lo era. Pero después de la

105

transformación, el comisario se había **parapetado** en su despacho (la
mayoría de las noches dormía en la comisaría, «en acto de servicio») y
ya no iba al café, ni concurría al Club (su distanciamiento con Arroyo
era ostensible) ni menos aún al Centro Social. Sin embargo, ese sábado
apareció, con **escolta** y sin **aviso**. La pobrecita orquesta **se desarmó** en

110

una **carraspera** del **bandoneón**), y las parejas que bailaban se quedaron
inmóviles, sin siquiera **desabrazarse**, como una caja de música a la que
de pronto se le hubiera **estropeado** el mecanismo.

    Cuando Oliva preguntó: «¿Quién de las mujeres quiere bailar
conmigo?», todos se dieron cuenta de que estaba borracho. Nadie

115

respondió. Dos veces más hizo la pregunta y tampoco respondió nadie.
El silencio era tan compacto que todos (policías, músicos y vecinos)
pudieron escuchar el canto no comprometido de un **grillo**. Entonces
Oliva, seguido por sus **capangas**, se acercó a Claudia Oribe, sentada con
su marido en un banco junto al ventanal. En el sexto mes de su primer

120

embarazo, Claudia (rubia, simpática, joven, bastante **animosa**) se sentía
pesada y se movía con extrema **cautela**, ya que el médico la había
prevenido contra los riesgos de un aborto.

    «¿Querés bailar?», preguntó el comisario, tuteándola por primera vez
y tomándola de un brazo. Aníbal, el marido, obrero de la construcción,

125

se puso de pie, pálido y **crispado**. Pero Claudia se **apresuró** a responder:
«No, señor; no puedo.» «Pues conmigo vas a poder», dijo Oliva. Aníbal
gritó entonces: «¿No ve la **barriga** que tiene? Déjela tranquila, ¿quiere?»
«No es con vos que estoy hablando», dijo Oliva. «Es con ella, y ella va
a bailar conmigo.» Aníbal **se le fue encima**, pero tres de los capangas

130

lo **sujetaron**. «Llévenselo», ordenó Oliva. Y se lo llevaron. **Rodeó** con su

station
nonetheless
warned
supported

jail
injustice   incubate
It came

rebelliousness

met

got the update   rumors   started
relationships
got updated   list

taken cover

escort   warning   lost the rhythm
rough sounds   tipo de acordeón
  típico de Uruguay y Argentina
  undo the hug   broken

cricket
companions

lively
caution
forewarned

tense   rushed

pregnant belly

leaped towards him
held   surrounded

brazo uniformado la deformada cintura de la encinta, hizo con la ceja una señal a la orquesta, y cuando ésta reinició desafinadamente la queja interrumpida arrastró a Claudia hasta la pista: Era evidente que a la muchacha le faltaba el aire, pero nadie se animaba a intervenir, entre otras contundentes razones porque los custodias sacaron a ventilar sus armas. La pareja bailó sin interrupción tres tangos, dos boleros y una rumba. Al término de ésta, y con Claudia apunto de desmayarse, Oliva la trajo otra vez hasta el banco, dijo: «¿Viste cómo podías?», y se fue. Esa misma noche Claudia Oribe abortó.

El marido estuvo incomunicado durante varios meses. Oliva disfrutó encargándose personalmente de los interrogatorios. Aprovechando que el médico de los Oribe era primo hermano de un Subsecretario, una delegación de notables, presidida por el facultativo, fue a la capital para entrevistarse con el jerarca. Pero éste se limitó a aconsejar: «Me parece mejor no mover este asunto. Oliva es hombre de confianza del gobierno. Si ustedes insisten en una reparación, o en que lo sancionen, él va a comenzar a vengarse. Éstos son tiempos de quedarse tranquilo y esperar. Fíjense en lo que yo mismo hago. Espero ¿no?» Pero allá en Rosales, Arroyo no se conformó con esperar. A partir de ese episodio, su campaña fue sistemática. Un lunes, la columna «Los astros y vos» expresó en su pronóstico para Rosales: «Pronto llegará la hora en que alguien pague.» El miércoles añadió: «Negras perspectivas para quien hace alarde de la fuerza ante los débiles.» El jueves: «El autoritario va a sucumbir y lo merece.» Y el viernes: «Los astros anuncian inexorablemente el fin del aprendiz. Del aprendiz de déspota.»

El sábado, Oliva concurrió en persona a la redacción de *La Espina de Rosales*. Arroyo no estaba. Entonces decidió ir a buscarlo a la casa. Antes de llegar les dijo a los custodias: «Déjenme solo. Para entenderme con este maricón hijo de puta, yo me basto y me sobro». Cuando Arroyo abrió la puerta, Oliva lo empujó con violencia y entró sin hablarle. Arroyo no perdió pie, y tampoco pareció sorprendido. Se limitó a tomar cierta distancia del comisario y entró en la única habitación que daba al zaguán y que oficiaba de estudio. Oliva fue tras él. Pálido y con los labios apretados, el periodista se situó detrás de una mesa con cajones. Pero no se sentó.

—¿Así que los astros anuncian mi fin?

—Sí —dijo Arroyo—. Yo no tengo la culpa. Son ellos que lo anuncian.

—¿Sabés una cosa? Además de hijo de puta, sos un mentiroso.

—No estoy de acuerdo, comisario.

—¿Y sabés otra cosa? Ahora mismo te vas a sentar ahí y vas a escribir el artículo de mañana.

—Mañana es domingo y no sale el diario.

—Bueno, del lunes. Y vas a poner que los astros dicen que el aprendiz de déspota va a vivir muchos años. Y que los va a vivir con suerte y con salud.

—Pero los astros no dicen eso, comisario,

—¡Me cago en los astros! Vas a escribirlo. ¡Y ahora mismo!

El movimiento de Arroyo fue tan rápido que Oliva no pudo ni siquiera intentar una defensa o un **esquive**. Fue un solo **disparo**, pero a **quemarropa**. Ante los ojos abiertos y estupefactos de Oliva **derrumbándose**, Arroyo agregó con calma:

—Los astros nunca mienten, comisario.

evasion   shot
close-range
falling

Comprensión y discusión

■ ACTIVIDAD 3 Cronología

Ordena las siguientes acciones según el orden en que ocurren en la historia.

_____ Algunos estudiantes fueron detenidos y torturados por la policía local.

_____ Oliva jugaba a las cartas con el farmacéutico y charlaba de fútbol con Arroyo.

_____ Oliva obligó a una mujer embarazada a bailar con él, lo cual le causó un aborto.

_____ Oliva empezó a usar el uniforme.

_____ Los estudiantes de la escuela secundaria organizaron un paro.

_____ El abogado y el juez del pueblo fueron detenidos.

_____ «Los astros y vos» anuncia el fin de la prepotencia de Oliva.

_____ Arroyo mata a Oliva.

_____ Los borrachos de siempre fueron detenidos.

_____ Oliva va a decirle a Arroyo que cambie el tono de su columna del horóscopo.

■ ACTIVIDAD 4 Cualidades

Empareja cada uno de los siguientes adjetivos con los tres protagonistas de esta historia de Benedetti: el pueblo, Arroyo y Oliva.

activista	**democrático**	**militar**	**subversivo**
anónimo	**despótico**	**oprimido**	**típico**
comprometido	**dictatorial**	**sin principios**	**tranquilo**

El pueblo: _____ _____ _____ _____
Arroyo: _____ _____ _____ _____
Oliva: _____ _____ _____ _____

■ ACTIVIDAD 5 Estructura del cuento

Ahora haz un breve resumen de cada parte de la estructura del relato:

Exposición:
Nudo:
Desenlace:

■ ACTIVIDAD 6 Interpretación

¿Cómo interpretas tú las siguientes ideas del cuento? Explica por qué crees que el autor eligió esas palabras específicas y qué efecto espera provocar en los lectores.

a. «unos eran casi niños y otros eran casi hombres»

b. «pero en su diaria sección de horóscopos («Los astros y vos») hacía a menudo referencias muy concretas y muy verificables sobre distintos matices de un futuro presumiblemente cercano. Y eran matices en tres zonas: la internacional, la nacional y la pueblerina.»

c. «Era ridículo, pero además era cierto.»

d. «En el Centro Social se ponían al día los chismes de la semana, arrancaban allí los futuros noviazgos, se organizaban los bautizos, se formalizaban las bodas, se ajustaba la nómina de enfermos y convalecientes.»

e. «el canto no comprometido de un grillo»

f. «aprendiz de déspota»

g. «En el Uruguay de hoy no sólo las personas, los grupos políticos o los sindicatos, han ido pasando a la ilegalidad; también hay barrios y pueblos y villas, que se han vuelto clandestinos.»

Tertulia Sistema democrático

Este relato demuestra en poco espacio el sufrimiento y el desgaste (*erosion*) de un pueblo cuando falla la democracia. También ejemplifica varias maneras de luchar contra la dictadura.

- ¿Qué valores y derechos aprecian Uds. más de un sistema democrático?
- ¿Creen que su país tiene aspectos de su sistema democrático que necesiten corrección?
- En última instancia, ¿qué estarían Uds. dispuestos a hacer para salvar o proteger su gobierno democrático?

Tema

Ahora es el momento de tener terminada la versión final del ensayo que has escrito durante las últimas semanas.

Prepárate

Lee con atención tu segunda versión y señala aquellas partes en las que crees que necesitas cambiar algo.

¡Escríbelo!

- Haz los cambios necesarios para que tu ensayo tenga los siguientes elementos y características.
  - ❏ un título
  - ❏ una introducción que presente el tema que exploras y contenga una tesis
  - ❏ párrafos con una idea principal que no se repita en otros párrafos
  - ❏ ideas ordenadas
  - ❏ una conclusión
  - ❏ una bibliografía

- Busca en el diccionario y en tu libro de español aquellas palabras y expresiones sobre las que tengas duda.

¿Y ahora?

- Repasa los siguientes puntos.
  - ❏ el uso de **ser** y **estar**
  - ❏ la concordancia entre sujeto y verbo
  - ❏ la concordancia de género y número entre sustantivos, adjetivos y pronombres
  - ❏ la ortografía y los acentos
  - ❏ el uso de un vocabulario variado y correcto: evita las repeticiones
  - ❏ el orden y el contenido: párrafos claros; principio y final

- Finalmente, prepara tu versión para entregar.

Consulta el *Cuaderno de práctica* para encontrar más ideas y sugerencias que te ayuden a escribir el ensayo.

No te olvides de mirar el Apéndice I, **¡No te equivoques!,** para evitar errores típicos de los estudiantes de español. Para esta actividad de escritura, se recomienda que prestes atención a *Actual y real* (página A-7).

Gramática en acción: La transición a la democracia en España: Un ejemplo de éxito

Da la forma correcta de los verbos entre paréntesis en los siguientes párrafos. La mayoría de ellos requiere el presente o el pretérito, en ocasiones la voz pasiva. Los otros verbos son estructuras con la palabra **se**, como verbos reflexivos o expresiones impersonales, y deben conjugarse apropiadamente.

No sólo los países latinoamericanos _____[1] (afectar) por terribles dictaduras en el siglo XX: también España _____[2] (verse) en situaciones similares a las de sus antiguas colonias americanas en cuanto a la inestabilidad de sus gobiernos.

En el primer tercio del siglo XX, España _____[3] (sacudir[a]) por diversos cambios de gobierno, entre ellos la Segunda República, de 1932 a 1939. Durante este período, una de las constituciones más avanzadas del mundo _____[4] (escribir) en España. Pero entre 1936 y 1939 el país _____[5] (devastar) por una terrible Guerra Civil entre los defensores de la República y los partidarios de volver a una situación más conservadora, los cuales _____[6] (llamarse) los nacionales. Esta guerra, que _____[7] (ganar) por los nacionales, le dio el poder al joven general Francisco Franco, el cual _____[8] (convertirse) en el dictador del país hasta su muerte en 1975. Bajo su control, España _____[9] (empujar[b]) a un largo período de encierro y aislamiento internacional.

El cambio llegó con Juan Carlos I, nieto del antiguo rey Borbón quien _____[10] (designar) por Franco para gobernar España después de su muerte. Por orden del nuevo rey, las cortes se _____[11] (convocar[c]) inmediatamente y se _____[12] (celebrar) las primeras elecciones libres en cuarenta años: el gobierno español se _____[13] (establecer) como una monarquía constitucional donde el rey sólo es una figura representativa. La transición democrática española _____[14] (convertirse) en un modelo, pues la democracia _____[15] (restablecer) sin sangre y con una alta participación del pueblo, que estaba más que listo para ello. Tres décadas después de la muerte de Franco, España es un país libre y moderno, que ha experimentado un envidiable desarrollo económico y donde no se _____[16] (dudar) que la democracia es una realidad permanente.

[a]to shake up   [b]to push   [c]to call

Juan Carlos I fue una figura clave para la transición a la democracia en España.

Proyectos en tu comunidad

Entrevista a una persona de origen latinoamericano de tu comunidad que haya llegado a tu país en los últimos quince o veinte años. Hazle preguntas sobre los siguientes temas.

¿Cuáles considera él/ella los problemas más graves de su país?

¿Cómo piensa que se podrían resolver?

¿Qué aspectos sociales y políticos de este país le gustan más y cuáles le gustan menos?

Antes de empezar, haz una investigación en Internet sobre la historia reciente del país latinoamericano de donde viene la persona entrevistada.

Tertulia final   ¿Qué hemos aprendido?

¿De qué manera ha influido en el conocimiento del mundo hispánico lo que han aprendido Uds. en este libro? ¿Piensan seguir estudiando la lengua española y la cultura de los países en que ésta se habla? ¿Cuáles son sus planes en cuanto al español? ¿Cómo les gustaría utilizar lo que aprendieron?

3. Cómo se expresan *to go* y *to leave*

ir	*to go somewhere* (requires a specific destination)	Este año queremos **ir** a las Islas Galápagos para las vacaciones.
irse	*to leave* (destination not emphasized or specified)	¡**Me voy**! Ya no puedo soportarlo.
salir	*to leave, to depart*	El vuelo **sale** a las 8:30.
salir de/ para	*to leave from/for*	La expedición **salió de** Puerto Montt **para** la Antártida. El activista no puede **salir del** país.
partir	*to leave, to depart* (more formal than **salir**)	El tren **partió** sin un pasajero.
dejar	*to leave/abandon someone or something*	¡No **dejes** los libros en el carro!

4. Maneras de expresar *because (of)*

porque	*because* (used to link two parts of a sentence, responding to the question **¿por qué?**)	Renuncié al puesto anterior **porque** el horario y los beneficios eran terribles.
como	*since, because* (generally the beginning of a sentence)	**Como** no me gustaba lo que hacía, empecé a hacer cursillos de capacitación en otra área.
a causa de	*because of* (generally used the beginning of a sentence and followed by a noun or infinitive verb)	**A causa de** la promoción me han subido el sueldo. **A causa de** entregar la tarea tarde, recibí una mala calificación.

5. Como se expresa *to think**

pensar que	*to believe/think that*	**Pienso que** todo el mundo tiene alguna inseguridad con su imagen.
pensar en	*to think about someone or something*	— ¿**En** qué están **pensando**? — Estoy **pensando en** mi hija, que ahora mismo está viajando a Chile. — Yo estoy **pensando en** que tengo tanto trabajo que no sé cómo voy a terminarlo.
pensar de/ sobre	*to have an opinion (about something/someone), to think something (of something/someone)*	— ¿Qué **piensas del** uso de la tecnología entre los niños? — Lo que **pienso de** ese tema es que los padres deben limitar el tiempo que los niños pasan usando la computadora, por ejemplo.

6. *Por* y *para*

para	*for / in order to* • time (deadline) • purpose • location (destination) • recipient • comparison • point of view	 Es la tarea **para** el miércoles. Estoy a dieta **para** perder 6 kilos. Sale **para** Nueva York en el vuelo 814 de LAN Chile. Es un regalo **para** tu prima. **Para** Español 101 la tarea es muy difícil. **Para** mí, esta costumbre es anticuada.
por	• *for, in exchange of* • *for* (duration of time) • *during* (general part of the day) • *because of, due to* • *around, about* • *through* • *by means of* • *by*	Le di las gracias **por** su ayuda. Hicieron ejercicio **por** dos horas. Era **por** la mañana. El avión no salió **por** la tormenta. Eso te pasa **por** ser egoísta. No sé exactamente dónde vive, pero la casa era **por** aquí. Vamos a Chicago pasando **por** Nueva York. Llamé **por** teléfono. Esa novela fue escrita **por** una colombiana.

---

*Sinonimos de **pensar:**
- **planear**
  En enero pienso/planeo hacer un viaje al sur de Chile.

  In January, I am planning to take (thinking about taking) a trip to the south of Chile.

- **creer**
  Pienso/Creo que esto no está bien.

  I believe/think this is not right.

10. Cómo se expresa *to ask*

pedir	*to ask for (something), request, order*	**Pides** mucho, ¿no crees? Me gustaría **pedir** un favor. Voy a **pedir** una hamburguesa. ¿Tú, qué **pides**?
preguntar	*to ask (as a question)* (¡**OJO**! The noun **pregunta** cannot be used as the direct object of this verb.)	El profesor le **preguntó** el nombre.
hacer una pregunta	*to ask a question*	¿Puedo **hacerle una pregunta**?
preguntar por	*to inquire about, ask after*	Me **preguntó** por mi familia.
preguntar si	*to ask whether*	**Pregúntale si** quiere salir hoy.
preguntarse	*to wonder* (lit. *to ask oneself*)	Me **pregunto** cuántas personas van a estar en la fiesta.

11. Significados de la palabra *time*

tiempo	*time (undetermined period)*	¡Cómo pasa el **tiempo**! Cuando tengas **tiempo**, me gustaría hablar contigo.
hora	*hour* *time (by the clock)*	Sesenta minutos son una **hora**. ¿Qué **hora** es?
la hora de	*the moment or time to/ for something*	Es **la hora de** trabajar.
rato	*while, short period of time*	Vuelvo en un **rato**.
vez	*time, occasion*	Esta **vez** no digas nada. Lo hice una sola **vez**.
a veces	*sometimes*	**A veces** me llama cuando necesita dinero.
época/tiempos	*old times*	En esa **época** / En esos **tiempos** yo era muy pequeña.

12. *Actual* y *real*

actual	*current*	La situación **actual** de los indígenas quizá sea mejor que hace 50 años, pero aún no es buena.
en la actualidad	*now, nowadays*	**En la actualidad,** muchos pueblos indígenas están organizándose para luchar por sus tierras y sus derechos.
real	*real*	El problema **real** está en la necesidad de representación de los pueblos.
	royal	El mensajero **real** buscaba a la mujer que había bailado con el príncipe la noche anterior.
en realidad	*actually, in fact, in actuality*	**En realidad,** Colón sabía menos de cartografía de lo que se podría esperar.

Stress and Written Accent Marks

All Spanish words have a stressed syllable—that is, a syllable that is pronounced with more intensity than the others. This syllable is called a **sílaba acentuada.**

The vast majority of Spanish words do not need a written accent mark because they follow these syllable and stress patterns.

1. The stress is on the second-to-last syllable (**palabra llana**), and the word ends in a vowel, **-n**, or **-s**. This is by far the largest group of Spanish words.

mano   perros   comen   vienes   leche   cantan

2. The stress falls on the last syllable (**palabra aguda**), and the word does not end in a vowel, **-n**, or **-s**.

amor   comer   rapidez   salud   reloj   papel

WHEN TO WRITE AN ACCENT MARK

Type of word	Write the accent	Examples
aguda (stress on the last syllable)	when the last letter is **-n**, **-s**, or a vowel	andén inglés pasé
llana (stress on the second-to-last syllable)	when the last letter is not **-n**, **-s**, or a vowel	árbol dólar lápiz
esdrújula (stress on third-to-last syllable or before)	always	teléfono matrícula América
interrogativas (cómo, cuál, cuándo, dónde, qué, quién)	always	¿**Quién** es? Ella sabe por **qué** lo hice
algunas monosílabas	when there is another word with the same spelling, in order to differentiate their meaning	**té** (*tea*) vs. te *(you)* **mí** (*me*) vs. mi *(my)* **tú** (*you*) vs. tu *(your)*
hiatos (words containing these vowel combinations: ía/ío/íe, aí/eí/oí, úo/úa/úe, aú/eú/oú, úi)	when the word contains a **hiato,** the opposite of a **diptongo** (diphthong), in which the weak vowel (i or u) is stressed and forms a separate syllable*	tía/tío/ríe caí/leí/oí búho/púa/continúes aúna/reúna

For more information and practice, see the **Pronunciación y ortografía** section in *Cuaderno de práctica,* **(Capítulos 3 y 4).**

---

*A dipthong, or **diptongo,** is a sequence of two vowels in which the sounds blend to form a single syllable. In Spanish, this happens when a "strong" vowel (**a, e,** or **o**) is followed or preceded by a "weak" vowel (**i** or **u**) and the strong vowel carries the stress, as in the words **miedo, causas,** or **puente.** If the diphthong contains two weak vowels, the second one carries the stress: **fuiste, bilingüismo.**

Appendix III

Verbs

A. Regular Verbs: Simple Tenses

Infinitive Present participle Past participle	INDICATIVE					SUBJUNCTIVE		IMPERATIVE
	Present	Imperfect	Preterite	Future	Conditional	Present	Imperfect	
hablar hablando hablado	hablo hablas habla hablamos habláis hablan	hablaba hablabas hablaba hablábamos hablabais hablaban	hablé hablaste habló hablamos hablasteis hablaron	hablaré hablarás hablará hablaremos hablaréis hablarán	hablaría hablarías hablaría hablaríamos hablaríais hablarían	hable hables hable hablemos habléis hablen	hablara hablaras hablara habláramos hablarais hablaran	habla tú, no hables hable Ud. hablemos hablen
comer comiendo comido	como comes come comemos coméis comen	comía comías comía comíamos comíais comían	comí comiste comió comimos comisteis comieron	comeré comerás comerá comeremos comeréis comerán	comería comerías comería comeríamos comeríais comerían	coma comas coma comamos comáis coman	comiera comieras comiera comiéramos comierais comieran	come tú, no comas coma Ud. comamos coman
vivir viviendo vivido	vivo vives vive vivimos vivís viven	vivía vivías vivía vivíamos vivíais vivían	viví viviste vivió vivimos vivisteis vivieron	viviré vivirás vivirá viviremos viviréis vivirán	viviría vivirías viviría viviríamos viviríais vivirían	viva vivas viva vivamos viváis vivan	viviera vivieras viviera viviéramos vivierais vivieran	vive tú, no vivas viva Ud. vivamos vivan

B. Regular Verbs: Perfect Tenses

INDICATIVE				
Present Perfect	Past Perfect	Preterite Perfect	Future Perfect	Conditional Perfect
he has ha hemos habéis han } hablado comido vivido	había habías había habíamos habíais habían } hablado comido vivido	hube hubiste hubo hubimos hubisteis hubieron } hablado comido vivido	habré habrás habrá habremos habréis habrán } hablado comido vivido	habría habrías habría habríamos habríais habrían } hablado comido vivido

SUBJUNCTIVE	
Present Perfect	Past Perfect
haya hayas haya hayamos hayáis hayan } hablado comido vivido	hubiera hubieras hubiera hubiéramos hubierais hubieran } hablado comido vivido

C. Irregular Verbs

Infinitive Present participle Past participle	INDICATIVE					SUBJUNCTIVE		IMPERATIVE
	Present	Imperfect	Preterite	Future	Conditional	Present	Imperfect	
andar andando andado	ando andas anda andamos andáis andan	andaba andabas andaba andábamos andabais andaban	anduve anduviste anduvo anduvimos anduvisteis anduvieron	andaré andarás andará andaremos andaréis andarán	andaría andarías andaría andaríamos andaríais andarían	ande andes ande andemos andéis anden	anduviera anduvieras anduviera anduviéramos anduvierais anduvieran	anda tú, no andes ande Ud. andemos anden
caer cayendo caído	caigo caes cae caemos caéis caen	caía caías caía caíamos caíais caían	caí caíste cayó caímos caísteis cayeron	caeré caerás caerá caeremos caeréis caerán	caería caerías caería caeríamos caeríais caerían	caiga caigas caiga caigamos caigáis caigan	cayera cayeras cayera cayéramos cayerais cayeran	cae tú, no caigas caiga Ud. caigamos caigan
dar dando dado	doy das da damos dais dan	daba dabas daba dábamos dabais daban	di diste dio dimos disteis dieron	daré darás dará daremos daréis darán	daría darías daría daríamos daríais darían	dé des dé demos deis den	diera dieras diera diéramos dierais dieran	da tú, no des dé Ud. demos den
decir diciendo dicho	digo dices dice decimos decís dicen	decía decías decía decíamos decíais decían	dije dijiste dijo dijimos dijisteis dijeron	diré dirás dirá diremos diréis dirán	diría dirías diría diríamos diríais dirían	diga digas diga digamos digáis digan	dijera dijeras dijera dijéramos dijerais dijeran	di tú, no digas diga Ud. digamos digan
estar estando estado	estoy estás está estamos estáis están	estaba estabas estaba estábamos estabais estaban	estuve estuviste estuvo estuvimos estuvisteis estuvieron	estaré estarás estará estaremos estaréis estarán	estaría estarías estaría estaríamos estaríais estarían	esté estés esté estemos estéis estén	estuviera estuvieras estuviera estuviéramos estuvierais estuvieran	está tú, no estés esté Ud. estemos estén
haber habiendo habido	he has ha hemos habéis han	había habías había habíamos habíais habían	hube hubiste hubo hubimos hubisteis hubieron	habré habrás habrá habremos habréis habrán	habría habrías habría habríamos habríais habrían	haya hayas haya hayamos hayáis hayan	hubiera hubieras hubiera hubiéramos hubierais hubieran	
hacer haciendo hecho	hago haces hace hacemos hacéis hacen	hacía hacías hacía hacíamos hacíais hacían	hice hiciste hizo hicimos hicisteis hicieron	haré harás hará haremos haréis harán	haría harías haría haríamos haríais harían	haga hagas haga hagamos hagáis hagan	hiciera hicieras hiciera hiciéramos hicierais hicieran	haz tú, no hagas haga Ud. hagamos hagan

C. Irregular Verbs (continued)

Infinitive Present participle Past participle	INDICATIVE					SUBJUNCTIVE		IMPERATIVE
	Present	Imperfect	Preterite	Future	Conditional	Present	Imperfect	
ir yendo ido	voy vas va vamos vais van	iba ibas iba íbamos ibais iban	fui fuiste fue fuimos fuisteis fueron	iré irás irá iremos iréis irán	iría irías iría iríamos iríais irían	vaya vayas vaya vayamos vayáis vayan	fuera fueras fuera fuéramos fuerais fueran	ve tú, no vayas vaya Ud. vayamos vayan
oír oyendo oído	oigo oyes oye oímos oís oyen	oía oías oía oíamos oíais oían	oí oíste oyó oímos oísteis oyeron	oiré oirás oirá oiremos oiréis oirán	oiría oirías oiría oiríamos oiríais oirían	oiga oigas oiga oigamos oigáis oigan	oyera oyeras oyera oyéramos oyerais oyeran	oye tú, no oigas oiga Ud. oigamos oigan
poder pudiendo podido	puedo puedes puede podemos podéis pueden	podía podías podía podíamos podíais podían	pude pudiste pudo pudimos pudisteis pudieron	podré podrás podrá podremos podréis podrán	podría podrías podría podríamos podríais podrían	pueda puedas pueda podamos podáis puedan	pudiera pudieras pudiera pudiéramos pudierais pudieran	
poner poniendo puesto	pongo pones pone ponemos ponéis ponen	ponía ponías ponía poníamos poníais ponían	puse pusiste puso pusimos pusisteis pusieron	pondré pondrás pondrá pondremos pondréis pondrán	pondría pondrías pondría pondríamos pondríais pondrían	ponga pongas ponga pongamos pongáis pongan	pusiera pusieras pusiera pusiéramos pusierais pusieran	pon tú, no pongas ponga Ud. pongamos pongan
querer queriendo querido	quiero quieres quiere queremos queréis quieren	quería querías quería queríamos queríais querían	quise quisiste quiso quisimos quisisteis quisieron	querré querrás querrá querremos querréis querrán	querría querrías querría querríamos querríais querrían	quiera quieras quiera queramos queráis quieran	quisiera quisieras quisiera quisiéramos quisierais quisieran	quiere tú, no quieras quiera Ud. queramos quieran
saber sabiendo sabido	sé sabes sabe sabemos sabéis saben	sabía sabías sabía sabíamos sabíais sabían	supe supiste supo supimos supisteis supieron	sabré sabrás sabrá sabremos sabréis sabrán	sabría sabrías sabría sabríamos sabríais sabrían	sepa sepas sepa sepamos sepáis sepan	supiera supieras supiera supiéramos supierais supieran	sabe tú, no sepas sepa Ud. sepamos sepan
salir saliendo salido	salgo sales sale salimos salís salen	salía salías salía salíamos salíais salían	salí saliste salió salimos salisteis salieron	saldré saldrás saldrá saldremos saldréis saldrán	saldría saldrías saldría saldríamos saldríais saldrían	salga salgas salga salgamos salgáis salgan	saliera salieras saliera saliéramos salierais salieran	sal tú, no salgas salga Ud. salgamos salgan

C. Irregular Verbs *(continued)*

Infinitive Present participle Past participle	INDICATIVE Present	Imperfect	Preterite	Future	Conditional	SUBJUNCTIVE Present	Imperfect	IMPERATIVE
ser siendo sido	soy eres es somos sois son	era eras era éramos erais eran	fui fuiste fue fuimos fuisteis fueron	seré serás será seremos seréis serán	sería serías sería seríamos seríais serían	sea seas sea seamos seáis sean	fuera fueras fuera fuéramos fuerais fueran	sé tú, no seas sea Ud. seamos sean
tener teniendo tenido	tengo tienes tiene tenemos tenéis tienen	tenía tenías tenía teníamos teníais tenían	tuve tuviste tuvo tuvimos tuvisteis tuvieron	tendré tendrás tendrá tendremos tendréis tendrán	tendría tendrías tendría tendríamos tendríais tendrían	tenga tengas tenga tengamos tengáis tengan	tuviera tuvieras tuviera tuviéramos tuvierais tuvieran	ten tú, no tengas tenga Ud. tengamos tengan
traer trayendo traído	traigo traes trae traemos traéis traen	traía traías traía traíamos traíais traían	traje trajiste trajo trajimos trajisteis trajeron	traeré traerás traerá traeremos traeréis traerán	traería traerías traería traeríamos traeríais traerían	traiga traigas traiga traigamos traigáis traigan	trajera trajeras trajera trajéramos trajerais trajeran	trae tú, no traigas traiga Ud. traigamos traigan
venir viniendo venido	vengo vienes viene venimos venís vienen	venía venías venía veníamos veníais venían	vine viniste vino vinimos vinisteis vinieron	vendré vendrás vendrá vendremos vendréis vendrán	vendría vendrías vendría vendríamos vendríais vendrían	venga vengas venga vengamos vengáis vengan	viniera vinieras viniera viniéramos vinierais vinieran	ven tú, no vengas venga Ud. vengamos vengan
ver viendo visto	veo ves ve vemos veis ven	veía veías veía veíamos veíais veían	vi viste vio vimos visteis vieron	veré verás verá veremos veréis verán	vería verías vería veríamos veríais verían	vea veas vea veamos veáis vean	viera vieras viera viéramos vierais vieran	ve tú, no veas vea Ud. veamos vean

D. Stem-Changing and Spelling-Change Verbs

Infinitive Present participle Past participle	INDICATIVE					SUBJUNCTIVE		IMPERATIVE
	Present	Imperfect	Preterite	Future	Conditional	Present	Imperfect	
pensar (ie) pensando pensado	pienso piensas piensa pensamos pensáis piensan	pensaba pensabas pensaba pensábamos pensabais pensaban	pensé pensaste pensó pensamos pensasteis pensaron	pensaré pensarás pensará pensaremos pensaréis pensarán	pensaría pensarías pensaría pensaríamos pensaríais pensarían	piense pienses piense pensemos penséis piensen	pensara pensaras pensara pensáramos pensarais pensaran	piensa tú, no pienses piense Ud. pensemos piensen
volver (ue) volviendo vuelto	vuelvo vuelves vuelve volvemos volvéis vuelven	volvía volvías volvía volvíamos volvíais volvían	volví volviste volvió volvimos volvisteis volvieron	volveré volverás volverá volveremos volveréis volverán	volvería volverías volvería volveríamos volveríais volverían	vuelva vuelvas vuelva volvamos volváis vuelvan	volviera volvieras volviera volviéramos volvierais volvieran	vuelve tú, no vuelvas vuelva Ud. volvamos vuelvan
dormir (ue, u) durmiendo dormido	duermo duermes duerme dormimos dormís duermen	dormía dormías dormía dormíamos dormíais dormían	dormí dormiste durmió dormimos dormisteis durmieron	dormiré dormirás dormirá dormiremos dormiréis dormirán	dormiría dormirías dormiría dormiríamos dormiríais dormirían	duerma duermas duerma durmamos durmáis duerman	durmiera durmieras durmiera durmiéramos durmierais durmieran	duerme tú, no duermas duerma Ud. durmamos duerman
sentir (ie, i) sintiendo sentido	siento sientes siente sentimos sentís sienten	sentía sentías sentía sentíamos sentíais sentían	sentí sentiste sintió sentimos sentisteis sintieron	sentiré sentirás sentirá sentiremos sentiréis sentirán	sentiría sentirías sentiría sentiríamos sentiríais sentirían	sienta sientas sienta sintamos sintáis sientan	sintiera sintieras sintiera sintiéramos sintierais sintieran	siente tú, no sientas sienta Ud. sintamos sientan
pedir (i, i) pidiendo pedido	pido pides pide pedimos pedís piden	pedía pedías pedía pedíamos pedíais pedían	pedí pediste pidió pedimos pedisteis pidieron	pediré pedirás pedirá pediremos pediréis pedirán	pediría pedirías pediría pediríamos pediríais pedirían	pida pidas pida pidamos pidáis pidan	pidiera pidieras pidiera pidiéramos pidierais pidieran	pide tú, no pidas pida Ud. pidamos pidan
reír (i, i) riendo reído	río ríes ríe reímos reís ríen	reía reías reía reíamos reíais reían	reí reíste rio reímos reísteis rieron	reiré reirás reirá reiremos reiréis reirán	reiría reirías reiría reiríamos reiríais reirían	ría rías ría riamos riáis rían	riera rieras riera riéramos rierais rieran	ríe tú, no rías ría Ud. riamos rían
seguir (i, i) (g) siguiendo seguido	sigo sigues sigue seguimos seguís siguen	seguía seguías seguía seguíamos seguíais seguían	seguí seguiste siguió seguimos seguisteis siguieron	seguiré seguirás seguirá seguiremos seguiréis seguirán	seguiría seguirías seguiría seguiríamos seguiríais seguirían	siga sigas siga sigamos sigáis sigan	siguiera siguieras siguiera siguiéramos siguierais siguieran	sigue tú, no sigas siga Ud. sigamos sigan

acontecimiento happening; event

acordar (ue) to agree; **acordarse** to remember

acordeón *m.* accordion

acosador(a) harasser

acoso harassment

acostar(se) (ue) to go to bed

acostumbrado/a accustomed; **estar** (*irreg.*) **acostumbrado/a a** to be accustomed to (7)

acostumbrarse a to get used to (7)

actitud *f.* attitude (9)

activar to activate

actividad *f.* activity

activista *m., f.* activist

activo/a active

acto act

actor *m.* actor

actriz *f.* (*pl.* **actrices**) actress

actuación *f.* acting

actual current, present-day

actualidad *f.* present

actualmente at present, nowadays

actuar(se) (actúo) to act

acudir to attend

acuerdo agreement (8); **estar** (*irreg.*) **de acuerdo** to agree

acuífero/a *adj.* water (*pertaining to*); **manto acuífero** water stratum

acumular to accumulate

adaptación *f.* adaptation

adaptar(se) a to adapt to (7); **capacidad** *f.* **de adaptarse** ability/capacity to adapt (4)

adecuado/a adequate; appropriate

adelante *adv.* ahead; **de ahí en adelante** from that point on

adelanto *n.* advance

además moreover; furthermore; **además de** *prep.* besides; in addition to

aderezo dressing

adivinanza riddle, puzzle

adivinar to guess

administración *f.* administration

administrador(a) administrator

administrar to administrate

administrativo/a administrative

admiración *f.* admiration

admitir to admit

adolescencia adolescence

adolescente *m., f.* adolescent

¿adónde? to where?

adopción *f.* adoption (3)

adoptar to adopt (3)

adorar to adore

adornado/a decorated, adorned

adorno ornament; decorative detail

adquirir (ie) to acquire

adquisición *f.* acquisition

adquisitivo/a acquisitive; **poder** *m.* **adquisitivo** purchasing power

adulto/a *n.* adult; *adj.* adult, mature

advenedizo/a outsider

advertir (ie, i) to warn

aéreo/a air, air travel (*pertaining to*); **base** *f.* **aérea** air base

aeronave *m.* airplane

aeropuerto airport

afanoso/a laborious

afectar to affect

afecto affection

afeitar(se) to shave (oneself)

afiche *m.* poster (12)

afiliación *f.* affiliation

afirmación *f.* statement

afirmar to state

afirmativo/a affirmative

afortunadamente fortunately

africano/a African

afroamericano/a African American; **programa** *m.* **de estudios afroamericanos** African American studies program

afrontar to face, confront

agencia agency

agigantado/a gigantic, huge; exaggerated

agitar to shake, agitate

aglomerar(se) to amass, pile up

agnóstico/a agnostic (2)

agobiado/a burdened; weighed down; overwhelmed

agosto August

agotamiento exhaustion

agotar to exhaust

agraciado/a attractive

agradable pleasant

agradecer (zc) to thank; to be grateful

agradecimiento thanks, thankfulness

agresivo/a aggressive

agrícola *adj. m., f.* agricultural (8); **sindicato de trabajadores agrícolas** farmworkers' union

agricultor(a) farmer (4)

agricultura agriculture (8)

agrio/a bitter

agua *f.* (*but* **el agua**) water (8)

aguacate *m.* avocado

aguantar to put up with

agudización *f.* worsening

águila *f.* (*but* **el águila**) eagle

agujero hole (8); **agujero negro** black hole

ahí there

ahijado/a godson/goddaughter (3); **ahijados** *pl.* godchildren

ahora now; **ahora mismo** right now

ahorrar to save (up)

aire *m.* air (8)

aislado/a isolated

aislamiento isolation (5)

aislar(se) to isolate (oneself) (5)

ajedrez *m.* chess (6); **jugar (ue) (gu) al ajedrez** to play chess (6)

ajeno/a unfamiliar; of others

ajo garlic; **diente** *m.* **de ajo** clove of garlic

al (*contraction of* **a** + **el**) to the; **al** (+ *inf.*) upon (*doing something*); **al borde de** on the edge of

alarma alarm

albañil *m., f.* construction worker (4)

alcalde *m.* mayor (*man*) (11)

alcaldesa mayor (*woman*) (11)

alcance *m.* reach; **estar** (*irreg.*) **al alcance** to be within reach

alcanzar (c) to reach; to achieve

alcurnia ancestry, lineage

aldea village

aleccionador(a) *adj.* learning

aledaño/a near, close

alegar (gu) to allege

alegrarse to get/become happy; to be happy

alegre happy

alegría happiness

alejar to take away; **alejarse** to get further away; to distance oneself

alemán *n. m.* German (*language*)

alemán, alemana *n., adj.* German

alerto/a sharp; alert

alfabético/a alphabetic; **orden** *m.* **alfabético** alphabetic order

alfabetización *f.* literacy

algo something

alguien someone

algún, alguno/a some; any; **algún día** someday; **alguna vez** once; ever; **algunas veces** sometimes; **alguno/as** some

alimentación *f.* feeding, nourishment

alimento food
aliviado/a relieved
aliviar to relieve
alivio relief
allá (over) there
allí there
alma *f.* (*but* **el alma**) soul
almacenamiento storage; **almacenamiento de datos** data storage
almacenar to store (5)
almendra almond
almorzar (ue) (c) to eat lunch
almuerzo lunch
alquilar to rent; **alquilar películas** to rent movies (6)
alrededor de *prep.* around; about; approximately
altar *m.* altar (11)
alternar(se) to alternate
alto/a tall (1)
altura height
alucinado/a haunting, wild; surprised
alumbrar to light
alusión *f.* allusion; **hacer** (*irreg.*) **alusión a** to allude to
alzar (c) to raise, lift; **alzar la mirada** to look up
amabilidad *f.* amiability, kindness
amable friendly
amalgamar to combine
amar to love (3)
amarillo/a yellow
Amazonia Amazon basin
amazónico/a *adj.* Amazon
ambición *f.* ambition
ambiental environmental
ambiente *m.* atmosphere; **medio ambiente** environment
ambigüedad *f.* ambiguity
ambiguo/a ambiguous
ámbito environment; atmosphere; **ámbito laboral** workplace
ambos/as *pl.* both
ambulante *adj. m., f.* walking; **vendedor(a) ambulante** street vendor
amenazado/a threatened
amenazar (c) to threaten
América Latina Latin America
americanismo Americanism
americano/a American; **sueño americano** American dream
amigablemente amicably, in a friendly way
amigo/a friend
aminorar to minimize

amistad *f.* friendship (2)
amnistía amnesty
amo/a boss
amor *m.* love
amplio/a broad, wide
analfabetismo illiteracy (9)
analfabeto/a *adj.* illiterate (9)
análisis *m.* analysis
analizar (c) to analyze
ancestral ancestral (10)
ancestro ancestor (10)
andar *irreg.* to walk; to go; to continue; to spend time (with someone); **¡Anda!** *interj.* Really! Wow!
andino/a *n., adj.* Andean
anécdota anecdote, story (3)
ángel *m.* angel
angloamericano Anglo-American
anglohablante *n. m., f.* English speaker; *adj.* English-speaking
anglosajón, anglosajona *n., adj.* Anglo-Saxon
angosto/a narrow
angustiante distressing
anidar to nest
anillo ring
animación *f.* animation
animal *m.* animal
animar to animate; to cheer up; to encourage
aniversario anniversary (3)
anoche last night
anónimo/a anonymous; **sociedad** *f.* **anónima** limited, incorporated (*business*)
anotar to note
ansia *f.* (*but* **el ansia**) anxiety
ansioso/a anxious
ante before; faced with; in the face of
anteceder to precede
anteojos *pl.* eyeglasses (1)
antepasado/a *n.* ancestor
antes *adv.* before; **antes (de)** *prep.* before; **antes de Cristo (a. C)** BC (10); **antes de que** *conj.* before
anticipar to anticipate
antigüedad *f.* antiquity
antiguo/a old
antioqueno/a *adj.* from Antioch
antipático/a unpleasant (1)
antiterrorista *adj. m., f.* anti-terrorist
antónimo antonym
anual annual
anunciar to announce

anuncio announcement; commercial; **anuncios clasificados** classified ads (4)
añadir to add
año year; **¿cuántos años tenías?** how old were you (*fam. s.*)?; **el año pasado** last year; **el año que viene** next year; **este año** this year; **hace un año** one year ago; **tener** (*irreg.*)**... años** to be . . . years old
añorar to desire, wish for; to miss
apagar (gu) to turn off (*light*)
apagón *m.* blackout
aparato appliance (5); machine (5)
aparecer (zc) to appear
aparente apparent
aparición *f.* appearance
apariencia (física) (physical) appearance (1)
apartado section
apartamento apartment
aparte separate
apasionadamente passionately
apasionante passionate
apellido surname
apenas barely
apéndice *m.* appendix
apetito appetite; **¡Buen apetito!** Enjoy your meal! (6)
aplastar to flatten
aplauso applause
aplicar (qu) to apply; to use
apodo nickname (3)
apogeo peak
aportar to contribute
apoyar to support (2)
apreciación *f.* appreciation
apreciar to appreciate
aprender to learn; **capacidad** *f.* **de aprender** ability/capacity to learn (4)
aprendizaje *n. m.* learning, training (4); **período de aprendizaje** learning/training period (4)
apretado/a tight
apretar (ie) to squeeze; to grip
aprobar (ue) to pass (*an exam, class*) (2); to approve (*a law, bill*)
apropiación *f.* appropriation
apropiado/a appropriate
aproximación *f.* approximation
aproximadamente approximately
aproximado/a approximated
aptitud *f.* aptitude
apuesta bet

apuntar to write down; to take notes

apuntes *m., pl.* (class) notes (2)

apuñalar to stab

aquel, aquella *adj.* that (over there); *pron.* that one (over there)

aquí here

árabe *n. m.* Arabic (*language*); *n. m., f.* Arab; *adj.* Arabic

arado plow

árbol *m.* tree (8); **árbol genealógico/a** family tree

archivar to file (5)

archivo file (5)

arcilla clay

arder to burn

ardiente burning

área *f.* (*but* **el área**) area

arenal *m.* sandy terrain

argentino/a *n., adj.* Argentine

argumento argument

arma *f.* (*but* **el arma**) weapon

armado/a armed

aroma *m.* aroma

arpa *f.* (*but* **el arpa**) harp

arqueología archeology (10)

arqueológico/a archeological

arqueólogo/a archeologist (10)

arquitecto/a architect (4)

arquitectónico/a architectural

arquitectura architecture (2)

arrancar(se) (qu) to be uprooted

arrasar to demolish, raze

arrastrar to pull; to drag

arreglar to repair

arreglo repair

arrepentirse (ie, i) to regret; to repent

arrestar to arrest

arriba up; above; **de arriba para abajo** from top to bottom; **por arriba de** above

arribar to arrive

arrogancia arrogance

arrogante arrogant

arrojar to throw out

arroz *m.* rice

arruinar to ruin

arte *m.* (*but* **las artes**) art (11)

artefacto artifact

artesanal *adj. m., f.* craft

artesanía *s.* crafts; craftsmanship

articular to articulate

artículo article (5)

artista *m., f.* artist

artístico/a artistic

ascendencia ancestry, descent

ascender (ie) to promote (4)

ascenso promotion (4)

asediado/a besieged

asegurar to secure; to assure

asentamiento settlement (10)

asentarse (ie) to settle (10)

aseo cleanliness

asesinato assassination; murder

asfalto asphalt

así thus, so; that way, this way; **así como** as well as; **así que** therefore, consequently

asiático/a *n., adj.* Asian

asiduo/a frequent, regular

asiento seat

asignar to assign

asilo asylum

asimilar to assimilate

asimismo *adv.* also, in like manner

asistencia aid, assistance; attendance; **asistencia social/pública** social work/welfare (9)

asistente *m., f.* assistant; **asistente de vuelo** flight attendant (4)

asistir (a) to attend

asociación *f.* association (2); **asociación de estudiantes latinos** Latin students' association (2); **asociación de mujeres de negocios** business women's association (2)

asociar(se) to associate

asombrado/a surprised

asombrar(se) (de) to be shocked

asombrosamente surprisingly

aspecto look, appearance; **aspecto físico** physical appearance

aspiraciones *f. pl.* aspirations

aspirar to aspire

astilla splinter; **de tal palo, tal astilla** a chip off the old block

astronauta *m., f.* astronaut

astronómico/a astronomical

asumir to assume, take on (*expense, responsibility*)

asunto subject, topic; matter, affair

asustar to scare

atacar (qu) to attack

ataque *m.* attack

atasco blockage; traffic jam

atención *f.* attention

atentamente attentively; sincerely (*to close a letter*)

ateo/a atheist (2)

aterrado/a terrified

atlántico/a Atlantic; **Océano Atlántico** Atlantic Ocean

atmósfera atmosphere (8)

atmosférico/a atmospheric

atónito/a astonished

atraer (*like* **traer**) to attract

atrasado/a backwards, behind; late

atravesar (ie) to cross

atreverse to dare

audaz *adj. m., f.* (*pl.* **audaces**) bold

audiencia audience

augusto/a august (*inspiring awe*)

aumentar to increase (4)

aumento increase; **aumento de sueldo** salary increase, raise (4)

aun even

aún still, yet

aunque although

auriculares *m. pl.* headphones

ausencia absence

ausente absent

auspicio auspice, protection

australiano/a *n., adj.* Australian

auténtico/a authentic

auto car

autobús *m.* bus

autogiro autogyro

autógrafo autograph

autoimagen *f.* self-image

automático/a automatic

autónomo/a autonomous

autopista freeway

autoproclamado/a self-proclaimed

autor(a) author

autoridad *f.* authority

autorrealización *f.* self-realization

auxilio aid, help

avance *m.* advance (5)

avanzar (c) to advance (7); to move up (7)

avaricia greed

avaricioso/a greedy

aventura adventure

aventurero/a adventurous

avergonzado/a embarrassed

avergonzar (ue) (c) to embarrass; **avergonzarse** to be ashamed

averiguar (gu) to find out, ascertain

aviación *f.* aviation

avión *m.* airplane

avisar to inform

avisos clasificados classified ads (4)

axioma *m.* axiom

ayer yesterday

ayuda help

ayudar to help

ayuntamiento town hall (11)
azteca *n. m., f.; adj.* Aztec (10)
azúcar *m.* sugar; **plantación** *f.* **de caña de azúcar** sugarcane plantation (11)
azul blue; **ojos azules** blue eyes (1)

B

Babilonia Babylon
bachillerato high school (studies) (2)
bahía bay
bailar to dance (6)
baile *m.* dance (6)
baja *n.* drop, decrease
bajo/a short (1)
baloncesto basketball
bananero/a *adj.* banana (*pertaining to fruit or fruit-growing industry*)
banano banana tree
banco bank; **Banco Mundial** World Bank
bandera flag (7)
bandido/a bandit
banquete *m.* banquet (6)
bañar(se) to bathe (oneself); to swim (6)
bañera bathtub
baptista *m., f.* Baptist (2)
bar *m.* bar (6)
barato/a inexpensive, cheap
barba beard (1)
barbacoa barbecue; **hacer** (*irreg.*) **una barbacoa** to have a barbecue (6)
barco boat, ship; **en barco** (*travel*) by boat, ship
barranco ravine, gully
barrio neighborhood (7)
barroco baroque (11)
barroco/a baroque
basarse (en) to base be based (on)
base *f.* base
básico/a basic; **servicios básicos** basic services
bastante *adj.* enough; sufficient; *adv.* rather, quite
basura trash; garbage (8); **contenedor** *m.* **de basura** garbage bin (8); **recogida de basura** garbage pickup (8)
basurero/a garbage collector (4)
batalla battle
bautismo baptism (2)
bautista *n. m., f.; adj.* Baptist
bautizar (c) to baptize (3)

bautizo baptism (3)
beber to drink; **beberse** to drink up
bebida beverage, drink
beca grant, fellowship, scholarship (2)
beisbolista *n. m., f.* baseball player
Belén Bethlehem
Belice Belize
belleza beauty
bello/a beautiful, pretty (11)
bendecir (*like* **decir**) to bless, give a blessing (3)
bendición *f.* blessing (3)
beneficiar to benefit (12)
beneficio benefit (4)
bibliografía bibliography
biblioteca library
bibliotecario/a librarian (4)
bien *adv.* well; **caerle** (*irreg.*) **bien** to make a good impression (*on someone*); **llevarse bien** to get along well; **pasarlo/pasarla bien** to have a good time (6)
bienestar *m.* well-being (6)
bigote *m.* mustache (1)
bilingüe bilingual (7)
bilingüismo bilingualism (7)
biografía biography
biología biology (2)
biológico/a biological
bipartidista *adj. m., f.* bipartisan
bisabuelo/a great-grandfather/ great-grandmother (3); **bisabuelos** *pl.* great-grandparents
blanco/a white; **pelo blanco** white hair (1)
bloquear to block
bobo/a foolish
boca mouth
boda wedding (3)
boleto ticket
boliviano/a *n., adj.* Bolivian
bolsa bag; purse; sack; stock exchange (8)
bombardear to bomb; to shell
bombeo pumping
bombero, mujer *f.* **bombera** firefighter
bonito/a pretty
Borbón Bourbon
bordado/a embroidered
borde *m.* edge; **al borde de** on the edge of
boricua *adj. m., f.* Puerto Rican
Borinquen Puerto Rico

borrador *m.* rough draft (*of a written document*)
borrar to erase (5)
bosque *m.* forest (8)
bota boot
botar to throw away (8)
botella bottle
bóveda vault (11)
Brasil *m.* Brazil
brasileño/a *n., adj.* Brazilian
bravamente bravely
brazo arm
brecha gap
breve *adj.* brief
brillar to shine
brindar to toast (3)
brindis *m.* toast
brotar to emerge; to sprout up
brujo/a wizard/witch
bruma mist; haze
brusco/a abrupt
budismo Buddhism (2)
budista *n. m., f.; adj.* Buddhist (2)
buen, bueno/a good (1); **¡Buen apetito!** Enjoy your meal! (6); **buen viaje** have a good trip; **estar** (*irreg.*) **bueno/a** to be tasty (1); **estar** (*irreg.*) **de buen/mal humor** to be in a good/bad mood (1); **hace buen tiempo** the weather is nice; **ser** (*irreg.*) **bueno/a** to be (a) good (person) (1); **tener** (*irreg.*) **buen carácter** to have a nice personality (1)
bueno... *interj.* well . . .
bufete *m.* law office (5)
búlgaro/a *n., adj.* Bulgarian
buque *m.* **de guerra** warship
burbuja bubble
burlarse (de) to make fun (of)
buscador *m.* search engine (5)
buscar (qu) to look for (5); to search (5)
búsqueda search; **hacer** (*irreg.*) **una búsqueda** to look for, search (5)

C

caballería chivalry
caballo horse
cabello hair
caber *irreg.* to fit
cabeza head
cable cable (*television*); **televisión** *f.* **por cable** cable television

cabo cape; **Cabo de Hornos** Cape Horn; **llevar a cabo** to carry out, fulfill

cacao cocoa bean, cacao; **plantación** *f.* **de cacao** cocoa-bean/cacao plantation (11)

cacerola casserole dish

cactus *m.* cactus

cada *adj., inv.* each, every; **cada día** every day; **cada uno/a** each one; **cada vez** every time; **cada vez más** more and more

cadáver *m.* cadaver

cadena chain

caer *irreg.* to fall; **caerle bien/mal** to make a good/bad impression; **caerse** to fall down

café *m.* coffee; **color** *m.* **café** brown; **ojos color café** brown eyes (1)

cafetería cafeteria

caída fall (*accident*)

cajón *m.* drawer

calabaza squash; pumpkin

calcinado/a roasted; burned

calculador/a *adj.* calculating

calculadora *n.* calculator

calcular to calculate (5)

cálculo calculus; calculation, estimate

calefacción *f.* heating (system)

calendario calendar

calentar(se) (ie) to heat

calidad *f.* quality

calificación *f.* grade (2)

callado/a quiet; silent

callar(se) to be quiet

calle *f.* street (6)

calloso/a calloused

calma calm, serenity

calmarse to calm (oneself) down

calor *m.* heat; **hace calor** it's hot (*weather*); **tener** (*irreg.*) **(mucho) calor** to be (very) hot

caluroso/a warm, hot

calvo/a bald; **ser** (*irreg.*) / **estar** (*irreg.*) **calvo/a** to be bald (1)

cámara camera

camarero/a waiter/waitress

cambiar to change

cambio change

caminar to walk

camino road, path; journey, trip

camisa shirt

camiseta T-shirt

campamento camp

campanada peal, ring (*of bells*)

campanario bell tower (11)

campaña campaign; **campaña publicitaria** publicity campaign

campesino/a farmer; farm worker; peasant

camping: hacer (*irreg.*) **camping** to go camping (6)

campo field; country (*rural region*); countryside

Canadá *m.* Canada

canadiense *n. m., f.; adj.* Canadian

canal *m.* **de televisión** television channel (5)

canas *pl.* gray, white hair (1)

cáncer *m.* cancer

canción *f.* song

candidato/a candidate (12)

cangrejo crab

cansado/a tired

cansarse to get tired

cantante *m., f.* singer

cantar to sing

cantautor(a) singer/songwriter

cantidad *f.* quantity

cantina bar

caña de azúcar sugarcane; **plantación** *f.* **de caña de azúcar** sugarcane plantation (11)

caos *m.* chaos

capa layer; **capa de ozono** ozone layer (8)

capacidad *f.* **de (adaptarese/ aprender/trabajar en equipo)** ability/capacity to (adapt/learn/work as a team) (4)

capacitación *f.* training; **curso de capacitación** training course (4)

capaz (*pl.* **capaces**) capable

caperuza hood; **Caperucita Roja** Little Red Riding Hood

capital *f.* capital

capitán *m.* captain

capítulo chapter

capó hood

captar to grasp

capturar to capture

cara face (1); **cara a cara** face to face (5)

caracol snail

carácter *m.* character (1); **tener** (*irreg.*) **buen/mal carácter** to have a nice/unfriendly personality (1)

característica *n.* characteristic

característico/a *adj.* characteristic

caracterizar (c) to characterize

carbono: dióxido de carbono carbon dioxide

cárcel *f.* jail

carecer (zc) to lack

carga burden

cargar (gu) to carry

cargo charge, responsibility; post

Caribe *m.* Caribbean

caribeño/a Caribbean

cariño affection

cariñoso/a affectionate (1)

carnaval *m.* carnival (6)

carne *f.* meat; **carne de cerdo** pork

carrera career (4); course of study (4); race (7)

carreta cart

carta letter; **carta de interés** cover letter (4); **carta de recomendación** letter of recommendation (4)

cartear to correspond, write (a letter)

cartel *m.* poster (12)

cartera wallet

cartero/a mail carrier

cartón *m.* carton

casa house; **compañero/a de casa** house/roommate (2)

casado/a married

casarse (con) to get married (to) (3)

casco helmet; **cascos** *pl.* headphones

casi almost; **casi nunca** almost never; **casi siempre** almost always

caso case; **en caso de que** in case

castaño/a brown (*hair, eyes*); **pelo castaño** light brown, chestnut hair (1)

castellano *n.* Spanish (*language*)

castigado/a punished

castigo punishment

castillo castle (11)

casualidad *f.* coincidence; **por casualidad** by chance

cátedra department (*university*)

catedral *f.* cathedral (11)

categoría category

católico/a *n., adj.* Catholic (2)

catorce fourteen

causa cause; **a causa de** because of; **ser** (*irreg.*) **causa de** to be the cause of

causante *m.* cause

causar to cause

cautivo/a captive
cauto/a cautious, wary
cebolla onion
ceder to give in, cede
celebración *f.* celebration (3)
celebrar to celebrate (3)
celoso/a jealous
celta *n. m., f.* Celt
celular *n. m.* cellular telephone; *adj. m., f.* cellular; **teléfono celular** cellular telephone (5)
cementero/a *adj.* cement
cemento *n.* cement
cena dinner
cenar to have dinner
Cenicienta Cinderella
ceniza ash
censo census
centenar *m.* hundred
centígrado/a *adj.* centigrade
centralizar (c) to centralize
centrarse to focus
céntrico/a central
centro center (2); downtown; **centro comercial** shopping center
Centroamérica Central America
centroamericano/a *n., adj.* Central American
centuria century
cerámica *s.* ceramics
cerca *adv.* near; **cerca de** *prep.* close to
cercanía proximity
cercano/a close
cerdo pig; **carne** *f.* **de cerdo** pork
cereal *m.* cereal
ceremoniosamente ceremoniously
cero zero
cerrar (ie) to close
certeza certainty; **tener** *(irreg.)* **la certeza de** to be sure about
certificado certificate
cerveza beer
cesar to cease; **sin cesar** relentlessly
champú *m.* shampoo
changarro *(Mex.)* inexpensive café or restaurant
chapulín *m.* grasshopper
charlar to chat, converse (6)
chatear to chat *(online)* (5)
chef *m.* chef
chicano/a *n., adj.* Chicano
chico/a *n. m., f.* young man/ woman; *adj.* small
chile *m.* pepper

chileno/a *n., adj.* Chilean
chino *n.* Chinese *(language)*
chino/a *n., adj.* Chinese
chispa spark
chiste *m.* joke (6); **contar (ue) un chiste** to tell a joke (6)
chistoso/a funny (1)
chocolate *m.* chocolate
choque *m.* crash
cibernauta *m., f.* cyber-surfer
cicatriz *f. (pl.* **cicatrices***)* scar (1)
ciclo cycle
ciego/a blind (9)
cielo sky (8); heaven (8)
cien, ciento one hundred; **por ciento** percent
ciencia science; **ciencia ficción** science fiction; **ciencias naturales** natural science (2); **ciencias políticas** political science (2); **ciencias sociales** social science (2)
científico/a *n.* scientist; *adj.* scientific
ciertamente certainly
cierto/a certain; true
cifra number
cinco five
cincuenta fifty
cincuentón, cincuentona *person in their fifties*
cine *m.* movies; cinema, film *(art/ industry)*; movie theater; **ir** *(irreg.)* **al cine** to go to the movies (6)
cineasta *m., f.* filmmaker
cinematográfico/a cinematographic, *(pertaining to)* film; **reseña cinematográfica** film review
cinismo cynicism
cintura waist
circular to circulate
circunstancia circumstance
cirugía (plástica) (plastic) surgery
cita date; appointment
citar to cite
ciudad *f.* city (8)
ciudadanía citizenship (7)
ciudadano/a citizen (7)
civil civil; **derechos civiles** civil rights (9); **guerra civil** civil war
civilización *f.* civilization (10)
clandestinamente clandestinely
claridad *f.* clarity
clarificar (qu) to clarify

claro/a clear; **estar** *(irreg.)* **claro** to be clear
clase *f.* class; **compañero/a de clase** classmate (2); **faltar a clase** to miss class (2)
clásico/a classic
clasificado/a classified; **anuncios clasificados** classified ads (4); **avisos clasificados** classified ads (4)
clasista *m., f.* classist
cláusula clause
clave *f.* key
clic: hacer *(irreg.)* **clic** to click (5)
cliente *m., f.* client
clima *m.* climate
climático/a climatic
clínico/a clinical
cloro chlorine
club *m.* club
cobarde *m., f.* coward
cobrar to charge
cobre *m.* copper
cobro collection *(of money)*
coca cocaine; coca plant
coche *m.* car
cocido/a cooked
cocina kitchen; cooking
cocinar to cook
cocinero/a cook (4)
codicia greed
código code
coexistir to coexist
coincidir to coincide
colaboración *f.* collaboration
colaborar to collaborate
colección *f.* collection
colectivo group
colega *m., f.* colleague
colegio school (2); **compañero/a de colegio** high school classmate (2)
cólera anger, rage; cholera
colgar (gu) to hang up
colmo peak, summit; **para colmo** to make matters worse
colocar (qu) to place
colombiano/a *n., adj.* Colombian
Colón: Cristóbal Colón Christopher Columbus (10)
colonia colony
colonial colonial (11)
colonización *f.* colonization
colonizar (c) to colonize
colono/a settler (11)

color *m.* color; **color café** brown; **ojos color café/miel** brown/honey-colored eyes (1)

colorido/a color, coloring

columna column (11)

colusión *f.* pact

coma comma; **punto y coma** semi-colon

comadre *f.* godmother of one's child; very good friend (*female*)

combate *m.* combat

combatido/a attacked

combinar to combine

combustible *n. m.* fuel (8); *adj.* combustible

comedor *m.* dining room/hall (6)

comentar to comment on

comentario comment

comenzar (ie) (c) to begin

comer to eat; **comerse** to eat up

comerciado/a sold

comercial commercial; **anuncios comerciales** commercials; **centro comercial** shopping center

comercio commerce (11); **comercio marítimo** maritime commerce (11); **Tratado de Libre Comercio (TLC)** North American Free Trade Agreement (NAFTA) (12)

cometer to commit; **cometer errores** to make mistakes

comida food; meal

comienzo beginning; **dar** (*irreg.*) **comienzo a** to initiate

comino cumin

comisión *f.* commission

comité *m.* committee

como as; as a; like; since; given that; **tan... como** as . . . as; **tan pronto como** as soon as; **tanto(s)/tanta(s)... como** as many . . . as

¿cómo? how? what?

cómodo/a comfortable; lazy; **estar** (*irreg.*) **cómodo/a** to feel comfortable; to be lazy; **ser** (*irreg.*) **cómodo/a** to be comfortable (object)

compacto/a compact

compadre *m.* godfather of one's child; very good friend (*male*)

compañero/a companion; **compañero/a de casa/cuarto** house/roommate (2); **compañero/a de clase** classmate (2); **compañero/a**

de colegio/universidad high school / university classmate (2); **compañero/a de estudios** study partner (2); **compañero/a de fatigas** partner in hardships; **compañero/a de trabajo** work associate (2); **compañero/a sentimental** (life) partner (2)

compañía company (4)

comparación *f.* comparison

comparado/a compared; **ser** (*irreg.*) **comparado/a con** to be compared with

comparar to compare

compartir to share

compatriota *m., f.* fellow citizen (7)

competencia competition, contest

competitivo/a competitive

complejidad *f.* complexity

complejo *n.* complex; **tener** (*irreg.*) **complejo de superioridad/inferioridad** to have a superiority/inferiority complex (1)

complejo/a *adj.* complex

complementar to complement

complementario/a complementary

completar to complete, finish

completo/a complete; **trabajo a tiempo completo** full-time job (4)

complicación *f.* complication

complicado/a complicated

complicar (qu) to complicate

cómplice *m., f.* accomplice

componente *m.* component

componer (*like* **poner**) (*p.p.* **compuesto/a**) to compose, make up

comportamiento behavior

comportarse to behave

composición *f.* composition

compostura composure

comprador(a) buyer

comprar to buy

compras purchases; **ir** (*irreg.*) **de compras** to go shopping

comprender to understand

comprensión *f.* understanding

comprometerse to commit oneself to; to compromise

comprometido/a compromised

compromiso commitment (12)

compuesto/a (*p.p. of* **componer**) composed

computación *f.* computation; calculation

computadora computer (5)

común common

comunicación *f.* communication (5); **medios de comunicación** media

comunicar(se) (qu) to communicate

comunidad *f.* community

comunión *f.* communion; **primera comunión** first communion (3)

comunista *n. m., f.* communist (2)

con with; **con respecto a...** with respect to . . . (9); **con tal (de) que** provided that

conceder to give; to grant

concentración *f.* concentration (2)

concentrar to concentrate

concepto concept

concha shell

conciencia conscience

concierto concert; **ir** (*irreg.*) **a un concierto** to go to a concert (6)

conciudadano/a fellow citizen

conclusión *f.* conclusion; **en conclusión** to conclude (12)

concluyente concluding

concordancia agreement

concreto/a *adj.* concrete

concurso contest

condado county

condena condemnation; conviction, sentence (*legal*)

condenar to condemn (9); to convict (9)

condición *f.* condition

cóndor *m.* condor

conducir *irreg.* to drive

conducta conduct

conectar to connect

conexión *f.* connection

confederación *f.* confederation

conferencia lecture (12); conference (12)

conferenciante *m., f.* lecturer, speaker

confianza confidence

confiar (confío) to trust; to confide in

confirmar to confirm

conflicto conflict

confluencia confluence

confluir (y) to converge, meet, come together
confrontar to confront
confundido/a confused
confundir to confuse
confuso/a confusing
conglomerado conglomeration
congreso congress; conference
cónico/a conical
conjugar (gu) to conjugate
conjunción *f.* conjunction
conjunto band
conmigo with me
conocer (zc) to meet; to know, be familiar with (*someone*)
conocido/a known
conocimiento knowledge
conquista conquest (10)
conquistador(a) conqueror (10)
conquistar to conquer (10)
consecuencia consequence
consecuente consistent; consequent
consecutivo/a consecutive
conseguir (i, i) (g) to obtain, get
consejero/a counselor
consejo (piece of) advice
conservación *f.* conservation
conservador(a) conservative (1)
conservar to conserve
considerado/a considered
considerar to consider
consigna slogan
consigo with him / her / you (*form. s.*) / you (*form. pl.*)
consiguiente *adj.* resulting, arising; **por consiguiente** consequently, therefore
consistir en to consist of
consolar(se) (ue) to console (oneself)
consolidación *f.* consolidation
consolidar to consolidate
constante *adj.* constant
constitución *f.* constitution (12)
constitucional constitutional
constituir (y) to constitute, form
constituyente *adj.* constituent
construcción *f.* construction
construir (y) to construct, build
consulta consultation
consultar con to consult with
consultor(a) consultant (4)
consumidor(a) consumer
consumir to consume (8); to use (up)
consumo consumption (8)
contabilidad *f.* accounting (2)

contactado/a contacted
contacto contact; **lentes** *m. pl.* **de contacto** contact lenses (1)
contaminación *f.* contamination (8); pollution (8)
contaminado/a contaminated; polluted
contaminante *m.* contaminant; pollutant
contar (ue) to tell (1); to count; **contar un chiste** to tell a joke (6)
contemplar to contemplate
contemporáneo/a contemporary
contenedor *m.* **de basura/ reciclados** garbage/recycling bin (8)
contener (*like* **tener**) to contain
contenido content, contents
contento/a happy
contestador *m.* answering machine
contestar to answer
contexto context
continente *m.* continent
continuación *f.* continuation; **a continuación** next, following; appearing below
continuamente continuously
continuar (continúo) to continue
contorno outline; periphery
contra against; **estar** (*irreg.*) **en contra (de)** to be against (9)
contraataque *m.* counterattack
contrabandista *m., f.* smuggler
contradicción *f.* contradiction
contraer (*like* **traer**) to contract
contrario opposite, contrary; **por el contrario** on the contrary
contrarreforma counterreformation
contraste *m.* contrast
contratación *f.* contract
contratar to contract (4)
contrato contract (4)
contribuir (y) to contribute
control *m.* control; **control remoto** remote control
controlar to control
contundente blunt, concise; convincing
convencer (z) to convince
convencido/a convinced
convención *f.* convention
conveniente convenient
convenir (*like* **venir**) to be suitable, a good idea; to be convenient; **(no) te conviene**

that is (not) suitable / a good idea for you
convento convent (11)
conversación *f.* conversation
conversar to converse, talk
convertir(se) (ie, i) to convert to; to become (*something*); to transform (*into something*)
convicción *f.* conviction
convidar to invite
convivencia living together; coexistence
convivir to live together (harmoniously); to coexist
convocar (qu) to call together, to convoke
cooperación *f.* cooperation
copa wine glass (6)
copiar to copy (5)
corazón *m.* heart
cordialidad *f.* cordiality
Corinto Corinth
corona crown
coronación *f.* coronation
coronar(se) to top
corporación *f.* corporation
corrección *f.* correction
correcto/a correct
corregir (j) to correct
correo mail; post office; **correo electrónico** e-mail (5); **oficina de correos** post office (11)
correr to run
correspondencia correspondence
corresponder to correspond
correspondiente corresponding
corromper to corrupt
corrupción *f.* corruption
corrupto/a corrupt
cortar to cut (8)
cortés polite
cortesía courtesy
corto/a short
cosa thing
cosecha harvest (8); crop (8)
cosechador(a) harvester
cósmico/a cosmic
cosquilla tickle
costa coast
costar (ue) to cost
costear to afford; to pay for
costo cost
costoso/a costly
costumbre *f.* custom; habit (7); tradition (7)
cotidiano/a daily
creación *f.* creation

detalle *m.* detail
detectar to detect
detener (*like* **tener**) to detain
detenido/a detained
deteriorarse to deteriorate
deterioro deterioration
determinación *f.* determination
determinado/a determined; specific
determinante determining
determinar to determine
detestar to detest
detonante *m.* detonator; explosive
detrás de behind
deuda (externa) (external/ foreign) debt (8)
devanadera spool
devastar to devastate
devolver (ue) (*p.p.* **devuelto**) to return (*something*) (1)
devorar to devour; to eat up
devuelto/a (*p.p. of* **devolver**) returned
día *m.* day; **algún día** someday; **Día de (Acción de) Gracias** Thanksgiving (3); **día feriado** holiday (4); **hoy día** today; nowadays; **primer día** first day; **un día** one day
diablo devil
diadema (de diamantes) (diamond) crown, tiara
diagnosticado/a diagnosed
diálogo dialogue
diamante *m.* diamond; **diadema de diamantes** diamond crown, tiara
diario/a daily; newspaper; **a diario** daily; **rutina diaria** daily routine; **vida diaria** daily life
dibujante *m., f.* comic artist
dibujar to draw
dibujo drawing
diccionario dictionary
dicho saying, proverb
dicho/a (*p.p. of* **decir**) said
dichoso/a happy, fortunate
dictador(a) dictator
dictadura dictatorship (12)
diecinueve nineteen
dieciocho eighteen
dieciséis sixteen
diecisiete seventeen
diente *m.* tooth; **diente de ajo** clove of garlic
dieta diet (6); **estar** (*irreg.*) **a dieta** to be on a diet
diez ten

diferencia difference
diferenciar(se) to differentiate
diferente different
diferir (ie, i) to differ
difícil hard, difficult
difuso/a diffuse
dignatario dignitary
dignidad *f.* dignity
digno/a worthy
dilema *m.* dilemma
dinámica dynamic
dinero money
dinosaurio dinosaur
dios *m.* god; **Dios** God
dióxido de carbono carbon dioxide
diplomático/a diplomatic; **relaciones** *f. pl.* **diplomáticas** diplomatic relations
dirección *f.* direction; address; **dirección de Internet** Internet address (5)
directo/a direct
director(a) director
directriz *f.* (*pl.* **directrices**) guideline
dirigente *m., f.* leader
dirigir (j) to direct
discapacitado/a (físicamente/ mentalmente) (physically/ mentally) handicapped (9)
disciplina discipline
disco record; disc; drive; **disco duro** hard drive (5)
discoteca disco, dance club (6)
discreto/a discreet
discriminación *f.* discrimination (7); **discriminación de género** gender/ sexual discrimination (9); **discriminación positiva** affirmative action (9); **discriminación social/ sexual/racial/religiosa** social/sexual/racial/religious discrimination (9)
discriminado/a discriminated against
discriminar to discriminate
discurso speech; **dar** (*irreg.*) **un discurso** to give a speech
discusión *f.* discussion
discutir to argue
diseminado/a disseminated
diseñador(a) designer
diseño design
disfraz *m.* (*pl.* **disfraces**) costume; disguise

disfrazarse (c) to disguise oneself
disfrutar to enjoy (6)
disminución *f.* decrease
disolverse (ue) to dissolve
disparidad *f.* disparity
dispersarse to disperse; to extend
disponer (de) (*like* **poner**) to have at one's disposal
disponible available, at one's disposal
dispuesto/a willing; **estar** (*irreg.*) **dispuesto/a** to be ready and willing
distancia distance
distanciado/a distant; **estar** (*irreg.*) **distanciados** to be distant (*occasional contact*) (3)
distanciar to distance
distante distant; far away
distinguir (g) to distinguish
distintivo/a distinctive, distinguishing
distinto/a distinct
distribuir (y) to distribute
diversidad *f.* diversity (9)
diversificar (qu) to diversify
diversión *f.* fun, entertainment
diverso/a diverse
divertido/a fun
divertir(se) (ie, i) to have fun (6)
dividir to divide
divorciado/a divorced
divorcio divorce
doblado/a dubbed
doble *m.* double
doce twelve
docena dozen
doctor(a) doctor
doctorado doctorate
documentación *f.* documentation
documento document
dólar *m.* dollar
doler (ue) to hurt; **me duele la cabeza** my head hurts / I have a headache
dolor (*m.*) ache, pain; **dolor de cabeza** headache
doloroso/a painful
doméstico/a domestic; **violencia doméstica** domestic violence
domicilio residence, home; address
dominación *f.* domination
dominador(a) dominator
dominante dominant
dominar to dominate (10)
domingo Sunday

dominicano/a Dominican;
República Dominicana
Dominican Republic

dominio domain

dominó: jugar (ue) (gu) al dominó to play dominoes

don *(m.) title of respect used with a man's first name*

donde where; in which

¿dónde? where?

doña *title of respect used with a woman's first name*

doquier *adv.* anywhere; **por doquier** everywhere

dormir (ue, u) to sleep; **dormir la siesta** to take a nap (6); **dormirse** to fall asleep

dos two; **dos puntos** colon

doscientos/as two hundred

dotar to give as a dowry; to endow

dramático/a dramatic

drásticamente drastically

droga drug

dualidad *f.* duality

ducha shower

duchar(se) to shower

duchazo shower; **dar** *(irreg.)* **un duchazo** to take a shower

duda doubt; **no cabe duda** there is no room for doubt; **no hay duda** there is no doubt; **sin duda** without a doubt

dudar to doubt

dudoso/a doubtful; **ser** *(irreg.)* **dudoso** to be doubtful

dulce *adj.* sweet; *n. m. pl.* candy

duplicar(se) (qu) to duplicate

duradero/a lasting

durante during

durar to last

durazno peach

duro: disco duro hard drive (5)

E

e and (*used instead of* **y** *before words beginning with* **i** *or* **hi**)

echar to throw; to throw out; **echar a** (+ *inf.*) to begin to (*do something*); **echar de menos** to miss (7); **echar una mano** to lend a hand; **echar una siesta** to take a nap

ecología ecology (8)

ecológico/a ecological

economía economy

económico/a economical; **crecimiento económico** economic growth; **desarrollo económico** economic development; **nivel** *m.* **económico** economic standard (7)

economista *m., f.* economist

ecuatoriano/a Ecuadorian

ecumene *m.* inhabited land

edad *f.* age

edición *f.* edition

edificación *f.* construction; building

edificar (qu) to build

edificio building

educación *f.* education (3)

educar (qu) to educate (3)

educativo/a educational

efectivo/a effective

efecto effect; **efecto invernadero** greenhouse effect (8)

eficiente efficient

egipcio/a Egyptian

Egipto Egypt

egocéntrico/a egocentric

egoísta *adj. m., f.* selfish (1)

ejecutivo/a executive

ejemplo example; **por ejemplo** for example

ejercer (zc) to exert

ejercicio exercise

el *def. art. m. s.* the

él *sub. pron.* he; *obj. of prep.* him

elaborar to elaborate

elección *f.* election (12)

electoral electoral (12)

electricista *m., f.* electrician (4)

eléctrico/a electric

electrónico/a electronic; **correo electrónico** e-mail (5)

elefante *m.* elephant

elegante elegant

elegir (j) to choose; to elect (12)

elemento element

elevación *f.* elevation; increase

eliminar to eliminate

ella *sub. pron.* she; *obj. of prep.* her

ello *pron.* it; **por ello** for this reason

ellos/as *sub. pron.* they; *obj. of prep.* them

e-mail *m.* e-mail (5)

emanación *f.* emission

emancipar(se) to emancipate (oneself)

embalse *m.* dam

embarazada pregnant

embarazo pregnancy

embargo: sin embargo however (12)

embellecer(se) (zc) to embellish, beautify, adorn (oneself)

emborracharse to get/become drunk

emergencia emergency

emigración *f.* emigration

emigrante *m., f.* emigrant (7)

emigrar to emigrate

emisario/a emissary

emisión *f.* emission

emisora de radio radio station (5)

emitir to emit

emoción *f.* emotion

emocional emotional

empacar (qu) maletas to pack suitcases

emparejar to match, pair

empeñado/a steadfast, unwavering

emperador emperor (10)

emperatriz *f.* empress (10)

empezar (ie) (c) to begin

empleado/a employee (4)

empleador(a) employer (4)

emplear to employ (4)

empleo work, job (4); employment

emplumado/a with feathers

empobrecer (zc) to impoverish, make poor

emprender to undertake

empresa corporation (4)

empresario/a manager

empujar to push

empuñar to grasp

en in; on; at

enamorarse (de) to fall in love (with)

enano/a dwarf

encabezamiento heading

encajar to fit

encaminado/a directed

encantador(a) charming

encantar to delight, charm; **me encanta(n)...** I love (*something*)

encargarse (gu) (de) to be in charge (of)

encarnar to incarnate

encender (ie) to turn on; to light up; to ignite

encendido/a lit; **vela encendida** lit candle (6)

encierro confinement

encomendar (ie) to entrust; to assign

encono rancor, ill will

encontrar (ue) to find

encuentro meeting; encounter

encuesta poll, survey

encuestar to poll

endeble weak

endógeno/a endogenous; simple-minded

enemigo/a enemy

energía energy; **energía hidroeléctrica** hydroelectric energy

enero January

enfadado/a angry

enfadarse to get/become angry

enfermarse to get/become sick

enfermedad *f.* illness; **licencia por enfermedad** sick leave (4)

enfermería nursing (2)

enfermo/a sick; **estar** (*irreg.*) **enfermo** to be sick

enfocar (qu) to focus

enfrentarse to confront

enfrente *adv.* in front; **en frente de** in front of

enfurecerse (zc) to get/become furious

enmascarar to mask, camouflage

enmienda amendment

enojado/a angry

enojarse to get/become angry

enorme enormous, huge

enriquecer (zc) to enrich

enriquecimiento enrichment; **enriquecimiento personal** personal gain

enrollado/a rolled

ensalada salad

ensayar to practice

ensayo rehersal; essay

enseñanza teaching

enseñar to teach

entablar to begin

entender (ie) to understand

entendido/a expert

entendimiento understanding

enterarse (de) to find out (about)

enternecer (zc) to move (*one's feelings*)

entero/a entire

enterrado/a buried

enterrar (ie) to bury (3)

entidad *f.* entity

entierro burial (3)

entonces then

entorno environment, surroundings

entorpecer (zc) to numb

entrada entrance; ticket

entrar to enter

entre between, among; **entre paréntesis** between parentheses

entregar (gu) to hand in

entrelazarse (c) to intertwine

entrenado/a trained

entretanto meanwhile

entretener(se) (*like* **tener**) to entertain (oneself) (6)

entretenimiento entertainment (6); pastime (6); **programa** *m.* **de entretenimiento** entertainment program (5)

entrevista interview (4)

entrevistar(se) to interview / have an interview (*with someone*) (4)

entusiasmarse to inspire, excite

enumeración *f.* enumeration

envase *m.* container (*bottle, can, etc.*) (8)

envejecer (zc) to grow old

enviar (envío) to send (3); **enviar un fax/mensaje** to send a fax/message (5)

envidia envy

envidiable enviable

envío shipment, remittance

epidemia epidemic

época epoch (10); times (10)

equidad *f.* equity

equipo team (2); **capacidad** *f.* **de trabajar en equipo** the ability to work as a team (4); **equipo de baloncesto** basketball team; **equipo de científicos** team of scientists; **equipo de fútbol** soccer team

equivalente *m.* equivalent

equivocado/a mistaken, wrong

equivocarse (qu) to be wrong; to make a mistake

era era (10)

erigir (j) to erect

erosión *f.* erosion (8)

erradicar (qu) to eradicate

errar to err

erróneo/a erroneous

error *m.* error, mistake; **cometer errores** to make mistakes

esbelto/a slender

escala scale

escalera ladder; stair

escalfar to poach

escalonado/a graded; in stages

escáner *m.* scanner (6)

escapar(se) to escape

escarlata *inv.* scarlet

escasez *f.* (*pl.* **escaseces**) shortage

escena scene

escenario setting

escindido/a divided, split

esclavitud *f.* slavery (11)

esclavo/a slave (11)

escoger (j) to choose

escribir (*p.p.* **escrito**) to write

escrito/a (*p.p. of* **escribir**) written; **informe** *m.* **escrito** paper (report) (2)

escritor(a) writer

escritura writing; scripture

escrúpulos scruples

escuchar to listen; **escuchar música** to listen to music (6)

escudo shield

escuela school; **escuela primaria** elementary school (2); **escuela secundaria** high school (2)

escultura sculpture (11)

escurrir to drain

esdrújula *word accented on the next-to-last syllable*

ese, esa *adj.* that

ése, ésa *pron.* that (one)

esencial essential

esforzarse (ue) (c) (por) to make an effort (to) (9)

esfuerzo effort (9)

eso that, that thing, that fact; **por eso** for that reason

espacio space

espanto fright

español *n. m.* Spanish (*language*)

español(a) *n.* Spaniard; *adj.* Spanish; **de habla española** Spanish-speaking

esparcir (z) to spread

espárrago asparagus

especial special

especialidad *f.* specialty (2)

especialista *m., f.* specialist

especialización *f.* major

especie *f.* species; type

específico/a specific

espectacular spectacular

espectador(a) spectator

espejo mirror

esperanza hope (7); expectation (7)

esperar to wait; to hope; to expect

espina thorn

espinacas *pl.* spinach

espiritual spiritual

espléndido/a splendid

esplendor *m.* splendor

esponja sponge

esposo/a husband/wife (3)

esqueleto skeleton

esquema *m.* outline; way of thinking; guideline

esquina corner

estabilizar (c) to stabilize

estable *adj.* stable

establecer (zc) to establish (10)

establecimiento establishment (10)

estación *f.* season

estacionar to park

estadio stadium

estadísticas statistics

estado state; **estado físico** physical state; **Estados Unidos** United States; **golpe** *m.* **de estado** coup d'etat (12); **programa** *m.* **de estudios de Estados Unidos** American studies program

estadounidense *n. m., f.* United States citizen; *adj.* of, from, or pertaining to the United States

estallar to explode

estar *irreg.* to be; **estar a dieta** to be on a diet (6); **estar a favor / en contra** to be in favor / against (9); **estar aburrido/a** to be bored; **estar acostumbrado/a a** to be accustomed to (7); **estar al acecho** to be lying in wait; **estar bien** to be/feel well, be okay; **estar bueno/a** to be tasty (1); **estar calvo/a** to be bald (1); **estar claro/a** to be clear; **estar cómodo/a** to feel comfortable; to be lazy; **estar de acuerdo** to agree; **estar de buen/mal humor** to be in a good/bad mood; **estar de moda** to be fashionable; **estar de pie/rodillas** to be standing up / kneeling down; **estar de vacaciones** to be on vacation (6); **estar de viaje** to be on a trip; **estar de vuelta/regreso** to be back; **estar desempleado/a** to be unemployed (4); **estar dispuesto/a (a)** to be ready and willing (to); **estar embarazada** to be pregnant; **estar en desacuerdo con** to disagree with; **estar en huelga** to be on strike; **estar equivocado/a** to be wrong;

estar harto/a to be fed up; **estar listo/a** to be ready; **estar malo/a** to taste bad; **estar muerto/a** to be dead; **estar para** (+ *inf.*) to be ready / about to (+ *inf.*) (1); **estar seguro/a** to be (feel) sure; **estar vivo/a** to be alive; **no estar seguro/a** to be unsure

estatal *adj.* state

estatuto statute

este, esta *adj.* this

éste/a *pron.* this (one)

estereotipado/a stereotyped

estereotípico/a stereotypical

estereotipo stereotype (1)

estético/a esthetic

estilizado/a stylized

estilo style

estimado/a esteemed

estimar to esteem

estimular to stimulate

esto this, this thing, this matter

estómago stomach

estos/as *adj.* these

éstos/as *pron.* these (ones)

estratega *m.* strategist

estrategia strategy

estratificar (qu) to stratify

estrecho/a straight

estrella star

estrellar (contra) to smash (against) / crash (into)

estrenar to debut, première

estrés *m.* stress (4)

estresado/a stressed

estresante stressful

estrofa verse

estructura structure

estructurado/a structured

estudiante *m., f.* student; **asociación** *f.* **de estudiantes latinos** Latin students' association (2); **estudiante graduado/a** graduate student; **estudiante universitario/a** college/university student

estudiantil *adj.* student (*pertaining to*)

estudiar to study

estudios studies; **compañero/a de estudios** study partner (2); **programa** *m.* **de estudios** program of studies

estupefaciente *m.* narcotic

estupendo/a stupendous

estúpido/a stupid (1)

etcétera etcetera

eterno/a eternal

ética *s.* ethics

etnia ethnicity (10)

etnicidad *f.* ethnicity

étnico/a ethnic

Europa Europe

europeo/a European

euskera *m.* Basque (*language*)

evaluar (evalúo) to evaluate

evangelista *m., f.* evangelist

evento event

evitar to avoid

evocar (qu) to evoke

evolución *f.* evolution

exacto/a exact

examen *m.* exam

excelencia excellence

excelente excellent

excepción *f.* exception

excepto except

excesivo/a excessive

exceso excess

excluido/a excluded

excluir (y) to exclude

exclusión *f.* exclusion

exclusivamente exclusively

excusa excuse

exigir (j) to demand (9)

existencia existence

existente existing

existir to exist

éxito success (4); **tener** (*irreg.*) **éxito** to be successful

exitoso/a successful

éxodo exodus

exotismo exoticism

expandir to expand

expansión *f.* expansion

expansivo/a expansive

expectativa expectation

expedición *f.* expedition

experiencia (laboral) (work) experience (4)

experimentar to experiment

experto/a expert

explicación *f.* explanation

explicar (qu) to explain

explícito/a explicit

explorar to explore

explosión *f.* explosion

explotación *f.* exploitation (8)

explotar to exploit

exponencialmente exponentially

exponente *adj.* example

exponer (*like* **poner**) (*p.p.* **expuesto**) to expound; to explain; to expose

exportación *f.* export

exportador(a) exporter
exportar to export (8)
exposición *f.* exposition
expresar to express
expresión *f.* expression
expuesto/a (*p.p. of* **exponer**) exposed; presented
expulsar to expel
expulsión *f.* expulsion
extender (ie) to extend
extensión *f.* extension
extenso/a extensive
externo/a external; **deuda externa** external/foreign debt (8)
extinción *f.* extinction (8)
extinguir (g) to extinguish (8)
extranjero/a *n.* foreigner; *n. m.* stranger
extrañar to miss; to seem strange
extrañeza strangeness
extraño/a strange; **ser** (*irreg.*) **extraño** to be unusual
extraordinario/a extraordinary
extravagante extravagant
extraviado/a lost, missing
extremo/a extreme
extrovertido/a extroverted (1)

F
fabricación *f.* making, manufacture
fabricar (qu) to manufacture, make
fachada façade (11)
fácil easy
facilidad *f.* ease; opportunity
facilitar to facilitate
fácilmente easily
factible feasible, possible
factor *m.* factor
facultad *f. department encompassing an entire discipline* (2); power, faculty; **Facultad de Derecho** School of Law; **Facultad de Filosofía y Letras** School of Humanities; **Facultad de Geografía e Historia** School of Geography and History; **Facultad de Ingeniería** School of Engineering; **Facultad de Medicina** School of Medicine
falso/a false
falta lack; **a falta de** due to the lack of; **hacer** (*irreg.*) **falta** to

be necessary; **les hace falta...** they/you (*form. pl.*) need . . .
faltar to be missing, lacking; to be absent; to miss (7); **faltar a clase** to miss class (2)
familia family; **familia política** in-laws (3)
familiar *n. m., f.* member of the family; *adj.* family; **reunión** *f.* **familiar** family reunion (3)
familiarizado/a familiar
famoso/a famous
fantástico/a fantastic
fascinante fascinating
fascinar to fascinate; **me fascina(n)...** I love (*something*)
fasto extravagance
fatiga fatigue; **compañero/a de fatigas** partner in hardships
favor *m.* favor; **estar** (*irreg.*) **a favor (de)** to be in favor (of) (9); **por favor** please
favorecido/a favorable, desirable
favorito/a favorite
fax *m.* fax, facsimile; (5); **enviar (envío) un fax** to send a fax (5)
fe *f.* faith (2)
febrero February
fecha date (10); **fecha límite** deadline (2)
federación *f.* federation
felicidad *f.* happiness
felicitación *f.* congratulation (3); greeting, wish; **¡felicitaciones!** congratulations! (3)
felicitar to congratulate (3); to greet; to wish
feliz (*pl.* **felices**) happy
femenino/a feminine
feminismo feminism (9)
feminista *m., f.* feminist
fenómeno phenomenon
feo/a ugly (1)
feria fair (6); festival
feriado holiday; **día** *m.* **feriado** holiday (4)
férreo/a *adj.* (*consisting of or relating to*) iron; strong; stubborn, inflexible; **una férrea voluntad** an iron will
festejar to celebrate
festejo celebration
festivo festive; **día** *m.* **festivo** holiday
ficción *f.* fiction; **ciencia ficción** science fiction
ficticio/a fictitious

fiereza fierceness
fiesta party
figón *m.,* inexpensive restaurant
figura figure; body; **figura representativa** figurehead
figurar to figure; to act, play a role
fijarse en to notice
Filipinas Philippines
filmado/a filmed
filosofía philosophy; **Facultad** *f.* **de Filosofía y Letras** School of Humanities
filósofo/a philosopher
fin *m.* end; purpose, goal; **a fin de que** so that; in order to; **con el fin de** with the purpose of; **en fin** in short, in brief; **fin de semana** weekend; **por fin** at last (12)
final *n. m.* end; *adj.* final; **al final de** at the end of
finalmente finally (12)
finamente finely
financiar to finance
finanzas finances
finca farm
fino/a fine; elegant
firma signature (4); signing
firmar to sign (4)
firme *adj.* firm
física physics (2)
físicamente physically; **discapacitado/a físicamente** physically handicapped (9)
físico/a physical; **apariencia física** physical appearance; **aspecto físico** physical appearance; **estado físico** physical state; **rasgo físico** physical feature (1)
fisiología physiology
flaco/a skinny
flexibilidad *f.* flexibility
flor *f.* flower
florecer (zc) to bloom
florecimiento flourishing
Florida: Pascua Florida Easter (3)
floristería flower shop
flotar to float
fluido/a fluid; smooth
folclórico/a folkloric
fomentar to promote/foster (*growth*)
fondo fund; **Fondo Monetario Internacional (FMI)** International Monetary Fund (IMF) (8); **telón** *m.* **de fondo** backdrop

fontanero/a plumber (4)
foráneo/a foreign
forastero/a foreigner
forestación *f.* reforestation
forestal *adj.* forest
forjarse to construct; to make up
forma form; **forma de ser** personality (1)
formación *f.* formation; education, training (4)
formalidad *f.* formality
formar to form; **formar parte de** to be/form part of (2); **formarse** to educate/train oneself (4)
formatear to format (5)
formulario form
foro forum
fortaleza fort
fortuna fortune; luck
forzar (ue) (c) to force
forzoso/a compulsory
foto *f.* photo, photograph (5); **hacer** (*irreg.*) **fotos** to take pictures (5); **tomar fotos** to take pictures
fotocopia photocopy (5)
fotocopiar to photocopy (5)
fotografía picture, photo (5); photography; photograph
fracaso failure
fragmento fragment
fragor *m.* clamor
fraile *m.* friar
Francia France
franja stripe, band, fringe
frase *f.* phrase; sentence
frecuencia frequency; **con frecuencia** often
frecuente frequent; common
frenar to break; to stop
frente *m.* front; *f.* forehead; **frente a** in the face of; in front of, across from
fresco/a fresh; cool; **hace fresco** it's cool (weather)
fricción *f.* friction
frijol *m.* bean
frío cold; **hace frío** it's cold (weather); **ser** (*irreg.*) **frío/a** to be cold (*personality*); **tener (mucho)** (*irreg.*) **frío** to be (very) cold
frito/a (*p.p. of* **freír**) fried; **papas fritas** French fries
frontera border (7)
frustrado/a frustrated

frutería fruit store
fuego fire; **a fuego moderado** at medium heat
fuente *f.* source
fuera (de) out, outside of
fuerte *n. m.* fort (11); *adj.* strong
fuerza force; strength
fugitivo/a fugitive
función *f.* function
funcionamiento working
funcionar to function, work (5)
fundación *f.* foundation (*such as of a city*) (10)
fundamento foundation; basis
fundar to found (10)
furioso/a furious
furtivamente furtively
fútbol soccer; **equipo de fútbol** soccer team; **jugador(a) de fútbol** soccer player; **partido de fútbol** soccer game
futbolista *m., f.* soccer player
futuro future

G

gafas eyeglasses
galardonado/a awarded
gallego/a from or characteristic of Galicia (*northwest region of Spain*)
gallina hen
ganadería cattle raising
ganado livestock
ganancias *pl.* earnings
ganar to win; to earn
ganas *pl.* desire, wish **tener** (*irreg.*) **(muchas) ganas de** (+ *inf.*) to (really) feel like (*doing something*)
garantía guarantee
gas *m.* gas
gasolina gasoline (8)
gastar to spend
gastos *pl.* expenses; **asumir gastos** to assume, take on expense
gastronómico/a gastronomic
gato/a cat; **gatito/a** kitten
gemelo/a twin
genealógico/a genealogical; **árbol** *m.* **genealógico** family tree
generación *f.* generation (2); grade level (2)
general *adj.* general; **en general** in general; **por lo general** in general
generalización *f.* generalization

generalizado/a generalized
generalmente generally
generar to generate
genérico/a generic
género genre; gender; **discriminación** *f.* **de género** gender/sexual discrimination (9)
generoso/a generous (1)
génesis genesis
gente *f. s.* people; **mi/tu/... gente** my/your/. . . people (7)
genuino/a genuine
geografía geography; **Facultad** *f.* **de Geografía e Historia** School of Geography and History
geográfico/a geographical
gerente *m., f.* manager (4); director (4)
germánico/a Germanic
gigante *n. m.* giant
gigantesco/a gigantic
gimnasio gymnasium
glaciar *m.* glacier
globalización *f.* globalization (8)
gloria glory
gobernabilidad *f.* governability
gobernador(a) governor (11)
gobernante *m., f.* ruler
gobernar to govern (12)
gobierno government (11)
godo/a Goth
golfo gulf
golpe *m.* blow; **golpe de estado** coup d'etat (12)
gordo/a fat (1)
gozar (c) to enjoy (6)
grabación *f.* recording
grabar to record (5)
gracias thank you; **Día** *m.* **de (Acción de) Gracias** Thanksgiving (3); **gracias a** thanks to
grado grade; degree
graduado/a *n.* graduate; *adj.* graduated **estudiante** (*m., f.*) **graduado/a** graduate student
graduarse (me gradúo) to graduate
gráfico graph, chart
grafitos *pl.* graffiti
gramática grammar
gran, grande big, large (1); great; **en gran parte** by and large; in many
granada pomegranate

grandeza grandeur
grandioso/a grandiose
grano seed
gratuito/a free (of charge)
grave serious
gravedad *f.* gravity, seriousness
grecolatino/a Greco-Latin
griego/a *n.* Greek; *adj.* Greek
grillo cricket
gris gray; **pelo gris** grey hair (1)
grito cry; shout
grueso/a thick
grupo group (2); **grupo de teatro/música** theatrical/ musical group (2)
guapo/a good-looking (1)
guaraní *m.* Guaraní (*indigenous language of Paraguay*)
guardar to keep; to save (5)
guardería infantil day-care center (4)
guatemalteco/a *n., adj.* Guatemalan
guayaba guava
gubernamental *adj.* government; **organización** *f.* **no gubernamental (ONG)** nongovernment organization (NGO) (9)
guerra war; **buque** *m.* **de guerra** warship; **guerra civil** civil war; **guerra de independencia** war of independence
guerrero/a warrior
guía *m., f.* guide; *f.* guide(book)
guión *m.* script
guionista *m., f.* scriptwriter
güiro scraper (*instrument*)
guitarra guitar
gustar to be pleasing; **le gusta(n)...** he/she/you (*form. s.*) like(s) . . . ; **les gusta(n)...** they/you (*form. pl.*) like . . . ; **me gusta(n)...** I like . . . ; **te gusta(n)...** you (*fam. s.*) like . . .

H

Habana, La Habana Havana (*Cuba*); **La Pequeña Habana** Little Havana (*neighborhood in Miami, FL*)
haber *irreg.* (*inf. of* **hay**) to have (*auxiliary*); to be; to exist; **ha habido** there has/have been; **había** there was/were; **habrá** there will be; **habría** there would be; **hay** there is/are; **hay**

que + *inf.* to be necessary (*to do something*); **hubo** there was/ were
había (*inf.* **haber**) there was/were
habilidad *f.* ability
habitante *m., f.* inhabitant
habitar to inhabit
hábitat *m.* habitat
hábito habit
habitualmente habitually
hablador(a) talkative (1)
hablante *m., f.* speaker
hablar (de) to speak, talk (about)
habrá (*inf.* **haber**) there will be
habría (*inf.* **haber**) there would be
hacer *irreg.* (*p.p.* **hecho**) to do; to make (1); **hace buen/mal tiempo** the weather is nice/ ugly; **hace calor/fresco/frío** it's hot/cool/cold (weather); **hace sol/viento** it's sunny/ windy; **hace... (+** *time*) **que** it has been (+ *time*) since; **hacer camping** to go camping (6); **hacer clic** to click (5); **hacer falta** to be necessary; **hacer fotos** to take pictures (5); **hacer la primera comunión** to receive one's First Communion (3); **hacer un crucigrama** to do a crossword puzzle (6); **hacer una barbacoa** to have a barbecue (6); **hacer una búsqueda** to look for, search (5); **hacerse** to become; **les hace falta...** they/ you (*form. pl.*) need . . . (2)
hacia toward
hacienda farm, ranch (11)
hada *f.* (*but* **el hada**) **madrina** fairy godmother
hallar to find
hallazgo finding, discovery
hambre *f.* hunger; **tener** (*irreg.*) **(mucha) hambre** to be (very) hungry
hambriento/a starving; **hambriento/a de** hungry for
harto/a fed up
hasta *prep.* up to, until; *adv.* even; **hasta ahora** until now; **hasta que** *conj.* until; **¿hasta qué punto?** to what point?
hay (*inf.* **haber**) there is/are
haz *m.* (*pl.* **haces**) façade, surface; **haz de la tierra** the earth's surface
hazaña (heroic) deed

hecho *n.* fact; event; **de hecho** in fact, de facto (11)
hecho/a (*p.p. of* **hacer**) made; done
hectárea hectare
helado ice cream
helicóptero helicopter
hembra female (9); woman
hemisférico/a hemispheric
hemisferio hemisphere
heredar to inherit (3)
heredero/a heir/heiress
herencia inheritance (3); heritage (3)
herida wound
hermanastro/a stepbrother/ stepsister (3)
hermandad *f.* brotherhood
hermano/a brother/sister (3); **hermano/a político/a** brother-in-law / sister-in-law (3); **hermanos** *pl.* siblings; **medio hermano / media hermana** half-brother / half-sister (3)
hermoso/a beautiful, pretty (11)
héroe *m.* hero
hidroeléctrico/a hydroelectric; **energía hidroeléctrica** hydroelectric energy
hielo ice
hierro iron; **mano** *f.* **de hierro** iron fist
hijastro/a stepson/stepdaughter (3)
hijo/a son/daughter (3); **hijo/a biológico/a** biological child; **hijo/a político/a** son-in-law/ daughter-in-law (3); **hijo/a único/a** only child (3); **hijos** *pl.* children
hincar (qu) to kneel
hipermercado (*Sp.*) *large supermarket and department store in one location*
hiperrealista *adj. m., f.* hyperrealist
hipótesis *f.* hypothesis
hipotético/a hypothetical
hispánico/a Hispanic
hispano/a Hispanic
Hispanoamérica Spanish America
hispanoamericano/a Spanish American
hispanohablante *m., f.* Spanish speaker
historia history (2); story; **Facultad** *f.* **de Geografía e**

Historia School of Geography and History

historiador(a) historian

histórico/a historic; historical

hogar *m.* home

hoja leaf; **hoja de papel** sheet of paper

hola hi, hello

holocausto holocaust

hombre *m.* man; **hombre de negocios** businessman

homenaje *m.* homage; **rendir (i, i) homenaje** to pay homage

homogéneo/a homogenous

homogenización *f.* homogenization

homosexual homosexual (9)

honesto/a honest

honor *m.* honor

honrado/a honest; honorable

hora hour; time; **a la hora de** at the time to; **por hora** per hour; **¿qué hora es?** what time is it?

horario schedule (2)

horizonte *m.* horizon

horno oven; **Cabo de Hornos** Cape Horn

horrorizado/a horrified

hospital *f.* hospital

hostilizar (c) to harass (*military*); to antagonize

hotel *m.* hotel

hoy today; **hoy (en) día** nowadays

hubo (*inf.* **haber**) there was/were

huelga strike (4); **estar (*irreg.*) en huelga** to be on strike

huella track; footprint

huerto vegetable garden; orchard

huevo egg

humanidad *f.* humanity

humano/a human; **recursos humanos** human resources; **ser** *m.* **humano** human being

humeante smoking; steaming

húmedo/a humid

humildad *f.* humility; humbleness

humilde humble; modest

humillante humiliating

humo smoke (8)

humor *m.* humor; mood; **estar (*irreg.*) de buen/mal humor** to be in a good/bad mood; **(tener [*irreg.*]) sentido del humor** (to have a) sense of humor (1)

huracán *m.* hurricane

I

ibérico/a *adj.* Iberian; **Península Ibérica** Iberian Peninsula

íbero/a *n.* Iberian

Iberoamérica Latin/Spanish America

iconográfico/a iconographic

idea idea; **es buena idea** it's a good idea

ideal ideal; **lo ideal** the ideal thing

idealizado/a idealized

idéntico/a identical

identificación *f.* identification

identificar (qu) to identify

ideología ideology

idioma *m.* language (7)

idiosincrasia idiosyncrasy

idiota *m., f.* idiot (1)

iglesia church (11)

ignorante ignorant

igual equal; **de igual manera** in the same way; **igual que** just as

igualdad *f.* equality (9)

igualitario/a egalitarian

igualmente equally; likewise

ilegal illegal (7)

ilegítimo/a illegitimate

ilusión *f.* hope (7); delusion (7); illusion

ilustrar to illustrate

ilustre illustrious

imagen *f.* image (1)

imaginación *f.* imagination

imaginar to imagine

imaginario/a imaginary

imbécil *m.* imbecile (1)

imitar to imitate

impartir to give

impedimento impediment

impedir (i, i) to impede

imperativo/a imperative

imperfecto (*gram.*) imperfect

imperio empire (10)

imperioso/a imperious, overbearing

implacable implacable, relentless

implicar (qu) to implicate

imponente imposing

imponerse (*like* **poner**) to impose

importancia importance

importante important

importar to matter; to import (8); **(no) me importa...** that does (not) matter to me

imposible impossible

impreciso/a imprecise, vague

impredecible unpredictable

imprescindible essential, indispensable

impresionado/a impressed

impresionante impressive

impresionista *adj.* impressionist (11)

impreso/a (*p.p. of* **imprimir**) printed

impresora printer (5)

imprimir (*p.p.* **impreso**) to print (5)

improbable improbably, unlikely

impuesto tax (4); **impuesto sobre** tax on (12)

inalcanzable unreachable

inanimado/a inanimate

inca *n. m., f.* Inca (10); *adj.* Incan

incaico/a Incan

incansable tireless

incapacitado/a incapacitated

incapaz (*pl.* **incapaces**) incapable

incendio fire

incidente *m.* incident

incluir (y) to include (9)

inclusive *adv.* including

incluso *adv.* including, even

incluso/a included

incompleto/a incomplete

incorporación *f.* incorporation

incorporar to incorporate

incorrecto/a incorrect, wrong

increíble incredible

incrustado/a incrusted

incursionar (en) to enter (into)

indebido/a undue

indefinido/a indefinite

independencia independence (12); **guerra de independencia** war of independence

independiente independent

independizarse (c) to become independent

Indias Indies

indicación *f.* indication

indicar (qu) to indicate

indicativo (*gram.*) indicative

índice *m.* index

indígena *n. m., f.*; indigenous man/woman (10); native; *adj.* Indian

indio/a *n.* Indian (10)

indirecto/a indirect

indiscutible indisputable

individual *adj.* individual

individualidad *f.* individuality

individuo *n.* individual

indocumentado/a undocumented

indolente indolent
industria industry; **industria panelera** sugarcane industry
industrializado/a industrialized; **país** *m.* **industrializado** industrialized country
ineludible unavoidable
inestabilidad *f.* instability
inevitable inevitable, unavoidable
inexorablemente inexorably
inextricable insolvable; inextricable
infame infamous
infancia childhood; infancy
infantil *adj.* child (*relating to*); juvenile; **guardería infantil** day-care center (4)
infeliz (*pl.* **infelices**) unhappy
inferencia inference
inferioridad *f.* inferiority; **tener** (*irreg.*) **complejo de inferioridad** to have an inferiority complex (1)
inferir (ie, i) to infer
infinitivo infinitive
influir (y) to influence
influyente influential
información *f.* information
informar to inform
informática computer science (2)
informático/a computer programmer (5); *adj.* (*relating to*) computer
informativo/a informative; informational; **programa** *m.* **informativo** information program (5)
informe *m.* report; **informe ecrito** paper (2)
infraestructura infrastructure
infructuoso/a fruitless
infundado/a unfounded
ingeniería engineering (2)
ingeniero/a engineer (4)
inglés *n. m.* English (*language*)
inglés, inglesa *n., adj.* English
ingrediente *m.* ingredient
ingresar to enter
ingreso income
inicial initial
iniciar to initiate, begin
inicio beginning
injusticia injustice
injusto/a unjust (9)
inmediato/a immediate
inmemorial immemorial
inmenso/a immense
inmigración *f.* immigration

inmigrante *m., f.* immigrant (7)
inmovilizar (c) to immobilize
innumerable countless
inocencia innocence
inorgánico/a inorganic
insaciable insatiable
inscripción *f.* inscription
inseguro/a unsure
insensato/a foolish (1)
insensible insensitive (1)
insertar (ie) to insert
insistir (en) to insist (on)
inspirar to inspire
instalación *f.* installation
instalar to install
instancia instance
instante *m.* instant
institución *f.* institution
institucional institutional
instrucción *f.* instruction
instrumento instrument
insultar to insult
insulto insult
insuperable unsurpassable; insurmountable
integrar to include; to integrate (9)
intelectual intellectual
inteligencia intelligence
inteligente intelligent (1)
intención *f.* intention
intensidad *f.* intensity
intenso/a intense
intentar to try
intento attempt
interamericano/a Inter-American
intercambiar to exchange
intercambio exchange
interés interest; **carta de interés** cover letter (4)
interesante interesting
interesar to interest
interferencia interference
intergubernamental intergovernmental
ínterin interim **en el ínterin** meanwhile
internacional international; **Fondo Monetario Internacional (FMI)** International Monetary Fund (IMF) (8)
Internet *m.* Internet (5); **dirección** *f.* **de Internet** Internet address (5)
interpretación *f.* interpretation
interpretar to interpret
interrogativo/a interrogative
interrumpir to interrupt

intervenir (*like* **venir**) to intervene
íntimamente intimately, closely
intimidante intimidating
intranscendente insignificant, unimportant
intricado/a intricate
intrínsico/a intrinsic
introducción *f.* introduction
introducir (zc) to introduce
introductorio/a introductory
introvertido/a introverted (1)
intruso/a intruder
inusual unusual
invadir to invade (10)
invasión *f.* invasion (10)
invasor(a) invader (10)
invención *f.* invention
inventar to invent
invento invention
inventor(a) inventor
invernadero greenhouse; **efecto invernadero** greenhouse effect (8)
inverosímil improbable, impossible, unlikely
inversión *f.* investment (8)
inversionista *m., f.* investor (8)
invertir (ie, i) to invest (8)
investigación *f.* investigation
investigador(a) investigator
investigar (gu) to investigate
invierno winter
invisibilidad *f.* invisibility
invitación *f.* invitation
invitado/a guest
invitar to invite (6); to treat (offer to pay) (6)
invocar (qu) to invoke
ir *irreg.* to go; **ir a** (+ *inf.*) to be going to (*do something*); **ir al cine / al teatro / a un concierto** to go to the movies / the theater / a concert (6); **ir de compras** to go shopping; **irse** to leave
irlandésamericano/a *n., adj.* Irish American
irracionalidad *f.* irrationality
irresponsable irresponsible (1)
irrigación *f.* irrigation
irrupción *f.* eruption
isla island
islamismo Islam (2)
israelí *n. m., f.; adj.* (*pl.* **israelíes**) Israeli
istmo isthmus
italiano *n.* Italian (*language*)

izquierda *n.* left (2); left-hand side (2); **a/de la izquierda** to/from (on) the left
izquierdo/a *adj.* left

J

jabón *m.* soap
jalar *Mex.* to pull
jamaicano/a *n., adj.* Jamaican
jamás never
Japón Japan
japonés, japonesa *n., adj.* Japanese
jardín *m.* garden
jardinero/a gardener (4)
jazmín *m.* jasmine
jazminero jasmine plant
jazz *m.* jazz
jefe, jefa boss (4)
Jehová: testigo/a de Jehová Jehovah's witness (2)
jeroglífico/a hieroglyphic
jitomate *m. Mex.* tomato
jornada (working) day; day's work; **jornada completa** full-time; **jornada laboral** workday
joven (*pl.* **jóvenes**) *n. m., f.* youth; *adj.* young
jubilación *f.* retirement (4)
jubilarse to retire (4)
judaísmo Judaism (2)
judeocristiano/a Judeo-Christian
judío/a *n.* Jew (2); *adj.* Jewish (2); **Pascua Judía** Passover (3)
juego game
jugador(a) player
jugar (ue) (gu) to play; **jugar a/ al** to play (*a sport*); **jugar al ajedrez/dominó** to play chess/ dominoes (6)
juicio judgement; **estar** (*irreg.*) **en juicio** to be sued
julio July
junio June
junto a *prep.* next to
juntos/as *pl.* together
juramento oath; **juramento de lealtad a la nación** pledge of allegiance
justicia justice
justificación *f.* justification
justificar (qu) to justify
justo/a fair; just (9)
juventud *f.* youth

K

kilómetro kilometer

L

la *def. art. f. s.* the; *d.o.* her, it, you (*form. s.*)
lábaro patrio national flag
labor *f.* labor, work
laboral *adj.* work; **ámbito laboral** workplace; **experiencia laboral** work experience (4); **práctica laboral** internship (4)
laboratorio laboratory
laborioso/a laborious
lacio/a straight; **pelo lacio** straight hair (1)
ladino/a (*C.Am.*) *Spanish-speaking or acculturated indigenous person; person of mixed Spanish-indigenous heritage*
lado side
laguna lagoon
lamentar to be sorry, regret
languidez *f.* languor
lanzar (c) to launch; to throw; **lanzarse** to throw/hurl oneself; to set out
lápiz *m.* (*pl.* **lápices**) pencil
largo/a long
las *def. art. f. pl.* the; *d.o. f. pl.* them, you (*form. pl.*)
lástima shame; **ser** (*irreg.*) **una lástima** to be a pity, shame
latín *m.* Latin (*language*) (10)
latino/a Latino, **asociación** *f.* **de estudiantes latinos** Latin students' association (2)
Latinoamérica Latin America
latinoamericano/a Latin American; **programa** *m.* **de estudios latinoamericanos** Latin American studies program
lazo tie
le *i.o.* to/for him, her it, you (*form. s.*)
lealtad *f.* loyalty; **juramento de lealtad a la nación** pledge of allegiance
lección *f.* lesson
leche *f.* milk
lechuga lettuce
lector(a) reader
lectura reading
leer (y) to read
legado legacy
legal legal (7)

legalización *f.* legalization (9)
legalizar (c) to legalize (7)
legislador(a) legislator
legítimo/a legitimate
lejano/a distant
lejos *adv.* far away; **lejos de** *prep.* far from
lema *m.* motto
lengua tongue; language (7); **lengua materna** mother tongue (7)
lenguaje *m.* language (7)
lentes *m. pl.* glasses; **lentes de contacto** contact lenses (1)
lento *adv.* slowly
lento/a *adj.* slow
leño log
les *i.o.* to/for them, you (*form. pl.*)
lesbiana lesbian (9)
letra letter; *pl.* letters (literature, language studies) (2)
levantar to lift, raise up; **levantar(se)** to get up
léxico lexicon, vocabulary
ley *f.* law (9)
leyenda legend
liberación *f.* liberation, freedom
liberar to liberate, free
libertad *f.* liberty (9); freedom (9)
libertador(a) liberator
libre free; **tiempo libre** free time (6); **Tratado de Libre Comercio (TLC)** North American Free Trade Agreement (NAFTA) (12)
libro book
licencia license; **licencia por maternidad/matrimonio/ enfermedad** maternity/ marital/sick leave (4)
licenciado/a graduate
licenciatura Bachelor's degree equivalent (2)
líder *m.* leader
liderazgo leadership
lidiar to fight
lienzo canvas
ligero/a light, lightweight
limitado/a limited
límite *m.* limit; **fecha límite** deadline (2)
limpiabotas shoeshine
limpiar to clean
limpieza cleaning
limpio/a clean
lindo/a pretty
línea line
lineal linear

same; **mí mismo/a** myself; **sí mismo/a** oneself

misterio mystery

misterioso/a mysterious

mítico/a mythical

mito myth

moda style; **estar** (*irreg.*) **de moda** to be fashionable

modelo model (9); pattern (9); **modelo** *m., f.* (fashion) model (9)

moderado/a moderate; **a fuego moderado** at medium heat

moderar to moderate

modernidad *f.* modernity

modernización *f.* modernization

moderno/a modern

modificación *f.* modification

modificar (qu) to modify

modo way; **de modo que** in such a way that; **de todos modos** anyway, regardless

modulado/a modulated

Moisés Moses

mojar to get wet

mole (*n.*) *Mexican sauce made chiles, nuts or seeds, and spices*

molestar to bother; **me molesta...** it bothers me . . .; **molestar(se) por** to be bothered by

molido/a ground; **carne** *f.* **molida** ground beef

molino de viento windmill

momento moment

momia mummy

momificar (qu) to mummify

monarquía monarchy

monasterio monastery (11)

monetario/a monetary; **Fondo Monetario Internacional (FMI)** International Monetary Fund (IMF) (8)

monitor *m.* monitor

monja nun

monje *m.* monk

monopolio monopoly

monopolizar (c) to monopolize

monstruo monster

montaña mountain

monte *m.* mount; mountain

montón heap; **un montón de** a lot of

monumento monument

moreno/a brown-skinned (1); dark-skinned (1)

moribundo/a moribund, dying

morir (ue, u) (*p.p.* **muerto**) to die

mormón, mormona Mormon (2)

moro/a *adj.* Moorish

mosaico mosaic

mostrar (ue) to show

motivar to motivate

motivo motive

moto(cicleta) motorcycle

mover(se) (ue) to move

móvil mobile; **teléfono móvil** cellular phone (5)

movimiento movement

muchacho/a boy/girl; young man/ woman

mucho *adv.* a lot; much

mucho/a *adj.* much; *pl.* many; **con mucha frecuencia** often; **muchas veces** often, many times; **tener** (*irreg.*) **mucha hambre** to be very hungry; **tener** (*irreg.*) **mucha prisa** to be in a real hurry; **tener** (*irreg.*) **mucha sed** to be very thirsty; **tener** (*irreg.*) **mucha vergüenza** to be very ashamed, embarrassed; **tener** (*irreg.*) **muchas ganas de** (+ *inf.*) to feel very much like (+ *inf.*)

mudanza move (*from one address to another*) (3)

mudar(se) to move (*from one address to another*)

mudo/a mute (9); **película muda** silent film

muerte *f.* death

muerto/a *n.* dead person; (*p.p. of* **morir**) *adj.* dead

mujer *f.* woman; wife (3); **asociación** *f.* **de mujeres de negocios** businesswomen's association (2); **programa** *m.* **de estudios de mujeres** women's studies program (2)

mulato/a mulatto (*person of mixed European-African ancestry*)

multietnicidad *f.* multiethnicity

múltiple multiple

multiplicar (qu) to multiply

multiplicidad *f.* multiplicity

mundial *adj.* (*pertaining to*) world; global, worldwide; **Banco Mundial** World Bank; **Segunda Guerra Mundial** Second World War

mundialmente worldwide

mundo world; **todo el mundo** everyone

municipio municipality

muñequito little doll

museo museum

música music; **escuchar música** to listen to music (6); **grupo de música** musical group (2)

musulmán, musulmana *n.* Muslim (2)

muy very

N

nacer (zc) to be born (3)

nacido/a born; **recién nacido/a** newborn

nacimiento birth (3); **certificado de nacimiento** birth certificate

nación *f.* nation; **juramento de lealtad a la nación** pledge of allegiance

nacionalidad *f.* nationality (7)

nacionalización *f.* nationalization (8)

nada nothing; **de nada** you're welcome; **no le gusta(n) nada** he/she doesn't / you (*form. s.*) don't like it/them at all; **no me importa(n) nada** it/they don't matter at all to me; **no pasa nada** nothing is happening; **no valer** (*irreg.*) **nada** to be worth nothing

nadar to swim (6)

nadie no one; nobody, not anybody

naranjo orange tree

narcotráfico drug trafficking

narcoviolencia *violence related to drug trafficking*

nardo nard, tuberose

narración *f.* narration

narrar to narrate

natalidad *f.* birth; **nivel** *m.* **de natalidad** birthrate

nativo/a native

natural natural; **ciencias** *f. pl.* **naturales** natural sciences (2)

naturaleza nature (8)

nave *f.* ship

navegante *m., f.* navigator

Navidad *f.* Christmas (3)

necesario/a necessary; **ser** (*irreg.*) **necesario** to be necessary

necesidad *f.* necessity

necesitar to need

negar(se) (ie) (gu) to deny; to refuse

negatividad *f.* negativity

negativo/a negative

negociar to negotiate

negocio business; **hombre** *m.* **de negocios** businessman; **mujer** *f.* **de negocios** businesswoman; **asociación** *f.* **de mujeres de negocios** businesswomen's association (2)

negrita: estar (*irreg.*) **en negrita** to be in boldface (type)

negro/a black; **agujero negro** black hole; **ojos negros** black eyes (1)

neoclasicismo Neoclassicism

neoclásico/a Neoclassical (11)

nervioso/a nervous

nevar (ie) to snow

ni neither; nor; even; **ni... ni** neither . . . nor; **ni siquiera** not even

nieto/a grandson/granddaughter (3); *pl.* grandchildren

ningún, ninguno/a none, no; not any; **ninguno de los dos** neither (of the two)

niñero/a babysitter

niñez *f.* childhood

niño/a child

nipón, nipona *adj.* Japanese

nivel *m.* level (7); rate; **nivel de vida** standard of living (6); **nivel económico** economic standard (7)

no no; not; non; **no... sino** but rather (*opposition after a previous negative*)

nobleza nobility

nocivo/a harmful

noche *f.* night; **de la noche** P.M.; **esta noche** tonight; **por la noche** at night

nombramiento appointment (*to a position*)

nombrar to name

nombre *m.* name

noreste *m.* northeast

norma rule, norm

normalizar (c) to normalize, restore to normal

noroeste *m.* northwest

norte *m.* north

Norteamérica North America

norteamericano/a North American

norteño/a northern

nos *d.o.* us; *i.o.* to/for us; *refl. pron.* ourselves

nosotros/as *sub. pron.* we; *obj. of prep.* us

nostalgia nostalgia (7)

nota grade (2); **notas** (class) notes (2)

notar to notice (5)

noticia piece of news (5); **noticias** news (5)

noticiero news(cast) (5); news program (5)

novato/a beginner, novice; freshman

novecientos/as nine hundred

novedad *f.* novelty

novedoso/a novel

novela novel

novelista *m., f.* novelist

noventa ninety

noviembre *m.* November

novio/a boyfriend/girlfriend; fiancé(e); groom/bride

nube *f.* cloud

nudista *n. m., f.* nudist

nudo knot

nuera daughter-in-law (3)

nuestro/a *poss.* our

nueve nine

nuevo/a new

nuez *f.* (*pl.* **nueces**) nut

número number

numeroso/a numerous

nunca never

nutrición *f.* nutrition

Ñ

ñusta princess

O

o or (7); **o...o** either . . . or (7)

obeso/a obese (1)

objetividad *f.* objectivity

objetivo objective (4)

objeto object

obligar (gu) to obligate

obra work; **mano** *f.* **de obra** labor (12); manpower (12); **obra maestra** masterpiece

observar to observe

obsidiana obsidian

obstáculo obstacle

obstinación *f.* stubbornness

obstinado/a obstinate, stubborn

obtener (*like* **tener**) to obtain

obvio/a obvious; **ser** (*irreg.*) **obvio** to be obvious

ocasión *f.* occasion

occidental western

occidente *m.* west

océano ocean (8); **Océano Atlántico** Atlantic Ocean

oceanografía oceanography

ochenta eighty

ocho eight

ochocientos/as eight hundred

ocio leisure (6)

octavo/a eighth

octubre *m.* October

ocultamiento concealment

ocultar to hide, conceal

oculto/a dark

ocupación *f.* occupation

ocupado/a occupied, busy

ocupar to occupy

ocurrir to occur, happen

odiar to hate

odio hatred

odioso/a hateful, odious

oeste *m.* west

ofender to offend

ofensivo/a offensive

oferta offer

oficial official

oficina office; **oficina de correos** post office (11)

oficio job (4)

ofrecer (zc) to offer

oír *irreg.* to hear

ojalá (que) I hope / I wish (that)

ojo eye (1); **ojos azules / color café / negros / verdes / color miel** blue / brown / black / green / honey-colored eyes (1)

ola wave

oler a *irreg.* to smell like (6)

olímpico/a Olympic; **juegos olímpicos** Olympics

olla pot

olor *m.* odor, smell

olvidar to forget

once eleven

ondulado/a wavy; **pelo ondulado** wavy hair (1)

onza ounce

opción *f.* option

operación *f.* operation

opinar to think, have an opinión (*about something*)

opinión *f.* opinion

oponerse (*like* **poner**) **a** to oppose (9)

oportunidad *f.* opportunity (9)

oportuno/a opportune

opresión *f.* oppression

oprimido/a oppressed

optar to opt

optimismo optimism
óptimo/a optimal
opuesto/a opposite
oración *f.* sentence; prayer (2)
orden *m.* order (*chronological*); *f.* order, command; **orden** *m.* **alfabético** alphabetic order
ordenar to order; to command
ordinario/a ordinary
orgánico/a organic
organismo organism
organización *f.* organization; **organización no gubernamental (ONG)** nongovernment organization (NGO) (9)
organizado/a organized
organizador(a) organizer
organizar (c) to organize
orgullo pride (7)
orgulloso/a proud (7)
oriente *m.* east
origen *m.* origin (7)
originar to originate
originario/a originating
oriundo/a originally
ornamentación *f.* ornamentation
oro gold; **mina de oro** gold mine (11)
orquesta orchestra
ortografía spelling
oruga caterpillar
os *d.o.* (*Sp.*) you (*fam. pl.*); *i.o.* (*Sp.*) to / for you (*fam. pl.*); *refl. pron.* (*Sp.*) yourselves (*fam. pl.*)
oscilar to oscillate
oscuridad *f.* darkness
oscuro/a dark
oso bear
ostensiblemente ostensibly
otorgar (gu) to give, grant, award
otro/a other; another
oveja sheep; **cada oveja con su pareja** to each his own
oxígeno oxygen
ozono ozone; **capa de ozono** ozone layer (8)

P

paciencia patience
pacificación *f.* pacification
pacífico/a peaceful; **Océano Pacífico** Pacific Ocean
pacto pact, agreement
padrastro stepfather (3)
padre *m.* father (3); **padre político** father-in-law (3)

padrino godfather (3)
paella *rice dish with vegetables, meat, and/or seafood*
pagar (gu) to pay; to pay for
página page; **página web** web page (5)
país *m.* country (7); **país industrializado** industrialized country; **países desarrollados** developed countries (8); **países en vías de desarrollo** developing countries (8)
paja straw
pájaro bird
palabra word
palacio palace (11)
paladar palate
palestino/a *n., adj.* Palestinian
palo stick; **de tal palo tal astilla** a chip off the old block
Pampa *vast plain region in Argentina*
pan *m.* bread
panamericano/a Pan-American
pancarta sign, banner
panelero/a *relating to panela, an unbleached cane sugar*; **industria panelera** sugarcane/panela industry
panfleto pamphlet
pantalla screen (*computer, movie*) (5)
pantanoso/a swampy, boggy
pañuelo handkerchief
papa *f.* potato; **papas fritas** French fries
papá *m.* father, dad (3)
papel *m.* paper; role (1); **servilleta de papel** paper napkin (6); **tener** (*irreg.*) **papeles** to have legal papers (7)
paquete *m.* package
par *m.* pair
para for; in order to; **estar** (*irreg.*) **para** (+ *inf.*) to be ready, about to (+ *inf.*); **para bien o para mal** for better or worse; **para colmo** to make matters worse; **para empezar** to begin; **para que** in order to; so that; **para terminar** finally (12)
paracaídas *m., s., pl.* parachute
parada stop; **parada de autobuses** bus stop
paralelo/a *adj.* parallel
parangón *m.* comparison, parallel
parar to stop
parcial partial (4); **trabajo a tiempo parcial** part-time job

parecer (zc) to look; to seem; **me parece...** it seems to me . . . ; **parecerse** to look like
parecido resemblance (3)
pared *f.* wall
pareja partner; couple; pair; **cada oveja con su pareja** to each his own
parentesco (family) relationship
paréntesis *m. inv.* parenthesis/es; **entre paréntesis** in parentheses
pariente *n. m., f.* relative
parlamentario/a parliamentary
parpadear to blink
parque *m.* park
párrafo paragraph
parte *f.* part; **formar parte de** to be/form part of (2)
Partenón *m.* Parthenon
participación *f.* participation
participar to participate
particular particular; private; **en particular** in particular
partidario/a *adj.* partisan
partido game, match; political party (2)
partir to leave, depart; **a partir de** since
parto childbirth; labor, delivery
pasa raisin
pasado past
pasado/a past; last; **el año pasado** last year; **la semana pasada** last week
pasaje *m.* passage
pasaporte *m.* passport (7)
pasar to happen; to pass; **pasarlo/ pasarla bien** to have a good time (6); **¿qué pasa?** what's happening?
pasatiempo pastime (6); hobby
Pascua de Resurrección Easter (3)
Pascua Florida Easter (3); **Pascua Judía** Passover (3)
pasear to stroll
paseo stroll
pasión *f.* passion
pasivo/a passive
paso passage; step
pasta pasta; paste
pastel *m.* cake
patata *Sp.* potato
paternalista paternalistic
paternidad *f.* paternity
paterno/a paternal (on the father's side) (3)

patria homeland (7)
patriarca patriarch
patrio/a national
patriótico/a patriotic
patriotismo patriotism
pauta rules; guide
paz *f.* (*pl.* **paces**) peace
pecado sin
pecas freckles (1)
pecho chest
pedir (i, i) to ask for; to request; to order
peinar(se) to comb (one's hair)
peldaño step, rung
pelear to fight
película movie; **alquilar películas** to rent movies (6)
peligro danger
pelirrojo/a red-haired; **ser** (*irreg.*) **pelirrojo/a** to be a red-head (1)
pellejo skin; **estar** (*irreg.*) **en el pellejo de alguien** to be in someone else's shoes
pelo hair (1)
pena sorrow, hardship; **merecer (zc) la pena** it is worth
penicilina penicillin
península peninsula; **Península Ibérica** Iberian Peninsula
pensador(a) thinker
pensar (ie) to think, believe; **pensar** + *inf.* to plan to (*do something*); **pensar de (algo/ alguien)** to have an opinion about (something/someone); **pensar en** to think about
Pensilvania Pennsylvania
pentágono pentagon
penuria poverty
peor worse; **ser** (*irreg.*) **peor** to be worse (6)
pepita seed
pequeño/a small, little
pera pear
percatarse to notice
percibir to perceive
percusión percussion
perder (ie) to lose
pérdida loss
perezoso/a lazy
perfeccionamiento improvement; **curso de perfeccionamiento** training course (4)
perfeccionar to perfect
perfecto/a perfect
perfil *m.* profile
perfilarse to appear

periódico newspaper (5)
periodismo journalism
periodista *m., f.* journalist (5)
periodístico/a journalistic
período period; **período de aprendizaje** learning/training period (4)
perjudicar (qu) to harm (12)
perjudicial harmful
permanencia permanence
permanente permanent
permisivo/a permissive
permiso permission
permitir to permit
permutación *f.* permutation, transformation
perro dog
perseverancia perseverance
persona person; **personas** people
personaje *m.* character (1)
personal *m.* personnel
personalidad *f.* personality (1)
persuadir to persuade
persuasivo/a persuasive
pertenecer (zc) a to belong to (2)
pertenencia *n.* belonging
perteneciente (a) *adj.* belonging (to), deriving (from)
pertinente pertinent
peruano/a Peruvian
perverso/a perverse
pesa weight (*gym*)
pesado/a dull, bothersome, annoying (1)
pesar to weigh; **a pesar de** despite (12); **a pesar de que** despite the fact that
peso weight; importance
pesticida *m.* pesticide (8)
petición petition; **a petición** by request
petróleo oil, petroleum
pez *m.* (*pl.* **peces**) fish (*living*)
picado/a chopped
picante spicy
pie *m.* foot; **estar** (*irreg.*) **de pie** to be standing
piedad *f.* pity; piety
piedra stone
piel *f.* skin
pierna leg
piloto/a pilot (4)
pimiento pepper
pintar to paint
pintor(a) painter (4)
pintura paint (11)
pionero/a pioneer
pirámide *f.* pyramid (10)

pirata *m., f.* pirate
piratería piracy, pirating
pisar to step
piscina swimming pool (6)
piso floor (8); story (11)
pista clue
placentero/a pleasant
placer *m.* pleasure
plan *m.* plan
planear to plan
planeta *m.* planet (8)
planificación *f.* planning; **planificación urbanística** urban planning
plano map
planta plant
plantación *f.* plantation; **plantación de cacao / caña de azúcar** cocoa-bean/ sugarcane plantation (11)
plantar to plant
planteamiento proposal; exhibition
plantear(se) to pose (*a question*) (9); to consider (9)
plástico plastic; **plástico/a** *adj.* (*made of*) plastic
plata silver; money; **mina de plata** silver mine (11)
plataforma platform
plateresco/a plateresque
platicar (qu) to chat (6); to converse (6)
platillo culinary dish
plato plate; dish (6); course
playa beach (6)
plaza (town) square (6)
plazo term; deadline (2); **a corto plazo** short-term; **a largo plazo** long-term
plebiscito plebiscite (12)
pleno/a full
pluma pen
pluralidad *f.* plurality
población *f.* population (7)
poblador(a) settler
poblano/a *of/from Puebla, Mexico*
pobre poor
pobreza poverty (7)
poco/a little; **en pocas palabras** in a few words
poder *irreg.* to be able to
poder *m.* power
poderío power, force; **poderío militar** military force
poderoso/a powerful
poesía poetry
poeta *m., f.* poet

poético/a poetic

policía, mujer policía *m., f.* policeman, policewoman; *f.* police force

polio *f.* polio

politeísta polytheistic

política politics

político/a *n.* politician; *adj.* political; **afiliación** *f.* **política** political affiliation (2); **ciencias políticas** political science (2); **familia política** in-laws (3); **hermano/a político/a** brother-in-law/sister-in-law (3); **hijo/a político/a** son-in-law/daughter-in-law (3); **madre** *f.* **política** mother-in-law (3); **padre** *m.* **político** father-in-law (3)

poner *irreg.* (*p.p.* **puesto**) to put, place; **ponerse** to put on; to turn; to become; **ponerse** + *adj.* to get, become + *adj.*; **ponerse a pensar** to begin to think

por by; through; because of; for; per; around, about; on; because of, on account of; **por arriba de** above; **por casualidad** by chance; **por ciento** percent; **por correo** by mail; **por debajo** below; **por desgracia** unfortunately; **por detrás de** behind; **por doquier** everywhere; **por ejemplo** for example; **por el contrario** on the contrary; **por el momento** for the time being; **por eso** therefore; for this reason; **por excelencia** par excellence; **por favor** please; **por fin** at last (12); **por hora** by the hour; **por la mañana/tarde/noche** in the morning (A.M.) / afternoon (P.M.) / evening, night (P.M.); **por lo general** in general; **por lo menos** at least; **por lo mismo** by the same; **por (lo) tanto** therefore (11); **por medio de** by means of; **por mi cuenta** on my own; **por orden de** by order of; **por primera vez** for the first time; **por si acaso** in case; **por supuesto** of course; **por teléfono** by telephone; **por último** finally, lastly; **por un lado / por otro lado** on one hand / on the other hand; **por una parte / por otra parte** on one hand / on the other hand; **¿por qué?** why?

porcentaje *m.* percentage

porque because

portada front page; cover (*of a book/magazine*)

portal *m.* portal (5)

portavoz *m.* spokesperson

portero goalie

portugués *n., m.* Portuguese (*language*)

portugués, portuguesa *n., adj.* Portuguese

posar to pose

poseer (y) to possess

posguerra postwar

posibilidad *f.* possibility

posible possible

posición *f.* position (9); opinion (9)

positivo/a positive; **discriminación** *f.* **positiva** affirmative action (9)

postre *m.* dessert

postsecundario/a college-level

póstumamente posthumously

postura posture, stance; position (9); opinion (9)

potable drinkable; **agua** (*f. but* **el agua**) **potable** drinking water

potencial potential

pozo well

práctica practice; **práctica laboral** internship (4)

practicar (qu) to practice

práctico/a practical

preceder to precede

preciado/a treasured

precio price

precisamente precisely

precisión *f.* precision

precolombino pre-Columbian

precursor *m.* precursor

predicar (qu) to preach

predicción *f.* prediction

predominar to prevail

preferencia preference

preferir (i, i) to prefer

pregunta question

preguntar to ask a question

prehispánico/a pre-Hispanic

prehistórico/a prehistoric, prehistorical

prejuicio prejudice

premio prize; **Premio Nobel** Nobel Prize

premisa premise

prender to turn on; to catch

prensa press (5); media (5)

preocupación *f.* worry

preocupado/a worried; **estar** *irreg.* **preocupado** to be worried

preocupar(se) to worry; to be worried; **nos preocupan...** . . . worry us

preparación *f.* preparation

preparar(se) to prepare (oneself)

preponderante predominant, preponderant

prepotencia prepotency

prepotente arrogant; prepotent

presencia presence

presentación *f.* presentation

presentador(a) TV host(ess) (5); anchorperson (5)

presentar to present

presente *n. m.* present

preservar to preserve (8)

presidencial presidential

presidente, presidenta president (12)

presión *f.* pressure

preso/a inmate (9); prisoner (9)

prestado loaned; **pedir (i, i) prestado** to borrow

préstamo loan

prestar to lend

prestigioso/a prestigious

pretender (ie) to seek; to try, attempt

pretendiente *m., f.* suitor

prevención *f.* prevention

prever (*like* **ver**) to foresee

previo/a previous

primaria primary, basic; **escuela primaria** elementary school (2)

primavera spring

primer, primero/a first; **por primera vez** for the first time; **primera comunión** *f.* first communion (3)

primo/a *m.* cousin (3); *adj.* prime; **materia prima** raw material

princesa princess

principal main, principal; **tema** *m.* **principal** main idea

principalmente principally

príncipe *m.* prince

principio principle (9); beginning (9)

prioridad *f.* priority

prioritario/a having priority

prisa hurry, rush; **tener** (*irreg.*) **(mucha) prisa** to be in a (real) hurry

prisión *f.* prison (9); jail (9)

privado/a private

privatización *f.* privatization (8)

privilegiado/a privileged

privilegio privilege (9)

probabilidad *f.* probability

probar (ue) to try (6); to taste (6); to prove

problema *m.* problem

proceder to proceed

proceso process

prodigio wonder, phenomenon

producción *f.* production

producir (*irreg.*) to produce

productividad *f.* productivity

productivo/a productive

productor(a) producer

profesión *f.* profession (4)

profesional professional

profesionalización *f.* professionalization

profesor(a) profesor, teacher; **profesor(a) universitario/a** university professor (4)

profundo/a deep; profound

programa *m.* program (5); **programa de estudios** program of studies; **programa informativo / de entretenimiento / deportivo** information / entertainment / sports program (5)

programación *f.* programming; **técnico/a en programación** programming technician (4)

programador(a) programmer (4)

progresista *m., f.* liberal, progressive (1)

progresivo/a progressive

progreso progress

prohibir (prohíbo) to prohibit

prolongación *f.* prolongation

prolongado/a prolonged

promedio average; **en promedio** on average

promesa promise

promisión *f.* promise; **tierra de promisión** promised land

promover (ue) to promote (9)

pronosticar (qu) to predict, forecast

pronto soon; **tan pronto como** as soon as

pronunciación *f.* pronunciation

pronunciar to pronounce

propiedad *f.* property

propio/a own; typical, characteristic

proponer (*like* **poner**) to propose

proporcionar to provide, supply

propósito purpose; **a propósito** on purpose

propuesta proposal

propugnar to advocate

prosperidad *f.* prosperity

protagonista *m., f.* protagonist

protección *f.* protection

proteger (j) to protect (8)

protesta protest (9)

protestante Protestant (2)

protocolo protocol

provecho benefit, advantage; **¡buen provecho!** enjoy your meal! (6)

proveer (y) to provide

proveniente proceeding

provincia province (11)

provocador(a) provocative; provoking

provocar (qu) to provoke

provocativo/a provocative

próximo/a next

proyección *f.* projection

proyecto project

prueba quiz, test

psicología psychology (2)

psicólogo/a psychologist

publicar (qu) to publish

publicidad *f.* publicity

publicitario/a *adj.* advertising; publicity

público audience

público/a public; **asistencia pública** public aid; welfare (9); **relaciones** *f., pl.* **públicas** public relations

pueblo people; town (10)

puerta door

puertorriqueño/a *n., adj.* Puerto Rican

pues... *interj.* well . . . , so . . .

puesto (*p.p. of* **poner**) put; placed; turned on (*appliance*); **puesto que** given that; since

puesto *n.* job, position (4)

pulcritud *f.* neatness

pulido/a polished

púlpito pulpit

pulsar to click (5)

punta tip; **punta de flecha** arrowhead

punto point; period; dot (5); **a punto de** about to; **dos**

puntos colon; **punto de vista** point of view; **punto y comma** semi-colon

puntuación *f.* punctuation

puño fist

purificador(a) purifying

purificar (qu) to purify

puro/a pure

Q

que *rel. pron.* that; which; who; than; **el/la/los/las que** that / he / she / the one which/who; **lo que** what

¿qué...? what . . . ?; **¿qué pasa?** what's happening?; **¿qué tal?** how's it going?; how are you?

quechua *m.* Quechua (language) (*indigenous to Andean region of South America*)

quedar to suit; to look good/bad on; to be (situated/located); to have left; **me queda(n)...** I have . . . left; **(no) te queda bien...** . . . does (not) suit you well/ look good on you; **quedarse** to remain, stay

quien *rel. pron. s., pl.* who, whom; (he / she / the one) who

¿quién(es)? who?, whom?; **¿a quién le gusta(n)...?** who likes . . . ?; **¿quién es? / ¿quiénes son?** who is it? / who are they?

queja complaint

quejarse to complain

quemadura burn

quemar to burn

quena flute

querer *irreg.* to want (1); to love

querido/a dear

queso cheese

quetzal *m.* tropical bird

química chemistry (2)

químico/a chemist

quince fifteen

quinceañera girls' fifteenth-birthday party (3)

quincuagésimo fiftieth

quinientos/as five hundred

quinquenio five-year period

quinto/a fifth

quipu *knotted threads used by the Incas for recording information*

quitar to take away; **quitar(se)** to take off, to remove (from oneself)

sándwich *m.* sandwich
sangrante bleeding
sangre *f.* blood
sangriento/a bloody
santo/a saint
satelital *adj.* satellite; **televisión** *f.* **satelital** satellite television
satélite *m.* satellite (5)
satisfacción *f.* satisfaction
satisfactorio/a satisfactory
satisfecho/a satisfied
se *refl. pron.* yourself (*form.*); himself, herself, itself; yourselves (*form. pl.*); themselves; (*impersonal*) one
secar (qu) to dry
sección *f.* section
secretario/a secretary
secreto *n.* secret
sector *m.* sector
secundaria secondary; **escuela secundaria** middle/high school (2)
sed *f.* thirst; **tener** (*irreg.*) **(mucha) sed** to be/feel (very) thirsty
segmento segment
seguido/a continuous, consecutive; **en seguida** immediately (9)
seguir (i, i) (g) to follow; to continue
según according to
segundo/a *adj.* second; **en segundo lugar** in second place
seguridad *f.* security
seguro de vida/médico/dental life/medical/dental insurance (4)
seguro/a sure; **estar** (*irreg.*) **seguro** to be sure; **no estar** (*irreg.*) **seguro/a** to be unsure
seis six
seiscientos/as six hundred
selección *f.* selection
seleccionar to select
selva jungle (8); tropical rain forest (8)
semana week; **fin** *m.* **de semana** weekend
semanal weekly
semántico/a semantic
sembradora sower (*seeding machine*)
sembrar (ie) to sow (8)
semejanza similarity
semestre *m.* semester
semilla seed
seminario seminar

senado senate (12)
senador(a) senator (12)
sensato/a sensible
sensible sensitive (1)
sentado/a seated; **estar** (*irreg.*) **sentado** to be seated/sitting
sentar(se) (ie) to sit (oneself down)
sentido sense; meaning; **(no) tener sentido** to (not) make sense; **tener** (*irreg.*) **sentido del humor** to have a sense of humor (1)
sentimental sentimental; **compañero/a sentimental** (life) partner (2)
sentimiento feeling
sentir(se) (ie, i) to feel; **sentirse capaz** to feel capable
señalar to signal
señor (Sr.) *m.* man; Mr.
señora (Sra.) woman; Mrs., Ms.
señorita (Srta.) young woman; Miss
separación *f.* separation
separar to separate
septembrino/a *adj.* (*relating to, occurring in*) September
septentrional northern
septiembre *m.* September
sequía drought (8)
ser *n. m.* being; **ser humano** human being
ser *v. irreg.* to be; **ser (+ p.p.)** to be (+ *p.p.*); **es buena idea** (+ *inf.*) it's a good idea (+ *inf.*); **es fascinante** (+ *inf.*) it's fascinating (+ *inf.*); **forma de ser** personality (1); **llegar (gu) a ser** to become; **o sea** that is (11); **según sea necesario** as necessary; **ser aburrido/a** to be boring (1); **ser antipático/a** to be unfriendly, unlikable (1); **ser bueno/a** to be (a) good (person); **ser callado/a** to be (a) quiet person (1); **ser calvo/a** to be bald (1); **ser cariñoso/a** to be affectionate (1); **ser chistoso/a** to be funny (1); **ser cómodo/a** to be (a) comfortable (object); **ser conservador(a)** to be conservative (1); **ser de** to be of, from; **ser dudoso** to be doubtful; **ser egoísta** to be selfish (1); **ser frío/a** to be cold (*personality*) (1); **ser**

hablador(a) to be talkative (1); **ser insensato/a** to be foolish (1); **ser insensible** to be insensitive (1); **ser listo/a** to be smart (1); **ser malo/a** to be (a) bad (person) (1); **ser mentiroso/a** to be a liar (1); **ser necesario** to be necessary; **ser para** to be for; **ser pelirrojo/a** to be a redhead (1); **ser progresista** to be liberal, progressive (1); **ser raro** to be unusual; **ser sensato/a** to be sensible (1); **ser sensible** to be sensitive (1); **ser simpático/a** to be nice, friendly, likeable (1); **ser tacaño/a** to be stingy (1); **ser terco/a** to be stubborn (1); **ser tímido/a** to be shy (1); **ser una lástima** to be a pity, shame; **ya sea** be it
serie *f.* series
seriedad *f.* seriousness
serio/a serious (1)
serpiente *f.* snake
servicio service (2); **servicio religioso** religious service (2); **servicios básicos** basic services
servidor server (5)
servir (i, i) to serve
sesenta sixty
sesgado/a biased
sesión *f.* session
setecientos/as six hundred
setenta seventy
severidad *f.* severity
severo/a severe
sexismo sexism
sexista *m., f.* sexist
sexo sex
sexto/a sixth
sexual sexual; **discriminación** *f.* **sexual** sexual discrimination (9)
si if; whether
sí yes; **sí mismo** (*pron. pers. reflex.*) yourself (*form. sing.*), oneself, himself, herself, yourselves (*form. pl.*), themselves
siempre always; **siempre y cuando** as long as
siesta nap (6); **dormir (ue, u) la siesta** to take a nap (6); **echar una siesta** to take a nap
siete seven
sigla (capital) letter used to abbreviate a name (5)

siglo century (10)
significación f. meaning
significado meaning
significar (qu) to mean
signo sign
siguiente following, next
silencio silence
silla chair
simbólico/a symbolic
símbolo symbol (7)
simpatía sympathy
simpático/a nice, friendly, likeable (1)
simplemente simply
simplificación f. simplification
simplista m., f. simplistic
simultáneo/a simultaneous
sin without; **sin cesar** endlessly); **sin embargo** however (12); **sin que** conj. without
sincero/a sincere
sindicato labor union (4)
sinfín m. endless number
sino but (rather); **no... sino** but rather (opposition after a previous negative)
sinónimo synonym
sinsabor m. trouble
síntesis m. synthesis
sintonizar (c) to tune in, surf (television channel)
siquiera adv. at least; **ni siquiera** not even
sistema m. system
sitio site; place; **sitio web** web site (5)
situación f. situation
soberano/a sovereign
sobre on, on top of; above; about (9); **impuesto sobre** tax on (12); **sobre el tema de...** about . . . (9)
sobreesdrújula accented on the syllable preceding the antepenultimate one
sobremesa after-dinner conversation
sobrepoblación f. overpopulation (7)
sobresaliente outstanding
sobresalir irreg. to stand out; to excel
sobrevivir to survive
sobrino/a nephew/niece (3)
social social; **asistencia social** social work (9); **ciencias sociales** f. pl. social sciences (2); **discriminación** f. social

social discrimination (9); **trabajador(a) social** social worker (4)
socialista m., f. socialist (2)
sociedad f. society (9); **sociedad anónima** limited, incorporated (business)
socio/a partner (4)
socioeconómico/a socioeconomic
sociólogo/a sociologist
sofisticado/a sophisticated
soja soy
sol m. sun; **hace sol** it's sunny; **tomar el sol** to sunbathe
solamente only
solar solar; **energía solar** solar energy
soledad f. solitude (5); loneliness (5)
soler (ue) to tend, be accustomed to
solicitar to apply for
solicitud f. application (4)
solidaridad f. solidarity
solidario/a jointly responsible; supportive
sólo adv. only
solo/a alone
soltero/a single; **madre** f. **soltera** single mother
solución f. solution
solucionar to solve
sombrero hat
someter to undergo; to subject
sonar to sound; to ring
sonido sound
sonreír (sonrío) (i, i) to smile
sonriente smiling
sonrisa smile (1)
soñar (ue) (con) to dream (about)
sor (title) sister (religious)
sordo/a deaf (9)
sorprendente surprising
sorprender to surprise
sorprendido/a surprised
sorpresa surprise
sospechar to suspect
sostener (like **tener**) to sustain (8)
sostenibilidad f. sustainability (8)
sostenible sustainable (8)
sostenido/a sustained; **desarrollo sostenido** sustained development
Sr. (señor) m. Mr.
Sra. (señora) f. Mrs., Ms.
Srta. (señorita) f. Miss
su poss. his, her, its, their, your (form., s., pl.)

subcomandante (m., f.) person ranked below and reporting to the commander of an army
subcultural subcultural
subdesarrollado/a underdeveloped
subdivisión f. subdivision
subir to go up; to climb; to rise; to get on
súbito/a sudden
subjetividad f. subjectivity
subjuntivo subjunctive
sublevación f. revolt (12); uprising (12)
sublevado/a rebel
submarino submarine
subordinado/a subordinate
subrayar to underline
subsistencia subsistence
subsistir to subsist
substituto substitute
subterráneo/a underground
suburbios pl. suburbs
subvertir (ie, i) to subvert
suceder to happen
sucesión f. succession
suceso incident
sucio/a dirty
Sudamérica South America
sudamericano/a South American
sudar to sweat
suegro/a father-in-law/mother-in-law (3)
sueldo salary (4); **aumento de sueldo** salary increase, raise (4)
suelo floor; ground
sueño dream; **sueño americano** American dream; **tener** (irreg.) **(mucho) sueño** to be (very) tired
suerte f. luck
suficiente sufficient
sufragio suffrage
sufriente adj. suffering
sufrimiento n. suffering
sufrir to suffer
sugerencia suggestion
sugerir (ie, i) to suggest
suicidarse to commit suicide
suizo/a Swiss
sujeto subject
sumar to add
suministro supply
sumo/a supreme
supeditado/a subordinate
superar to exceed, pass; to advance (in life) (7); to excel

(7); **superarse** to advance (in life) (7); to excel (7)

superficie *f.* surface

superior superior; **(persona) de un curso superior** upper classman

superioridad *f.* superiority; **tener** (*irreg.*) **complejo de superioridad** to have a superiority complex (1)

supermercado supermarket

supersónico/a supersonic

supervisor(a) supervisor (4)

supervivencia survival

suplemento supplement

suplicar (qu) to beg

suposición *f.* supposition

supuestamente supposedly

supuesto/a supposed; **por supuesto** of course

sur *m.* south

surgir (j) to surface

surrealista *m., f.* surrealist (11)

suspender to fail (2)

suspensión *f.* suspension

suspenso suspense; **estar** (*irreg.*) **en suspenso** to be in suspense

suspiro sigh

sustantivo noun

sustentable sustainable

sustento sustenance, food

sustitución *f.* substitution

sustituir (y) to substitute, replace

suyo/a *poss.* your, of yours (*form. s., pl.*); his, of his; her, of hers; their, of theirs

T

tabaco tobacco

tabla table

tacaño/a stingy (1)

tal such, such as; **con tal (de) que** provided that (8); **de tal manera** in such a way; **de tal palo tal astilla** a chip off the old block; **¿qué tal?** how's it going?, how are you?; **tal vez** perhaps

talante *m.* attitude, temper

talar to fell, cut trees

talismán *m.* talisman

tallado/a carved

tamal *m. Mex.* tamale (*dish of minced meat and red peppers rolled in cornmeal wrapped in corn husks or banana leaves*)

tamalada *tamale-making and/or tamale-eating event*

tamaño size

también also

tambor *m.* drum

tambora drum

tampoco neither, not either

tan so; **tan... como** as . . . as; **tan pronto como** as soon as; **tan sólo** only

tanque *m.* tank

tanto *adv.* so much; as much; **por (lo) tanto** therefore (11); **tanto como** as much as

tanto/a *adj.* so much; *pl.* so many; **tanto(s)/tanta(s)... como** as many . . . as

tardar to take (a long) time; **...tarda años/minutos ...** takes years/minutes

tarde *n. f.* afternoon; *adv.* late; **de la tarde** in the afternoon; P.M.; **toda la tarde** all afternoon

tarea homework

tarjeta card; **tarjeta de crédito** credit card; **tarjeta de residente** resident (green) card (7)

tasar to value

tatuarse (me tatúo) to get a tattoo (on one's body)

taxista taxi driver

taza cup (6), mug

te *d.o.* you (*fam. s.*); *i.o.* for you (*fam. s.*); *refl. pron.* yourself (*fam. s.*)

té *m.* tea

teatro theater; **grupo de teatro** theatrical group (2); **ir** (*irreg.*) **al teatro** to go to the theater (6)

tecla key (5)

teclado keyboard (5)

técnico/a *n.* technician; *adj.* technical; **técnico/a en programación** programming technician (4)

tecnología technology

tecnológico/a technological

tela fabric

telefónico/a *adj.* telephone

teléfono telephone (5); **hablar por teléfono** to talk on the telephone; **teléfono móvil/celular** cell phone (5)

telegrafía telegraph office

telegrafista *m., f.* telegrapher

telégrafo telegraph

telenovela *serial drama similar to a soap opera*

televisión *f.* television (*broadcasting*) (5); **canal** *m.* **de televisión** television channel (5); **televisión por cable** cable television

televisivo/a *adj.* television

televisor *m.* television set

telón *m.* curtain; **telón de fondo** background

tema *m.* theme, topic (9); issue (9); **sobre el tema de...** about . . . (9); **tema principal** main idea

temer to fear

temor *m.* fear

temperatura temperature

tempestad *f.* storm

templo temple

temprano early

tendencia tendency

tenedor *m.* fork

tener *irreg.* to have; **tener... años (de edad)** to be . . . years old; **tener buen/mal carácter** to have a nice/unfriendly personality (1); **tener complejo de superioridad/inferioridad** to have a superiority/inferiority complex (1); **tener en cuenta** to keep in mind; **tener (mucha) hambre** to be/feel (very) hungry; **tener (mucha) prisa** to be in a (real) hurry; **tener (mucha) sed** to be/feel (very) thirsty; **tener (mucha) vergüenza** to be/feel (very) ashamed/bashful; **tener (muchas) ganas (de)** to be (really) in the mood (for); to feel like; **tener (mucho) calor/frío** to be/feel (very) hot/cold; **tener (mucho) cuidado** to be (very) careful; **tener (mucho) miedo (de) / terror (a)** to be/feel (very) afraid (of); **tener (mucho) sueño** to be/feel (very) sleepy; **tener la culpa** to be to blame; **tener papeles** to have legal papers (7); **tener razón** to be right; **tener sentido** to make sense; **tener sentido del humor** to have a sense of humor (1)

tentador(a) tempting

teñir(se) to dye (one's hair)

teoría theory

tercer, tercero/a third; **Tercer Mundo** Third World

tercio *n.* third

terco/a stubborn (1)

terminación ending

terminar to finish; **para terminar** finally (12)

terreno land; piece of property

territorio territory (10)

terror *m.* terror; **tener** (*irreg.*) **(mucho) terror (a)** to be (very) afraid (of)

terrorismo terrorism

terrorista *m., f.* terrorist

tertulia get-together, social gathering

tesis *f.* thesis

tesoro treasure

testigo/a witness; **testigo de Jehová** Jehovah's Witness (2)

texto text

ti *obj. of prep.* you (*fam. s.*)

tiempo time; weather; **a tiempo** on time; **al mismo tiempo** at the same time; **¿cuánto tiempo hace que... ?** how long has it been since . . . ?; **durante mucho tiempo** for a long time; **hace buen tiempo** the weather is nice; **tiempo libre** free time (6); **tiempo verbal** verbal tense

tierra earth; land; soil (8); **mi/tu/ (...) tierra** my / your / (. . .) homeland (7)

tijeras *pl.* scissors

tímido/a shy (1)

tío/a uncle/aunt (3)

típico/a typical

tipo type, kind

tiranía tyranny

tiránico/a tyrannical

tirar to throw

tiro gunshot

titulado/a titled

titularse to be entitled; to graduate, receive a degree

título title; degree, diploma

toalla towel

tobillo ankle

tocar (qu) to touch; to play (*musical instrument*); to be one's turn; **le toca . . .** it is his/her/ your (*form. s.*) turn

todavía *adv.* still; **todavía no** not yet

todo/a *adj.* all, all of, every; **todo el mundo** everyone; **por todas partes** everywhere

todo *n.* whole; *pron.* all; everything; **todos** everyone

tolerancia tolerance

tolerar to tolerate

tolteca *adj. m., f.* Toltec

tomar to take; to drink; to eat; to take (*an amount of time*); **tomar el sol** to sunbathe; **tomar fotos** to take pictures; **tomar una decisión** to make a decision

tomate *m.* tomato

tonelada ton

tono tone

tonto/a dumb, silly (1); foolish

toque *m.* touch

torero bullfighter

tormenta storm

torpe clumsy

torre *f.* tower (11)

totalidad *f.* totality

totalmente totally

trabajador(a) *m.* worker; *adj.* hard-working; **trabajador(a) social** social worker (4)

trabajar to work; **capacidad** *f.* **de trabajar en equipo** the ability to work as a team (4)

trabajo work (2); **compañero/a de trabajo** work associate (2); **trabajo (a tiempo completo/ parcial)** (full-time/part-time) job (4)

tradición *f.* tradition

traducción *f.* translation

traducir (zc) to translate

traer *irreg.* to bring

tráfico traffic

tragedia tragedy

trágico/a tragic

traje *m.* suit

tranquilidad *f.* peace, calmness

tranquilo/a calm, peaceful

transado/a sold

transcendencia transcendence

transformar to transform, change

transgénico/a genetically modified

transición *f.* transition

transporte *m.* transportation

tras *prep.* after; behind

trasladar to move

trasnochar to stay up all night (6)

traspasar to cross over/through

traspiés *m. inv.* stumble

trasuntar to transcribe

tratado treaty (12); **Tratado de Libre Comercio (TLC)** North American Free Trade Agreement (NAFTA) (12)

tratamiento treatment

tratar to treat; **tratar de** to try to; **tratarse de** to be about, concern

través: a través through, by means of

trayectoria trajectory

trazado design

trece thirteen

treinta thirty

tremendo/a tremendous; terrible

tres three

trescientos/as three hundred

triángulo triangle

triste sad

tristeza sadness

triunfar to triumph

trivialidad *f.* triviality

trono throne

tropas troops

trópicos tropics

trozo small piece

tu *poss.* your (*fam. s.*)

tú *subj. pron.* you (*fam. sing*)

tumba tomb (10)

tuna *Sp.* musical group formed by students

tupido/a dense

turbulencia turbulence

turismo tourism

turista *n. m., f.* tourist

turístico/a *adj.* tourist

turnarse to take turns

turno turn; **por turno** by taking turns

tuyo/a *poss.pron.* your, of yours (*fam. s.*)

U

u or (*used instead of* **o** *before words beginning with* **o** *or* **ho**)

ubicación *f.* location

ubicar (qu) to locate; **ubicarse** to be located

Ud. [usted] you (*form. s.*)

Uds. [ustedes] you (*form. pl.*)

ufanarse to boast

últimamente lately

último/a last; latest; **la última vez** the last time; **por último** lastly

ultravioleta ultraviolet; **radiación** *f.* **ultravioleta** ultraviolet radiation

un, uno/a one; a, an

únicamente only, solely

único/a *adj.* only; unique; **hijo/a único/a** only child (3); **lo único** the only thing

unidad *f.* unit; unity

unido/a united; **Estados Unidos** United States; **estar** (*irreg.*) **unidos** to be close (*familiar*) (3); **Naciones Unidas** United Nations; **programa** *m.* **de estudios de Estados Unidos** American Studies program

unificar (qu) to unify

unión *f.* union; **Unión Europea** European Union

unir to unite, join

universidad *f.* university; **compañero/a de universidad** university classmate (2)

universitario/a (*pertaining to*) university; **profesor(a) universitario/a** university professor (4); **vida universitaria** university life

universo universe

urbanismo urbanism; relating to city life

urbanístico/a *adj.* urban, (*pertaining to*) city/town

urbano/a *adj.* urban, (*pertaining to*) city/town

urbe *f.* city

urdimbre *f.* fabric

urgencia urgency

urgente urgent; **ser** (*irreg.*) **urgente** to be urgent

usar to use

uso *n.* use

usted (Ud., Vd.) *sub. pron.* you (*form. sing.*); *obj. of prep.* you (*form. s.*)

ustedes (Uds., Vds.) *sub. pron.* you (*form. pl.*); *obj. of prep.* you (*pl.*)

usuario/a *m., f.* user (5)

usurpación *f.* usurpation

utensilio utensil

útil useful

utilidad *f.* usefulness; utility

utilizar (c) to utilize, use

utopía Utopia

utópico/a Utopian

V

vacaciones *f. pl.* vacation (6); **estar** (*irreg.*) **de vacaciones** to be on vacation (6)

vacilar to waver, hesitate

vacío gap; space; emptiness

vacuna vaccination

vago/a vague; lazy

valer *irreg.* to be worth; **no valer nada** to be worthless; **valer un Perú** to be worth one's weight in gold

válido/a valid

valientemente valiantly

valioso/a precious, valuable

valle *m.* valley (8)

valor *m.* value

valoración *f.* valuation, appraisal

variado/a varied

variar to vary

varicela chicken pox

variedad *f.* variety

varios/as *pl.* several, various

varita wand; **varita mágica** magic wand

varón *m.* male; man (9)

vasija pot; **vasija de barro** clay pot

vaso (drinking) glass (6)

vasto/a vast, huge

vecino/a neighbor

vegetal *n. m., adj.* vegetable; plant

vehículo vehicle

veinte twenty

vejez *f.* old age

vela sail; candle (6); **en vela** awake; **vela encendida** lit candle

velada evening, nocturnal event

vendedor(a) salesperson (4); vendor; **vendedor(a) ambulante** street vendor

vender to sell

venezolano/a *adj.* Venezuelan

venganza revenge

venir *irreg.* to come

venta sale

ventaja advantage (5)

ventana window

ver *irreg.* to see; to watch; **ver la televisión** to watch television; **ver una película** to watch a movie; **verse** to see oneself; to see each other; to look, appear

verano summer

verdad *f.* truth; **de verdad** truly, really; **es verdad** that's right (true); it's true

verdadero/a true, real, genuine

verde green; **ojos verdes** green eyes (1)

vergonzoso/a embarrassing

vergüenza embarrassment; **¡qué vergüenza!** how embarrassing!; **tener** (*irreg.*) **(mucha) vergüenza** to be/feel (very) ashamed/bashful

verificación *f.* verification

versión *f.* version

vertiente *f.* aspect, side

vestido dress

vestimenta clothing

vestir (i, i) to dress; **vestirse** to get (oneself) dressed

veterano/a *n.* veteran

vez *f.* (*pl.* **veces**) time; **a la vez** at the same time; **a veces** sometimes; **alguna vez** once, ever; **algunas veces** sometimes; **cada vez** each, every time; **de vez en cuando** once in a while; **en vez de** instead of; **esta vez** this time; **había una vez** once upon a time; **otra vez** again; **por primera vez** for the first time; **rara vez** rarely; **tal vez** perhaps; **la última vez** last time; **una vez** once; **varias veces** several times

vía road; way; **países** *m. pl.* **en vías de desarrollo** developing countries (8); **por vía marítima** by sea

viajar to travel (6)

viaje *m.* trip; **estar** (*irreg.*) **de viaje** to be on a trip

vibrante vibrant

viceversa vice versa

vicio vice

víctima *m., f.* victim

vicuña vicuna (*mammal native to Andean region*)

vida life (6); **nivel** *m.* **de vida** standard of living (6); **ritmo de la vida** pace of life (6); **vida universitaria** university life (2)

vídeo video

viejo/a *adj.* old; *n.* elderly man/woman

viento wind; **hace viento** it's windy

vientre *m.* belly

vigencia validity

vikingo Viking

vinagre *m.* vinegar

vinculado/a linked

vínculo link

vino wine; **vino blanco/tinto** white/red wine

viñeta vignette

violación *f.* rape; violation

violencia violence (9); **violencia doméstica** domestic violence

violeta violet

violín *m.* violin

virgen virgin; **Virgen de Guadalupe** Virgin of Guadalupe; **Virgen María** Virgin Mary

virreinato viceroyalty

virrey *m.* viceroy

virtud *f.* virtue

visión *f.* vision

visitante *m., f.* visitor

visitar to visit

vislumbrar to glimpse; to envision

vista view; **punto de vista** point of view

vitae: currículum *m.* **vitae** résumé, CV (4)

vitalicio/a life-long

vivir to live

vivo/a alive; **en vivo** live

vocabulario vocabulary

vocal *f.* vowel

volar (ue) to fly

volcán *m.* volcano

voluntad (de) *f.* willpower; will; willingness **contra mi/ tu voluntad** against my/ your will/wishes; **una férrea voluntad** an iron will

volver (ue) to return; **volverse** to become

vos *s. fam.* you (*used instead of* **tú** *in certain regions of Central and South America*)

vosotros/as *pl. fam.* you (*Sp.*)

votar to vote (2)

voz *f.* (*pl.* **voces**) voice (9); **en voz alta** out loud

vuelo flight; **asistente** *m., f.* **de vuelo** flight attendant (4)

W

web *m.* (World Wide) Web; **página web** web page (5); **sitio web** web site (5)

Y

y and

ya already; yet; now; **ya no** no longer; **ya que** due to the fact that

yerno son-in-law (3)

yo *sub. pron.* I

yoruba *adj.* Yoruba

yuca yucca, cassava, manioc

yucateca *m., f.* of or pertaining to the Yucatan Peninsula

Z

zapatista *m., f,* Zapatista (*follower of Emiliano Zapata, leader of the Mexican Revolution; participant in the uprising of indigenous peoples in the state of Chiapas, Mexico, in 1994*); *adj. m., f.* Zapatista; **Ejército Zapatista de Liberación Nacional** (EZLN) Zapatista National Liberation Army; **movimiento zapatista** Zapatista uprising

zapato shoe

zócalo *Mex.* plaza, town square

zona zone; **zona residencial** residential area (7)

artists
   Lola Álvarez Bravo, 242
   Antonio Berni, 99, 205
   Jaime Colson, 153
   Jamex de la Torre, 58
   Eduardo Guzmán Ordaz, 183
   Alfredo Jaar, 189
   Carmen Lomas Garza, 70, 79
   Yolanda López, 235
   Oswaldo Viteri, 315

B

baroque, 284
beauty standards, 2
Benedetti, Mario, 317–321
bilingualism, 174, 245–246. *See also* immigrant life; languages
Bolívar, Simón, 289, 292, 297
Bolivia, 217, 243
Borges, Jorge Luis, 86–87
Brazil, 217, 243

C

Caribbean, 243
Chávez, César, 116
Chile, 200
city life, 36, 154, 206
Colombia, 2, 217, 219–221, 243, 292
"Convocación de palabras," 244–245
criollo/a, 280n
cuisine, in Mexico, 166–168

D

democracy and social problems, 315, 317–320
disabilities and discrimination, 243
drug trafficking, 315

E

ecology, 200, 206, 217, 219–221
economic development, 217, 219–221
Ecuador, 217, 292
education, 245–246
endearments, 8
equal rights, 228, 232–233, 315
ethnicity, 26–27, 110, 243, 271–272, 300

F

family life and relationships, 8, 66, 71, 84–85
family life and relations parable, 87
Fuentes, Carlos, 300
Fuertes, Gloria, 59–60

G

Guatemala, 243, 271–272, 294
Guayana, 217
gyms as meeting places, 36

H

Haiti, 245
Hollywood, 29–30

I

identity, 245–246
immigrant life, 33, 66, 84–85
   experiencing 9/11, 191–193
   languages spoken, 85, 174
   media and technology usage, 139
   television, 190
   and work life, 110
immigration, 90–91
indigenous peoples and cultures, 26
   Guatemala, 271–272, 296
   linguistic influences, 258
   maps, 258
   and poverty, 243
   pre-Columbian science and technology, 126
   religious texts, 252
Internet, 120, 139, 141–142

J

Juan Carlos I (king), 324

L

languages, 85, 174, 181, 189, 232–233, 245–246, 259
   maps, 27, 180
Latin America. *See also* indigenous peoples and cultures; *individual countries*
   the baroque, 284
   cultural contact, 293–294
   democracy and social issues, 315, 317–320
   ecology, 217
   economy, 66, 101, 217
   ethnicity, 26–27, 243, 300
   history, 292
   Internet resources, 120
   inventors and Nobel Prize winners, 126–127
   linguistic solidarity, 189
   literary styles, 306
   maps, 163, 217, 258
   megalopolises, 206
   money sent from abroad, 66
   musical life, 163–164
   pre-Columbian civilization, 126. *See also* indigenous peoples and cultures

M

machismo, 232–233
magic realism, 308
maps
   Amazon, 217
   indigenous peoples and cultures, 258
   Latin America, 163, 217, 258
   Mesoamerica, 256
   music in Latin America, 163
   Spanish- and Portuguese-speaking countries, 27, 180
   Spanish speakers in the world, 180
media, Spanish-language, 139, 190
meeting places, 36
Menchú, Rigoberta, 271–272
Mesoamerica, 254
mestizaje, 278
Mexico. *See also* Latin America
   cuisine, 166–168
   Hollywood movies' view of, 29–30
   Mexico City, 206
   water usage, 200
modernization, 94
Monterroso, Augusto, 293–294
music in Latin America, 163–164

N

ñ in domain names, 141–142
naming systems, 71
National University of Córdoba, 42
Nobel Prize winners, 127
Nuevo Herald, 190

P

Peru, 200, 217, 243, 292
plazas, 154
Popul Vuh, 252

R

racism. *See* ethnicity
Ramos Ávalos, Jorge, 190, 191–193
relationships. *See* family life and relationships; youth culture
religion, 58, 252, 270, 284

religious identification, 58
technology, 126, 139
university system, 44
water usage, 200
work (informal sector), 101

Credits

Photos

CHAPTER 1

Page 1: Jeremy Woodhouse/Getty Images; **2**: © BananaStock/PunchStock; **3**: © Sebastián Alfie 2006; **4**: © Digital Vision/Getty Images; **5**: (top) BananaStock/JupiterImages, (bottom) Steve Cole/Getty Images; **7**: (clockwise, from top left) BananaStock/JupiterImages, © Stockbyte/PunchStock, © Veer, © Image Source/Getty Images; **8**: Jim Arbogast/Getty Images; **9**: Bedford Falls/Initial ENT/The Kobal Collection; **11**: Amos Morgan/Getty Images; **13**: © Stockbyte/PunchStock; **14**: © Image Source/PunchStock; **15**: (top) © Stockdisc/PunchStock, (bottom) © 1998 Copyright IMS Communications Ltd./Capstone Design. All Rights Reserved; **16**: © Digital Vision/PunchStock; **17**: © Royalty Free/Corbis; **18**: DESHAKALYAN CHOWDHURY/AFP/Getty Images; **19**: (both) © Royalty Free/Corbis; **20** (right): Don Tremain/Getty Images, (bottom left) Erich Lessing/Art Resource, NY; **21**: © Ingram Publishing/SuperStock; **22**: © SuperStock; **23**: © Jack Star/PhotoLink/Getty Images; **24**: (top) Spike Mafford/Getty Images, (bottom) Ryan McVay/Getty Images; **25**: © Reuters/Landov; **26**: (top) © Dr. Parvinder Sethi, (left) © Rubberball Productions, (bottom) © Image Source/PunchStock; **31**: Bedford Falls/Initial ENT/The Kobal Collection

CHAPTER 2

Page 34: © Flat Earth Images; **36**: JupiterImages; **37**: © César Rodríguez-Morov 2005; **38**: © Jan Cook/Getty Images; **39**: (top) AP Images, (bottom) Getty Images/Digital Vision; **40**: (left to right) Comstock/PictureQuest, BananaStock/JupiterImages, © Digital Vision; **41**: (top row, left to right) © Royalty Free/Corbis, © age fotostock/SuperStock, © Royalty Free/Corbis, (middle row, left to right) Medio Images/age fotostock, © Reza Estakhrian/Getty Images, © Digital Vision, (bottom) AP Images; **42**: © Hubert Stadler/Corbis; **45**: (top) The McGraw-Hill Companies, Inc./Gary He, photographer, (bottom) BananaStock/PictureQuest; **47**: © Blend Images/Getty Images; **49**: (right) Maria Teijeiro/age fotostock, (bottom) © Ingram Publishing/age fotostock; **51**: Blend Images/JupiterImages; **52**: © Beathan/Corbis; **54**: © Photodisc/Getty Images; **55**: © Dynamic Graphics/JupiterImages; **57**: © Stockbyte/PunchStock; **58**: Marcos Gonzales and Julio Orozco, Lisa Sette Gallery; **60**: (top) AFP/Getty Images, (bottom) © Photodisc/Getty Images

CHAPTER 3

Page 64: © Ryan McVay/Getty Images; **66**: © Stockbyte/Getty Images; **67**: © IMCINE 2007; **68**: © Ryan McVay/Getty Images; **69**: (top) Stewart Cohen/Getty Images, (bottom) © Purestock/PunchStock; **70**: © 1988 Carmen Lomas Garza, oil on linen mounted on wood, 24 x 32 inches. Photo by M. Lee Fatherree. Collection of Paula Maciel-Benecke and Norbert Benecke, Aptos, California; **71**: (left to right) © Comstock/PunchStock, © Ryan McVay/Getty Images, © BananaStock/age fotostock; **72**: © GOODSHOOT/Alamy; **73**: © BananaStock/PunchStock; **74**: © Royalty Free/Corbis; **75**: © Bettmann/Corbis; **76**: © Milton Montenegro/Getty Images; **77**: © image100 Ltd; **79**: © Image Source/Getty Images; **80**: (top) Index Stock Imagery/Jupiter Images, (bottom) Digital Vision/SuperStock; **81**: istockphoto.com/Stacy Barnett; **82**: © Diana Bryer; **83**: (top) © Brand X Pictures/PunchStock, (bottom) © Nancy Brown/Getty Images; **85**: BananaStock/PictureQuest; **87**: © Christopher Pillitz/Alamy; **90**: © Hemis/Alamy

CHAPTER 4

Page 92: © Creatas Images/JupiterImages; **94**: © Royalty Free/Corbis; **95**: © IMCINE 2007; **96**: (top) © 1998 Image Ideas, Inc., (bottom) © Royalty Free/Corbis; **97**: Jack Star/PhotoLink/Getty Images; **98**: (clockwise, from top left) © PhotoAlto/age fotostock, © Stockbyte/Punchstock Images, Kaz Mori/Getty Images, © Keith Brofsky/Getty Images; **99**: (left) © Valerie Martin, (right) Collection of José Antonio Mario Berni; **102**: (top) © Miguel Sobreira/Alamy, (bottom) © Somos Images/Corbis; **103**: (top) Steve Cole/Getty Images, (bottom, left to right) Image100/Jupiter Images, © Ryan McVay/Getty Images, Max Oppenheim/Getty Images; **104**: Matthew Flor/Jason Reed/Getty Images;

105: © Getty Images; **106**: © Royalty Free/Corbis; **109**: (left) AFP PHOTO/Leon Neal/Newscom, (right) AP Images; **110**: (top) UPI Photo/Jack Hohman/Newscom, (bottom, both) AP Images; **116**: AP Images

CHAPTER 5

Page 118: Adam Crowley/Getty Images; **121**: © Diego Parodi - Universidad ORT Uruguay 2005; **122**: (top) © Royalty Free/Corbis, (bottom) David Paul Morris/Getty Images; **124**: (bottom) © Getty Images/Photodisc; **126**: © The Granger Collection, New York; **127**: (top to bottom) Meredith Davenport/AFP/Getty Images, Courtesy of NASA, Courtesy of NASA, AP Images, Courtesy of Dr. Edmond Yunis; **128**: © Getty Images; **129**: © Blend Images/PunchStock; **130**: © Brand X Pictures/PunchStock; **131**: © Digital Vision/Getty Images; **132**: The Art Archive/Archaeological Museum/Mireille Vautier; **134**: (top) White Rock/Getty Images, (bottom) © Royalty Free/Corbis; **135**: CMCD/Getty Images; **136**: Photodisc Collection/Getty Images; **137**: © Royalty Free/Corbis; **138**: PRNewsFoto/NEC Solutions/AP Images; **139**: © Corbis; **141**: Mike Caesar and B.Y. Cooper for Latin Trade; **145**: Photographer's Choice/Getty Images

CHAPTER 6

Page 146: © Julio Donoso/Corbis Sygma; **148**: © FAN travelstock/Alamy; **149**: © Federico Sosa - Danny Jokas - Pablo Banchero - Universidad ORT Uruguay 2004; **150**: © Stockdisc/Getty Images; **151**: (top) © BananaStock/PunchStock, (bottom) Jules Frazier/Getty Images; **152**: © Photodisc/PunchStock; **153**: (top) Courtesy of MUSEO BELLAPART, (bottom) © Pablo Corral V/CORBIS; **154**: Krzysztof Dydynski/Lonely Planet Images; **155**: Don Farrall/Getty Images; **156**: © Edward McCain; **157**: (top) © Mitch Hrdlicka/Getty Images, (bottom) Melanie Stetson Freeman/The Christian Science Monitor via Getty Images; **158**: © Comstock/PunchStock; **160**: ER Productions/Getty Images; **161**: (top) © Alison Wright/Corbis, (bottom) istockphoto.com/David Livingston; **162**: C Squared Studios/Getty Images; **164**: (left to right) © Robert Frerck/Getty Images, © Robert Harding

Picture Library Ltd./Alamy, © Photodisc/Alamy, © Jorge R Gonzalez Chiapas/Alamy; **166**: © FoodPix/Jupiter Images; **168**: © Burke/Triolo/Brand X Pictures; **170**: © Digital Vision/PunchStock

CHAPTER 7

Page 172: Copyright © 2005 by Robert Frerck and Odyssey Productions, Inc.; **174**: © Digital Vision/PunchStock; **175**: © ELLASSEAMAN 2008; **177**: Eduardo Kingman, Ecuador (1913-1998) *Lugar Natal* (Birthplace), 1989 oil on canvas 40 in. x 53 in. Inter-American Development Bank Art Collection Washington DC, Photo: Courtesy of the IDB photo Library Unit; **178**: © Digital Vision/Getty Images; **182**: prettyfoto/Alamy; **183**: (top) © Brand X Pictures/PunchStock, (bottom) Eduardo Guzmán Ordaz; **184**: (top to bottom) Frank Micelotta/Getty Images, Victor Rojas/AFP/Getty Images, Thos Robinson/Getty Images; **185**: © PhotoAlto/PictureQuest; **186**: © Rubberball Productions; **187**: AP Images; **189**: *A Logo for America, 1987*, Public Intervention, Times Square, New York, Courtesy of the Artist, Alfredo Jaar; **190**: Alexander Tamargo/Getty Images; **191**: Getty Images/Digital Vision; **194**: Comstock/PictureQuest; **196**: Tim Laman/Getty Images

CHAPTER 8

Page 198: Ralph Lee Hopkins/Getty Images; **200**: Comstock Images/Alamy; **201**: © (2006) Florida State University College of Motion Picture Television & Recording Arts; **202**: PhotoLink/Getty Images; **203**: PhotoLink/Getty Images; **204**: (clockwise, from top left) Getty Images, © Royalty Free/Corbis, The McGraw-Hill Companies, Inc./Jill Braaten, photographer; **205**: (left to right) © Royalty Free/Corbis, © Stephen Reynolds, © Dr. Parvinder Sethi, © Brand X Pictures/PunchStock, (bottom) Collection of José Antonio Mario Berni; **206**: (both) Kyle Szary; **207**: © Comstock/PunchStock; **208**: (top) © image100 Ltd., (bottom) PhotoLink/Getty Images; **209**: © Flying Colours Ltd/Getty Images; **210**: Comstock Images/Alamy; **211**: Earth Imaging/Getty Images; **212**: © Max Power/Corbis; **213**: © Royalty Free/Corbis; **215**: Steve Cole/Getty Images; **216**: © Thinkstock/Superstock; **221**: © Nigel Cattlin/Alamy; **223**: © The McGraw-Hill Companies, Inc./Barry Barker, photographer

CHAPTER 9

Page 224: © Digital Vision/PunchStock;

226: Gary S. Chapman/Getty Images; **227**: © Cesna Producciones 2006; **228**: Jeremy Woodhouse/Masterfile; **230**: © Library of Congress; **232**: AP Images; **233**: (top) AP Images, (bottom) Daniel Garcia/AFP/Getty Images; **234**: © Ingram Publishing/age fotostock; **235**: Yolanda Lopez; **236**: (top) AP Images, (bottom) DANIEL AGUILAR/Reuters/Landov; **237**: (top) © Ryan McVay/Getty Images, (bottom) © The McGraw-Hill Companies, Inc./Lars A. Niki, photographer; **238**: Courtesy of Marie Hickey; **239**: (top) © Corbis - All Rights Reserved, (bottom) Max Ehrsam; **240**: Geoff Hansen/Getty Images; **242**: Center for Creative Photography, University of Arizona; **243**: www.ezlnaldf.org; **244**: Wolfgang Binder © 2008; **245**: © Royalty Free/Corbis; **247**: © BananaStock/PunchStock; **249**: © Stockbyte/PunchStock

CHAPTER 10

Page 250: © Royalty Free/Corbis; **252**: Watercolor and gouache on paper, Jay I. Kislak Collection, Library of Congress; **253**: © IMCINE 2008; **255**: (left) Library of Congress, Prints and Photographs Division (LC-USZ62-105062), (right) © Gianni Dagli Orti/CORBIS; **256**: © Royalty Free/Corbis; **257**: © Mark Karrass/Corbis; **259**: © Comstock/PunchStock; **260**: © Image100/Corbis; **261**: Steve Cole/Getty Images; **262**: © BananaStock/PunchStock; **263**: © Royalty Free/Corbis; **264**: © Copyright 1997 IMS Communications Ltd/Capstone Design. All Rights Reserved; **265**: © Royalty Free/Corbis; **266**: © Thierry Lauzun/Iconotec.com; **267**: The McGraw-Hill Companies, Inc./Christopher Kerrigan, photographer; **269**: Adalberto Rios Szalay/Sexto Sol/Getty Images; **270**: © Royalty Free/Corbis; **271**: ORLANDO SIERRA/AFP/Getty Images; **272**: (top) Kate Mathis/Getty Images, (bottom) Botanica/JupiterImages

CHAPTER 11

Page 276: © Tony Arruza/CORBIS; **278**: "GARCILASO INCA DE LA VEGA - Autor de los Comentarios Reales." Oleo sobre madera del Pintor Peruano Francisco Gonzáles Gamarra (1890–1972). www.fgonzalesgamarra.org **279**: © IMCINE 2002; **280**: (top) © Digital Vision/PunchStock, (bottom) © Gonzalo Azumendi/age fotostock; **281**: Alfredo Maiquez/Lonely Planet Images; **282**: (left) © Michael Freeman/CORBIS, (right) RODRIGO BUENDIA/AFP/Getty Images; **283**: (top) Image Source/PunchStock, (bottom) © Royalty Free/Corbis; **284**: Copyright © 2008 by Robert Frerck and Odyssey Productions, Inc.; **285**: Kyle Szary;

286: © image100 Ltd.; **287**: Photodisc Collection/Getty Images; **288**: © Sami Sarkis/Alamy; **289**: © Hisham Ibrahim/Photov.com/Alamy; **290**: StockTrek/Getty Images; **291**: The Art Archive/National History Museum Mexico City/Alfredo Dagli Orti; **292**: © Roberto Valcarcel; **293**: © Toni Albir/epa/Corbis; **294**: © Brand X Pictures/PunchStock; **297**: © Fusionarte

CHAPTER 12

Page 298: Harnett/Hanzon/Getty Images; **300**: Vittorio Zunino Celotto/Getty Images; **301**: © IMCINE 2005; **302**: ©Jack Kurtz/The Image Works; **304**: Department of Defense photo by Tech. Sgt. Cherie A. Thurlby, U.S. Air Force; **306**: William Gordon; **307**: © Tomas Bravo/Reuters/Corbis; **308**: Keith Brofsky/Getty Images; **309**: © Burke Triolo Productions/Getty Images; **310**: © LANGEVIN JACQUES/CORBIS SYGMA; **311**: © Ryan McVay/Getty Images; **312**: © Corbis/PunchStock; **313**: (top) Laurence Mouton/PhotoAlto, (bottom) © Peer International Corporation, 1998 BMG Entertainment Mexicom S.A. De C.V., Photo by Jennifer Blankenship; **315**: © Oswaldo Viteri; **316**: © Reuters/CORBIS; **317**: © Digital Vision/Getty Images; **324**: MIGUEL VIDAL/Reuters/Landov

Text

p. 2: "Ella es 'Juana Banana'" EL TIEMPO Bogotá, Colombia, July 23, 2001. Used by permission; **p. 29**: "México se rebela contra su imagen en Hollywood" by Lorenza Muños, 2001. Copyright Los Angeles Times. Used by permission; **p. 36**: From "Quedamos el el híper" by Eugenia del Peso y Gabriel N. González, *El País Semanal*, January 6, 2003; **p. 43**: Courtesy of Bridgestone Firestone North American Tire, LLC; **p. 60**: "Cabra sola" by Gloria Fuertes. Used by permission of Luzmaría Jiménez Faro; **p. 66**: From "Las remesas familiares: Una mina de oro para Latinoamérica" by Olivia P. Tallet, *American Airlines Nexos*. Used by permission; **p. 78**: © Maitena; **p. 87**: "Los dos reyes y los dos laberintos" from EL ALEPH by Jose Luis Borges. Copyright © 1971 by Jorge Luis Borges, reprinted with the permission of The Wiley Agency, Inc; **p. 90**: "El abuelo" by Alberto Cortez. © 1969 (Renewed 1997) Ediciones Musicales Hispavox, S. A. All Rights in the U. S. and Canada Controlled and Administered by COLGEMS-EMI MUSIC, INC. All Rights Reserved. International Copyright Secured. Used by permission;

About the Authors

ANA M. PÉREZ-GIRONÉS received her M.A. in General Linguistics from Cornell University and is currently Adjunct Professor of Spanish at Wesleyan University, where she coordinates the Spanish language program. She is co-author of *Puntos de partida* and *¡Apúntate!,* and has published pedagogical materials for several other Spanish language programs. She has worked extensively in the development and implementation of computer-assisted materials for learning language and culture, such as *Nuevos Destinos,* and most recently, *En una palabra.*

VIRGINIA M. ADÁN-LIFANTE is Lecturer and Coordinator of the Spanish language courses at the University of California, Merced. She received her Licenciatura en Filología Hispánica from the Universidad de Sevilla in 1987, and her Ph.D. in Hispanic Languages and Literatures from the University of California, Santa Barbara in 1997. Dr. Adán-Lifante has served as reviewer of several Spanish language manuals and she has published numerous reviews and articles in professional journals such as *La Torre, The Bilingual Review, Gestos, Revistas de Estudios Norteamericanos, South Central Review,* and *Revista de Estudios Hispánicos.*